本书的研究成果属于：湖北自贸区发展研究院（校级科研院所）WBUXY010；湖北自贸区发展研究团队（校级科研团队）2019TD003。

自贸区对区域经济的影响研究

程艳　潘颖　著

北京工业大学出版社

图书在版编目（CIP）数据

自贸区对区域经济的影响研究 / 程艳，潘颖著. —
北京 ：北京工业大学出版社，2021.9
　　ISBN 978-7-5639-8144-1

　　Ⅰ. ①自… Ⅱ. ①程… ②潘… Ⅲ. ①自由贸易区—
影响—区域经济发展—研究—中国 Ⅳ. ① F752 ② F127

中国版本图书馆 CIP 数据核字（2021）第 201562 号

自贸区对区域经济的影响研究
ZIMAOQU DUI QUYU JINGJI DE YINGXIANG YANJIU

著　　者：	程　艳　潘　颖
责任编辑：	吴秋明
封面设计：	知更壹点
出版发行：	北京工业大学出版社
	（北京市朝阳区平乐园 100 号　邮编：100124）
	010-67391722（传真）　bgdcbs@sina.com
经销单位：	全国各地新华书店
承印单位：	北京亚吉飞数码科技有限公司
开　　本：	710 毫米 ×1000 毫米　1/16
印　　张：	15.25
字　　数：	315 千字
版　　次：	2022 年 7 月第 1 版
印　　次：	2022 年 7 月第 1 次印刷
标准书号：	ISBN 978-7-5639-8144-1
定　　价：	96.00 元

作 者 简 介

　　程艳，女，1978 年 8 月出生，湖北省武汉市人，毕业于武汉大学，硕士学历，现任武汉商学院副教授。研究方向：国际贸易与金融。主持及参与湖北省级课题一项、武汉市级课题两项、校级课题多项，发表论文数十篇。

　　潘颖，女，1987 年 11 月出生，湖北省武汉市人，毕业于英国林肯大学，硕士学历，现任武汉商学院讲师。研究方向：国际贸易、国际直接投资。主持并完成武汉商学院科研项目一项，发表论文数篇。

前 言

随着改革开放的不断深入，中国经济的国际化程度不断提高，中国与世界各国的区域经济贸易也有了很大的发展。尤其是加入 WTO 以来，随着各种入世政策的逐步放开，中国经济取得了飞速的发展。但是，随着中国经济的不断崛起，中美产业分工逐渐从互补走向竞争，中美贸易摩擦具有长期性和日益严峻性特征。在当前全球经济下行压力加大、WTO 多边回合贸易谈判受阻的背景下，我国应以加快推进自由贸易区建设为切入点，不断完善同各国、各地区的利益交汇，加快实施区域性自由贸易战略。

自由贸易区，简称自贸区，有狭义和广义之分。广义自贸区，即我们平时所说的"自由贸易区"，而狭义自贸区又叫自由贸易园区。中国近年来积极推动的中国－东盟自由贸易区、中日韩自贸区等属于广义自贸区，而中国（上海）自由贸易试验区等属于自由贸易园区，也就是狭义自贸区。本书主要以中国自由贸易试验区为例来研究中国自贸区对国内区域经济的影响，同时也对中国自由贸易区战略、"一带一路"倡议下中国自贸区的发展模式和策略等进行了探讨。自由贸易试验区是我国为了促进地方经济发展而设立的。与常规的贸易区相比，自由贸易试验区具有更大的自由度以及便利性，对进一步适应世界经济区域一体化发展趋势，引领和推动国内区域经济增长具有非常重要的作用，因此受到了社会的广泛关注。

本书共五章。第一章为中国自贸区战略综述，主要包括自贸区的概念及发展历程、中国自贸区战略的主要内容、中国自贸区建设的总体情况、中国加快自贸区战略实施的举措、中国自贸区战略实施前景展望五部分内容；第二章为中国自贸区建设的价值与发展路径，主要包括中国自贸区的核心价值、中国自贸区建设面临的机遇与挑战、中国自贸区的定位与功能、中国自贸区创新发展之路、中国自贸区未来的发展趋势五部分内容；第三章为中国自贸区对国内区域经济的影响，主要包括中国自贸区对国内区域民众生活的影响、中国自贸区对国内区域经济发展的有利影响、中国自贸区给国内区域经济发展带来的冲击及应对措施、中国自贸区与国内区域经济协调发展的有效措施四部分内容；第四章为中国自贸区对国内区域经济影响的实证分析，主要包括中国自贸区对中西部地区经济的影响、中国自贸区对长三角地区经济的影响、河南自贸区建设

1

对区域经济的影响、天津自贸区建设对区域经济的影响、广东自贸区建设对区域经济的影响五部分内容；第五章为"一带一路"倡议下中国自贸区发展策略，主要包括"一带一路"倡议的主要内涵、"一带一路"倡议为中国自贸区建设带来的机遇与挑战、"一带一路"倡议下中国自贸区的发展模式、"一带一路"倡议下中国自贸区发展策略四部分内容。

本书第一、二、四章由程艳撰写，共计 18 万字；第三、五章由潘颖撰写，共计 14 万字。

作者在撰写本书过程中，参考了大量的网络资源和书籍，在此对这些资源和书籍的提供者表示由衷的敬意和谢意！由于时间仓促、水平有限，虽经多次审阅与校稿，但书中仍有不足之处，恳请各位读者批评指正。

目 录

第一章　中国自贸区战略综述

近年来，在国际金融危机的拖累下，美欧主要国家推进全球化的意愿减弱，世界范围内形成了一股"逆全球化"思潮，这对中国的对外贸易产生了一定冲击。自贸区战略作为中国新一轮改革开放的重要组成部分，在"逆全球化"背景下将承担更重要的历史使命。本章由自贸区的概念及发展历程、中国自贸区战略的主要内容、中国自贸区建设的总体情况、中国加快自贸区战略实施的举措和中国自贸区战略实施前景展望五部分组成，主要包括自由贸易区的概念、自由贸易区的发展历程、国际区域经济合作的特点及模式、中国积极推动周边区域经济合作的战略背景、中国自由贸易区战略的提出及规划、中国自由贸易区战略实施的目标、原则和指导思想等内容。

第一节　自贸区的概念及发展历程

一、自由贸易区的概念

（一）保税区的概念

在了解自由贸易区前，我们先来看看保税区的概念。保税区，也称保税仓库区，是一国海关设置的或经海关批准注册、受海关监督和管理的可以较长时间存储商品的区域。保税区的级别低于综合保税区。综合保税区是设立在内陆地区具有保税港区功能的海关特殊监管区域，实行封闭管理。

在我国，保税区是经国务院批准设立的、海关实施特殊监管的经济区域，如1990年6月经国务院批准设立的上海外高桥保税区（图1-1），是全国第一个，也是全国15个保税区中经济总量最大的保税区。保税区的功能定位为"保税仓储、出口加工、转口贸易"三大功能。保税区具有进出口加工、国际贸易、保税仓储商品展示等功能，享有"免证、免税、保税"政策，实行"境内关外"

运作方式，是中国对外开放程度最高、运作机制最便捷、政策最优惠的经济区域。

图 1-1　上海外高桥保税区

保税区能便利转口贸易，增加有关费用的收入。运入保税区的货物可以进行储存、改装、分类、混合、展览，以及加工制造，但必须处于海关监管范围内。外国商品存入保税区的保税仓库时，不必缴纳进口关税，可自由出口，只需交纳存储费和少量费用，但如果要进入关境则需交纳关税。各国的保税区都有不同的时间规定，若逾期货物未办理有关手续，则海关有权对其拍卖，拍卖后扣除有关费用后，余款退回货主。

综合保税区是目前我国开放层次最高、政策最优惠、功能最齐全的海关特殊监管区域，是国家开放金融、贸易、投资、服务、运输等领域的试验区和先行区。例如，2020 年 5 月 16 日，上海临港的洋山特殊综合保税区正式揭牌，这是我国首个特殊综合保税区。洋山特殊综合保税区（图 1-2），成为全国海关特殊监管区域中唯一的特殊综合保税区，将对标国际公认竞争力最强的自由贸易园区，进一步探索改革创新。综合保税区的功能和税收、外汇政策均要求按照《国务院关于设立洋山保税港区的批复》（国函〔2005〕54 号）的有关规定执行，主要税收政策为：国外货物入港区保税；货物出港区进入国内销售按货物进口的有关规定办理报关手续，并按货物实际状态征税；国内货物入港区视同出口，实行退税；港区内企业之间的货物交易不征增值税和消费税。综合保税区以国际中转、国际采购、国际配送、国际转口贸易和保税加工等功能为主，以商品服务交易、投资融资保险等功能为辅，以法律政务、进出口展示等服务功能为配套，具备生产要素聚散、重要物资中转等功能。

图1-2 洋山特殊综合保税区

（二）京都公约

1973年2月18日，国际海关合作理事会在日本京都签订了《京都公约》（全称是《关于简化和协调海关制度的国际公约》）。按照《京都公约》的解释："自由区（Free Zone）系指缔约方境内的一部分，进入这一部分的任何货物，就进口税费而言，通常视为在关境之外，并免于实施通常的海关监管措施。有的国家还使用其他的一些称谓，例如自由港、自由仓等。"

（三）自由贸易区的定义

自由贸易区，简称自贸区，国际上对自由贸易区的界定各有不同，各国设立自由贸易区的目的和功能定位亦各有差异。1984年，联合国贸易和发展会议发布的报告将自由贸易区定义为"货物进出无须通过国家海关的区域"。在国际上，自由贸易区主要有广义和狭义两种定义。

广义自由贸易区（Free Trade Area，简称FTA）源于世界贸易组织（WTO）有关"自由贸易区"的规定，是指两个或两个以上国家或地区通过签署协定，在WTO最惠国待遇基础上，相互进一步开放市场，分阶段取消绝大部分货物的关税和非关税壁垒，在服务领域改善市场准入条件，从而形成的实现贸易和投资自由化，涵盖所有成员全部关税领土的"特定区域"（Area）。它与在国内某个城市或区域划出一块土地，建立起的类似于经济开发区、出口加工区、保税区等实行优惠经贸政策的特定园区（Zone）有着本质区别（图1-3）。目前，世界上已有欧盟、北美自由贸易区等FTA，还有中国-东盟自由贸易区也是典型的FTA。

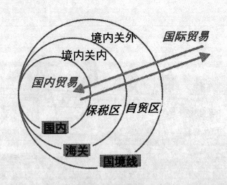

图1-3 自贸区与保税区的区别

而狭义自由贸易区，亦称为自由贸易园区，自由贸易园区（Free Trade Zone，简称FTZ）来源于世界海关组织的前身——海关合作理事会所解释的"自由区"。自由区是指缔约方境内的一部分，进入这一部分的任何货物，就进口税费而言，通常视为在关境之外，并免于实施通常的海关监管措施。自由贸易园区可理解为在某一国家或地区境内设立的在货物监管、外汇管理、税收政策、企业设立等领域实行特殊经济管理体制和特殊政策的特定区域。其特点是一个关境内的一小块区域，单个主权国家（地区）的行为，一般需要进行围网隔离，且对境外入区货物的关税实施免税或保税。目前在许多国家境内单独建立的自由港、自由贸易区都属于这种类型，如德国汉堡自由港、巴拿马科隆自由贸易区等都是典型的FTZ。

为此，2008年5月9日，中国商务部和海关总署联合发出《关于规范"自由贸易区"表述的函》（商国际函〔2008〕15号），对自由贸易区的概念内涵予以澄清，并对名称的使用提出建议。该通知函的发出，对正确理解自由贸易区的内涵，顺利实施中共中央提出的自由贸易区战略，准确把握未来方向，采取适合中国国情的相关政策措施，是非常必要的和及时的。

根据商务部和海关总署在商国际函〔2008〕15号文件中给出的建议，FTA统一翻译为"自由贸易区"，FTZ统一翻译为"自由贸易园区"。为叙述方便，本书有时会将"自由贸易区"和"自由贸易园区"统一简称为"自贸区"，同时本书主要以中国自由贸易试验区为例来研究自贸区对国内区域经济的影响。

就政策而言，自由贸易试验区是现有保税区的全方位升级。就地理位置而言，自由贸易试验区实际是现有保税区的合并。当然相比保税区，自由贸易试验区的政策设想要开放很多。

另外，自由贸易试验区有"一线"和"二线"的概念。一线是国境线，指从自由贸易试验区到境外；二线是国内市场分界线，指从自由贸易试验区到境内。在贸易领域，自由贸易试验区将实施"一线逐步彻底放开、二线安全高效管住、区内货物自由流动"的创新监管服务模式。

二、自由贸易区的发展历程

（一）世界自由贸易区产生的原因

世界自由贸易区的产生和发展有其深刻的历史、经济、政治、文化原因。

1. 古代

英国是最早实行自由贸易政策的国家。18世纪中叶至19世纪中叶，英国完成第一次工业革命，经历了几次严重的经济危机，建立了全球殖民体系，形成了英国支配的世界市场，转而推行自由贸易政策。为了推行自由贸易政策，英国大力拓展亚洲和非洲市场，要求各国开放贸易和投资市场；英国于1840年发动第一次鸦片战争，以炮舰政策逼迫中国开埠通商；向美国、德国等国家发放出口信贷，鼓励各国购买英国的机车、船舶和设备，对海外投资予以保护；英国于1846年废除《谷物法》，免除农产品进口关税；英国于1853年开放殖民地市场，解散特权贸易公司；英国于1854年废除航海条例，实行航运自由；英国于1859年改革关税制度，逐步取消进口关税，废除出口税；英国于1860年取消对殖民地的贸易垄断，英法两国签订自由通商条约，条约包括航运、投资、贸易等内容，之后又签订了英意、英荷、英德等自由通商条约，相互提供最惠国待遇。英国的自由贸易政策较之垄断贸易政策，比较容易被各国和殖民地国家接受，以往的不平等贸易增加了平等的成分，各国贸易政策逐步由对抗转向包容，自由贸易成为世界经济发展趋势。

2. 当代

当代世界经济有两大显著特点：一是经济全球化，二是区域经济一体化。区域经济一体化发展很快。世界贸易组织的成员国基本上都与其他有关国家建立了自由贸易关系。中国和东盟成员国都是发展中国家，经济实力有限，经济增长对外部市场的依赖度高，全球经济的变动会对其经济产生重大影响。中国－东盟自由贸易区正是为应对经济全球化中的负面影响和应对区域经济一体化的快速发展而应运而生的。

自由贸易区的优势明显，主要体现在以下几个方面：

①与多边贸易体制相比，区域内国家易于就自由贸易区达成协议并产生实效。同时，现有的自由贸易区大多富有成效，也激发了更多国家参加自由贸易区建设的热情。

②就地区或邻近国家而言，自由贸易区有利于进一步发挥经贸合作的地缘优势。邻近国家间具有人员往来与物流便利、语言文化相近、生活习惯类似等多种有利条件。因此，邻近国家和地区间具有更多的有利条件来扩大和加深经济合作以获得互利双赢的效果，其效果比参加多边贸易体系带来的利益要更明显一些。

③在加入多边合作机制的同时，缔结自由贸易协定有利于推动各成员国内的经济结构改革，从而可以借助更多外力来推进国内改革。

④20世纪90年代一再发生的地区性经济危机的教训，也促使世界各国更加重视地区经济合作的制度化。1997年的东南亚经济危机证明，在同一地区的国家之间，危机蔓延的速度往往更快，相互影响也更为强烈。因此，加强地区内经贸合作不仅有助于防范新的危机，而且也有助于世界经济的稳定发展。

（二）世界自由贸易区的发展历程

近年来，随着经济全球化浪潮风起云涌和国际贸易的迅猛发展，世界自由贸易区的发展日新月异，逐渐成为各国贸易发展的重要平台。

1. 世界自由贸易区发展的三个阶段

（1）初步形成阶段（二战前）——古典和传统的自由贸易区的出现

自由贸易区最早可追溯到古希腊时代。当时腓尼基人将泰尔港（今黎巴嫩的苏尔港）和迦太基港（今突尼斯港）两个港口划为特区，对外来的商船尽量保证其安全航行、不受任何干扰，这即为自由港区的雏形。1228年，法国南部马赛港在港区内划出特定区域，规定外国货物可以在不征收任何税赋的情况下出入这一区域。1367年，德意志北部的几个自由市联合起来建立了自由贸易联盟，历史上称之为"汉萨同盟"；1547年，意大利在其西北部热那亚湾建立雷格亨（Leghoyn）自由港（图1-4），它被认为是世界上第一个正式命名的自由港。此后，自由港和自由贸易区开始逐渐在西欧许多国家风行。

在17～19世纪约200年的时间里，欧洲的贸易大国先后在一些主要港口创办自由港或自由贸易区，如意大利的那不勒斯（Naples）自由区、的里雅斯特（Trieste）自由区、威尼斯（Venice）自由区，德国的汉堡（Hamburg）自由港（图1-5）、不莱梅（Bremen）自由区，法国的敦刻尔克（Dunkerque）自由区，丹麦的哥本哈根（Copenhagen）自由港，等等。这些自由港或自由区利用优越的地理位置，采取免除进出口关税等措施，吸引外国商品到此转口，扩大对外贸易，发挥了商品集散中心的作用。

图 1-4　意大利热那亚湾的雷格亨自由港

图 1-5　德国的汉堡自由港

20 世纪 20 年代后，自由贸易区开始在美洲大陆出现。1923 年，乌拉圭的科洛尼亚（Colonia）自由区、墨西哥的蒂华纳（Tijuana）自由区和墨西卡利（Mexicali）自由区是美洲大陆较早建立的自由贸易区。美国则直到 1936 年才在纽约的布鲁克林（Brooklyn）建立了第一个对外贸易区。

从自由港区问世至第二次世界大战前夕，世界自由贸易区经历了近 400 年的发展。从"量"的角度说，这一时期的自由贸易区发展数量和规模有限，主要以自由港和自由区为主，共约有 75 个，分布在 26 个国家和地区，绝大部分集中在发达国家。从"质"的角度说，这一时期的自由贸易区经营活动相对单一，主要从事对外贸易和转口贸易，允许外国商船自由进出，但各国对区内经营的业务范围普遍都有比较严格的规定。这一时期的自由贸易区因此被称为"古典和传统的自由贸易区"。

（2）逐步发展阶段（二战后至 20 世纪 60 年代）——出口加工区的异军突起

第二次世界大战后，在经济社会发展的探索实践中，很多国家和地区纷纷开始划定隔离区域同外商合作发展出口工业，并以当地丰富廉价的劳动力和各种优惠待遇，吸收客商的资金和技术。由此，"出口加工区"作为一种自由贸易区新形式和发展的新形态登上历史舞台。世界上最早从事出口加工活动的自由港区一般被认为是 1959 年在爱尔兰设立的香农（Shannon）自由区，如图 1-6 所示。但世界出口加工区协会（WEPZA）认为必须设有制造工厂，并具有免税性质的自由区才是出口加工区，香农自由区仅是免税而已。据此，世界出口加工协会认定 1947 年至 1951 年间波多黎各岛上的免税工业区才是世界出口加工区的鼻祖。中国台湾地区于 1966 年建立的高雄出口加工区，是世界上第一个正式以"出口加工区"命名的自由贸易区。

图 1-6 爱尔兰香农自由区

发展中国家出口加工区的共同点是设立于港口附近、行政手续较区外简化、由区外输入原物料或零组件，再以非技术劳力来产生附加价值，区内企业享有税收及投资政策优惠，以"两头在外"为主要发展模式，发展出口工业产品。从实际情况看，异军突起的出口加工区，成为不少发展中国家经济起飞的"助推器"，可谓功不可没。

（3）蓬勃兴盛阶段（20 世纪 60 年代至今）——多种类型自由贸易区的共同发展

在经济全球化浪潮的推动下，贸易、生产、资本国际合作不断深化，发达国家产业转移日益加速，发展中国家工业化进程迅猛提升，全球自由贸易区呈现出多样化和综合化的发展态势。目前，世界上多数自由贸易区都具有进出口贸易、转口贸易、仓储、加工、商品展示、金融等多种功能，大大提高了自由贸易区的运行效率和抗风险能力。

2. 世界自由贸易区联合会

世界各国都非常重视通过建立和发展自由贸易区来为自己国家的经济发展服务，而自由贸易区的产生和发展也有着深刻的原因和独特的作用。全球范围内自由贸易区的数量不断增加，涵盖议题快速拓展，自由化水平显著提高。

2015年10月1日，加勒比自由贸易区筹备发起了世界自由贸易区联合会。当前，世界贸易经济发展进入新常态，外贸发展机遇和挑战并存，建立世界自由贸易区联合会是适应经济全球化新趋势的客观要求，也是世界开放型经济新体制的必然选择。世界自由贸易区联合会的成立标志着世界自贸区的历史发展进入了一个新的阶段。

世界自由贸易大会（World Free Trade Conference）是一个非官方性、非营利性、定期举办、不定会址的国际会议组织，主要为全球各自由贸易协定缔约国家、自由贸易协会组织、自由贸易园区投资开发运营机构、自由贸易园区入园企业、自由贸易服务机构、自由贸易专业人士提供一个关于世界自由贸易策略、各国自由贸易政策、自由贸易协定协商、自由贸易园区投资开发运营、自由贸易园区招商及其他相关问题的高层对话平台。世界自由贸易大会徽标如图1-7所示。

图1-7　世界自由贸易大会的徽标

"2016年世界自由贸易大会"于2016年11月8—10日在中国澳门特别行政区隆重举行，本届大会的主题是：中国自由贸易区战略下的"一带一路"合作机会。

3. 世界自由贸易区发展的特点

世界自由贸易区发展的特点自由贸易区在全球大量涌现，并且在不同时期具有不同的特点，在发展规模、功能定位、管理体制、产业类型和经济联系等方面均发生过显著变化。在自由贸易区发展的早期阶段，自由贸易区数量少、地域范围小，主要集中在美国和欧盟，但随后自由贸易区数量急剧增加，地域范围不断扩大：在功能定位上，由初期的单一贸易往来演变为进出口贸易、转口贸易、金融、仓储、加工和商品展示等多种功能；在管理体制上，由各自为政向规范化、现代化转变；在产业类型上，由当初的单一产业向多元化方向发展，涉及的领域日益广泛；在经济联系上，由早期地区内部的联系转变为国与国之间的紧密联系，自由贸易区成为国家实施经济政策的重要工具。

4.世界自由贸易区发展的类型

世界上有七大自由贸易区，即北美自由贸易区、美洲自由贸易区、欧洲联盟、加勒比自由贸易区、中国-东盟自由贸易区、巴拿马科隆自由贸易区、欧盟与墨西哥自由贸易区，其中加勒比自由贸易区被称为全球离岸财富的聚集地。经过数百年的发展，世界各地已有2600余个自由贸易区，大体可以分为以下几大类。

（1）转口集散型

这类自由贸易区利用优越的自然地理环境从事货物转口及分拨、货物储存、商业性加工等。最突出的是巴拿马科隆自由贸易区。

（2）贸工结合，以贸为主型

这类自由贸易区以从事进出口贸易为主，兼搞一些简单的加工和装配制造，在发展中国家最为普遍，如阿联酋迪拜港自由港区。

（3）出口加工型

这类自由贸易区主要以从事加工为主，以转口贸易、国际贸易、仓储运输服务为辅，如尼日利亚自由贸易区。

（4）保税仓储型

这类自由贸易区主要以保税为主，可以免除外国货物进出口手续，使货物较长时间处于保税状态，如荷兰阿姆斯特丹港自由贸易区。

（5）自由港型

自由港是关税保护的主权国家所采取的重要的港口政策，他规定对自由港范围内进口的外国商品无论是供当地消费还是转口输出，原则上都不征税，这些免征关税进入自由港的外国商品，可以在那里装卸、储存、重新包装、买卖、加工和制造。但外国船只必须遵守主权国家有关卫生、移民、治安等法律规定。

（三）我国主要自由贸易区的发展历程

1.我国自由贸易试验区的发展历程

从国内来看，现在的自由贸易区都有扩展区域，这个区域分为区境和税境（图1-8），如上海陆家嘴、上海世博开发园也被划定在自由贸易区的范围内，但从国外来看，首先有国境，但未必它是关境。

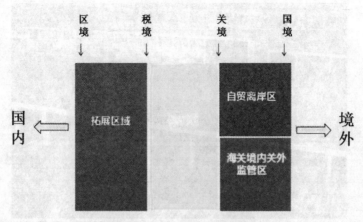

图 1-8 自由贸易区扩展区域

在自由贸易区的建设中有这样一句话"一线放开，二线管住"，即一线放开自由贸易区与国境外的通道口，二线管住自由贸易区与海关境内的通道口。在一国之内的特定区域免于行使海关惯常的监管职能，这才是自由贸易区的最大特色。

从 1991 年国务院批准设立上海外高桥保税区开始，我国自由贸易区建设经历了保税区、出口加工区、保税物流园区、保税港区、综合保税区、自由贸易试验区的逐步发展与蜕变（图 1-9）。对于我国来讲，自由贸易区还是个新鲜事物。2013 年 9 月，我国第一个自由贸易试验区在上海成立，如图 1-10 所示。自由贸易试验区建设坚持差异化发展，功能定位因地制宜。有了上海自由贸易试验区的成功经验后，我国从第二批自由贸易试验区建设开始强调功能差异化。天津、福建和广东三个东部沿海省（市）在借鉴上海自由贸易试验区成功经验的同时，也发展出具有各自特色的功能和定位。

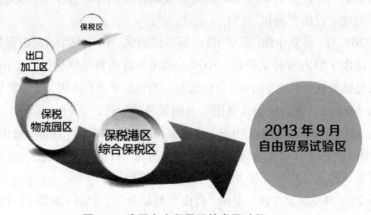

图 1-9 我国自由贸易区的发展过程

图 1-10　我国第一个自由贸易试验区

　　第三批自由贸易试验区则从沿海地区向内陆地区延伸,自由贸易试验区建设全面开花,功能定位因地制宜,考虑各自地区的优势条件,进行区位发展建设。第三批七个自由贸易试验区中,有五个省份均位于内陆地区,与前两批自由贸易试验区构成了六个沿海省(市)、两个中部省(市)、三个西部省(市)的格局。在发展模式上,有了前两批自由贸易试验区的成熟范本,第三批自由贸易试验区的定位更加成熟化和差异化,并全面承接国家多个重大战略。我国目前已经设立了六批 21 个自由贸易试验区,这 21 个自由贸易试验区涉及上海、广东、天津、福建、辽宁、浙江、河南、湖北、重庆、四川、陕西、海南、山东、江苏、河北、云南、广西、黑龙江、北京、湖南、安徽 21 个省市自治区。

　　中国自由贸易试验区发展过程如下(图 1-11):

　　① 2013 年,设立中国(上海)自由贸易试验区;

　　② 2015 年,设立中国(广东)自由贸易试验区、中国(天津)自由贸易试验区、中国(福建)自由贸易试验区;

　　③ 2017 年,设立中国(辽宁)自由贸易试验区、中国(浙江)自由贸易试验区、中国(河南)自由贸易试验区、中国(湖北)自由贸易试验区、中国(重庆)自由贸易试验区、中国(四川)自由贸易试验区、中国(陕西)自由贸易试验区;

　　④ 2018 年,设立中国(海南)自由贸易试验区;

　　⑤ 2019 年,设立中国(山东)自由贸易试验区、中国(江苏)自由贸易试验区、中国(广西)自由贸易试验区、中国(河北)自由贸易试验区、中国(云南)自由贸易试验区、中国(黑龙江)自由贸易试验区;

　　⑥ 2020 年,设立中国(湖南)自由贸易试验区、中国(安徽)自由贸易试验区、中国(北京)自由贸易试验区。

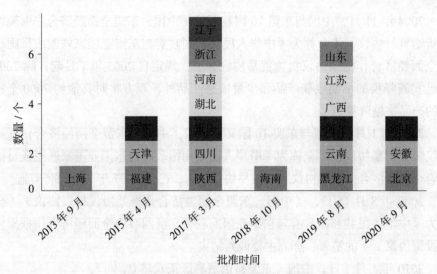

图 1-11　中国自由贸易试验区开设情况

2. 中国－东盟自由贸易区的合作发展历程

中国－东盟自由贸易区是指在中国与东盟 10 国之间构建的自由贸易区，即 "10+1"。中国－东盟自由贸易区是中国对外商谈的第一个自由贸易区，也是东盟作为整体对外商谈的第一个自由贸易区，建成后的自由贸易区将覆盖 1300 万平方公里的土地面积，惠及 19 亿人口，年 GDP 达 6 万亿美元，年贸易总额将超过 4.5 万亿美元，是目前世界上人口最多的自由贸易区，也是发展中国家间最大的自由贸易区。

中国－东盟自由贸易区的主要建设过程如下：

1997 年 12 月，中国和东盟领导人在首次东盟－中国领导人非正式会议上确定了建立睦邻互信伙伴关系的方针。

2001 年 3 月，中国－东盟经济合作专家组在中国－东盟经济贸易合作联合委员会框架下正式成立。专家组围绕中国加入世界贸易组织的影响及中国与东盟建立自由贸易关系两个议题进行了充分研究，认为中国与东盟建立自由贸易区对东盟和中国是双赢的决定，建议中国和东盟用 10 年时间建立自由贸易区。

2002 年 11 月，第六次中国－东盟领导人会议在柬埔寨首都金边举行，中国和东盟 10 国在本次会议上共同签署的《中国－东盟全面经济合作框架协议》（全称为《中华人民共和国与东南亚国家联盟全面经济合作框架协议》），总体确定了中国－东盟自由贸易区包括货物贸易、服务贸易、投资和经济合作等在内的基本架构，是中国－东盟自由贸易区的纲领性文件。这标志着中国与东盟建立自由贸易区的进程正式启动。

2004 年 11 月，中国与东盟 10 国签署了《中国－东盟全面经济合作框架协议货物贸易协议》（全称为《中华人民共和国政府与东南亚国家联盟成员国政府全面经济合作框架协议货物贸易协议》），规定自 2005 年 7 月起，除 2004 年已实施降税的早期收获产品和少量敏感产品外，双方将对其他约 7000 个税目的产品实施降税。

2007 年 1 月，中国与东盟 10 国又签署了《中国－东盟全面经济合作框架协议服务贸易协议》（全称为《中华人民共和国政府与东南亚国家联盟成员国政府全面经济合作框架协议服务贸易协议》），已于 2007 年 7 月顺利实施。

2009 年 8 月 15 日，《中国－东盟全面经济合作框架协议投资协议》（全称为《中华人民共和国政府与东南亚国家联盟成员国政府全面经济合作框架协议投资协议》）的签署，标志主要谈判结束。

2010 年 1 月 1 日，中国－东盟自由贸易区正式建立。

2010 年 1 月 7 日，在广西南宁举行的中国－东盟自由贸易区建成庆祝仪式上，中国与东盟签署了 18 个合作项目，签约金额为 48.96 亿美元。

截至 2019 年底，中国已在东盟设立 25 个境外经贸合作园区，双边货物、服务贸易高速增长，产业链、价值链深度融合，自贸区用“黄金十年”塑造了世界经贸新格局，为深化双边经贸合作奠定了坚实的现实基础。与此同时，在经过长达 8 年的磋商之后，《区域全面经济伙伴关系协定》（RCEP）已于 2020 年 11 月正式签署，对于完善区域合作格局，深化中国－东盟经贸合作具有重要的意义。

第二节　中国自贸区战略的主要内容

一、国际区域经济合作的特点及模式

（一）区域经济及其特点

1. 区域的概念

如何界定和划分区域，这是区域经济理论研究中首先面临的一个重要问题。然而，迄今为止，学术界对“区域”一词并没有明确的定义，其大小也完全取决于研究的目的和问题的性质。区域概念之所以难以界定，主要源于以下几个限制：一是根据研究问题的重要性和类型，区域的大小可以在相当大的范围内变动；二是区域的邻接性问题，即在把国家划分成区域时，不能出现飞地；三是由于许多学科都涉及区域问题，不同学者从本学科的研究目的出发，对区域的界定和划分往往具有不同的看法。地理学家一般把区域定义为地球表壳的地域单元；政治学家则将区域看作国家管理的行政单元；而社会学家视区域为具有相同语言、相同信仰和相同民族特征的人类社会聚落。

在经济学界，目前国内学者大多采用1922年在《全俄中央执行委员会直属俄罗斯经济区划问题委员会拟订的提纲》中给区域下的定义："所谓区域应该是国家的一个特殊的经济上尽可能完整的地区。这种地区由于自然特点，以往的文化积累和居民及其生产活动能力的结合而成为国民经济总锁链中的一个环节。"事实上，这里所说的区域，是指能够在国民经济分工体系中承担一定功能的经济区。

2. 区域经济的概念和特点

（1）区域经济的定义

区域经济是相对于国家经济而言的，它是一个国家经济的空间子系统。任何一个国家的国民经济，都是由部门（产业）、空间和时间因素有机构成的三维系统。从空间维的角度看，国民经济是由不同的异质区域经济有机耦合而成的，区域经济可看成国民经济的"器官"或"子系统"。具有不同特性和水平的区域经济，在空间上相互依存和联系，构成一国的国民经济整体。

（2）区域经济的特点

从区域概念的二重性出发，区域经济也具有明显的二重性特点。一方面，区域经济有"空间经济"的含义。任何人类经济活动，包括生产性活动和非生产性活动，都离不开空间，其生产、交换、流通和消费过程都必须落实到具体的区位。从这一点出发，区域经济也可看成一个国家经济的空间侧面。另一方面，区域经济通常是指国内特定地区的国民经济。在一国之内，各个地区所发生的各种经济活动及其资源配置，都属于区域经济的范畴。因此，那种只把区域经济与某个具体地方经济联系起来的看法，实属一种误解。

除了上述的二重性特点以外，区域经济一般还具有以下三个明显的特点：

①地域性。各个区域的不同特点和区情，使区域经济带有强烈的地域性特征。无论是行政区经济，还是伴随商品经济的发育而逐步形成的经济区经济，都是如此。从这一点出发，区域经济的发展必须因地制宜、扬长避（补）短、合理分工、发挥优势，以逐步形成各具特色的地区经济结构。

②中观性。区域经济是一种承上启下，并有着自己区域特点的中间性、非均衡性经济，是一种介于宏观经济和微观经济之间的中观经济。任何一个区域

的经济发展，都既要满足本地居民的需要，谋求区内居民经济福利的增长，又要考虑整个国民经济发展的需要，搞好与全国经济的相互衔接和协调，兼顾区域利益和国家利益。作为区域经济的管理部门，地方政府既要对区内的企业进行管理和调控，又要接受中央和上一级政府的监督、指导和调控，执行国家的宏观经济政策。

③相对开放性。与国家经济相比，区域经济在社会制度、经济体制、经济运行规则和货币政策等方面是一致的，但缺乏国家之间常有的人为障碍，如关税、进口配额、移民限制等，因而具有更大的开放性。但这种开放性只是相对的，它受着空间距离和运输成本的制约。一般来说，区域规模越大，开放的程度越低；反之，区域规模越小，开放的程度越高。

（二）国际区域经济合作模式

区域经济合作与经济全球化并驾齐驱，已经成为一个不可抗拒的潮流，并对国际贸易和世界经济产生了巨大而深刻的影响。区域经济合作的一个典型特征是促进区域内贸易的优先发展。依据区域合作内容、政治与经济水平、政府与市场作用范围等原则，区域经济合作模式可分为不同类型。以区域经济合作的地理邻近性来看，区域经济合作模式可分为欧盟模式、北美模式、亚太的非体制合作模式、南南低层次水平分工模式等，这主要是国家间的区域经济合作模式。

1. 欧盟模式

纵观40余年的区域经济合作进程，欧洲联盟（以下简称"欧盟"）无疑是最为成功的。它代表的是"北北"型水平分工模式，欧盟的成员国都是发达的工业化国家，各成员国之间的经济差距较小、政治制度接近、文化和其他社会价值观念相似，这使得其成员国之间的主权让渡较为容易，区域经济合作进程发展较快。

欧盟（图1-12）是以德、法为核心，以制度化合作为特点的区域经济一体化组织，其发展特点归纳如下：一是渐进型一体化。欧洲经济一体化由最初的煤钢共同体发展到关税同盟、自由贸易区、共同市场和经济联盟，是按照由简单到复杂、由低级到高级这样扎实推进的方式走过来的。二是超国家因素。欧盟设有欧盟议会、欧盟理事会、欧盟宪法和欧洲法院等组织机构。三是关税同盟。各成员国相互减税，实行共同的农业政策、渔业政策、贸易政策和财政政策等。

图 1-12 欧盟徽标

随着欧盟区域经济合作进程的推进，欧盟呈现出比较明显的贸易内向化趋势。在区内贸易比重持续上升的同时，欧盟同区外的贸易量也呈现出绝对增长的态势。可见，欧盟在发展区内贸易的同时，并不排斥外部市场的扩大。

2. 北美模式

北美自由贸易区（图 1-13）成立于 1994 年，是由发达国家和发展中国家构成的"南北合作模式"（也称垂直分工模式）。在美国强力带动下，北美自由贸易区发展很快，目前已扩至北美、南美和加勒比地区 34 个国家，涵盖 8 亿人口，总产出超过 12 万亿美元。其发展特点归纳如下：一是率先在美国、加拿大和墨西哥实施自由贸易协定，然后再推进到整个美洲并最终形成自由贸易区；二是以美国为主导，以自由贸易区为特色，以美元为区域货币；三是经济合作领域包括贸易与投资自由化、环境保护、劳工权利和知识产权保护等；四是首个由发达国家和发展中国家组成的经济集团。由于发展水平差距大，政治、法律和社会环境不尽一致，北美自由贸易区发展并非一帆风顺。1994 年底的墨西哥比索危机，在一定程度上是墨西哥为加盟北美自由贸易区而付出的代价。

图 1-13 北美自由贸易区徽标

不过北美自由贸易区的发展表明，尽管发达国家和发展中国家，或者不同规模的发达国家之间要比经济发展水平大体相近的国家之间进行一体化更为艰难，但是前者与后者相比却更有现实意义。在合作的过程中，只要坚持分阶段推进，以互惠合作为宗旨，落后国家量力而行、发达国家有所让步，垂直分工的模式也会取得较好的成效，成为双赢而非零和的关系。

3. 亚太的非体制合作模式

区域经济合作组织，是指区域内跨国联合而成立的经济一体化组织。一般认为，欧盟和北美自由贸易区是目前最具典型性的经济一体化组织。亚太经济合作组织（APEC）无论从覆盖范围，还是从市场规模上都不逊色于上述两个经济一体化组织，但是由于其特有的开放性和松散性，人们往往不将其看作制度化的合作体，而仅把它视为"准制度性"经济一体化组织。

亚太经济合作组织（图1-14）是在自愿务实原则下，各成员国以平等伙伴关系建立的"市场＋协调"经济合作模式。从经济发展水平看，亚太经济合作组织的成员国既有最发达的资本主义国家，也有最大的发展中社会主义国家。亚太经济合作组织成员国间生产要素、自然禀赋乃至经济水平、政治制度、文化传统的差异性，是它们各取所长、相互促进的基础，但同时也使成员国间的相互认同十分艰难。经济合作所要求的规范性、约束性与亚太经济合作组织的松散性、灵活性，发达国家谋求经济优势的独占性、长久性与发展中国家追求经济发展机遇的公平性、经济发展进程的集约性之间存在着难以克服的内在矛盾。这使亚太经济合作组织的前景不容乐观。在区域经济合作面临障碍的情况下，亚太地区又开辟了次区域经济合作方式。

图1-14 亚太经合组织徽标

4. 南南低层次水平分工模式

"南南合作"是指发展中国家之间的合作，主要是经济技术领域的合作。由于广大发展中国家主要位于南半球及北半球的南部，故称发展中国家为"南方国家"，它们之间的关系被称为"南南关系"，它们之间的合作被称为"南南合作"。与之相对应，由于主要的发达国家位于北半球，通常称其为"北方国家"，发展中国家与发达国家之间的关系则被称为"南北关系"。

与其他类型经济合作组织进展形成鲜明对比的是，在 20 世纪 60 年代到 80 年代中期，大多数发展中国家组成的"南南"型区域经济合作出现了迅速产生但普遍停滞不前的局面，这是因为 20 世纪 80 年代许多拉丁美洲地区的发展中国家陷入了严重的债务危机之中，从而无暇顾及"南南合作"。另外，各发展中国家大幅削减进口，也给"南南合作"造成了消极影响；随着国际支付的不断恶化，原有的南南贸易自由化计划及各种关于资金及资金结算的安排更难以有效执行。

南南合作有着广阔的发展前景和巨大的潜力，是双边和多边国际合作中重要的组成部分。占世界人口 80% 以上的发展中国家地域辽阔，资源丰富，产品众多，市场潜力大，发展模式各具特色，在很多方面可以互利互惠，相互支持，相互借鉴，共同发展。在南北对话中，广大发展中国家只有团结起来，才能最大限度地维护自身利益。

2014 年，南南合作促进会成立，其宗旨是为中国与其他发展中国家的企业和机构牵线搭桥，提供信息咨询和帮助。

2018 年 11 月 27 日，中国－乌干达投资贸易座谈会在乌干达首都坎帕拉举行，两国政商人士在会上对如何促进双方在投资、贸易、产业等方面的合作进行了深入探讨，内容涵盖投资、工程承包、金融、文化旅游、轻工环保、安防设备、农业、食品加工和贸易等多个领域。

二、中国积极推动周边区域经济合作的战略背景

近年来，在全球多边贸易投资机制逐步确立并不断发展的同时，区域经济一体化也出现了快速发展的势头，尤其是以自由贸易区为代表的区域经济合作形式迅速涌现，合作的广度和深度不断得到扩展和加深。区域经济一体化一般从建立自由贸易区开始，通过逐步取消区内关税和非关税壁垒，促进区内商品贸易自由化，然后向关税同盟、共同市场等更高阶段发展。自由贸易区具有"贸易创造效应"和"贸易转移效应"，区内成员国均可不同程度地从中受益，有利于经济贸易的增长。然而，由于自由贸易区固有的排他性，即区外贸易伙伴享受不到自由贸易区优惠待遇，加之"贸易转移效应"，非成员国的产品竞争力遭到削弱。也就是说，游离于自由贸易区之外的国家，在国际市场竞争中将处于不利境地。

1991 年 11 月 12 日，中国虽然已成为亚太经济合作组织成员，但由于该组织只是一个论坛性质的组织，也有人称其为"聊天的地方"，所以该组织推进的贸易投资自由化、便利化和经济技术合作计划亦属"非约束性"的，不具有自由贸易协定这类机制性安排的约束力。尽管如此，中国在尚未加入自由贸易区这种机制性组织的情况下，参与非约束性的区域经济合作组织也不失为一种次优选择。与其他地区相比，多样性是中国周边地区独一无二的特征，各国之间的经济发展水平、传统价值、文化、种族、宗教、语言、政治体制等各不相同，这也决定了中国周边地区区域经济合作的开放性和灵活性。

东南亚国家联盟（ASEAN），简称"东盟"（图 1-15），于 1967 年 8 月 8 日在泰国曼谷成立，现有 10 个成员国，分别是印度尼西亚、马来西亚、菲律宾、泰国、新加坡、文莱、柬埔寨、老挝、缅甸、越南。总面积约为 449 万 km^2，人口达 6.54 亿（截至 2018 年），秘书处设在印度尼西亚首都雅加达。

图 1-15　东南亚国家联盟徽标

中国-东盟自由贸易区的顺利推进及取得的成果，充分证明中国选择以自由贸易区方式深化对外开放，加强与其他国家和地区合作，实现互惠互利、共同发展，是顺应经济全球化趋势和各经济体寻求和谐发展的必然结果，也是中国发展到一定阶段的正确抉择。因此，继中国-东盟自由贸易区之后，中国加快了自由贸易区商谈的步伐，形成了由近及远、从周边向全球展开的自由贸易区建设态势。从中国已签署和正在谈判的情况看，区域经济合作的主要对象均为周边国家和地区。实际上，中国与周边国家和地区的贸易额占到中国外贸总额的 60% 以上，多年来从周边国家和地区获得的投资占吸引外资总额的 70% 以上。显然，首先发展与周边国家和地区的区域经济合作，建立以周边国家和地区为基础的中国区域经济合作框架，已成为中国自由贸易区战略的核心。截至 2020 年底，我国累计已签署的自由贸易协定达 19 个、涉及 28 个国家和地区。

三、中国自由贸易区战略的提出及规划

2007年10月，党的十七大报告提出要"拓展对外开放广度和深度，提高开放型经济水平"，要求"实施自由贸易区战略"，扩大开放领域，优化开放结构，提高开放质量，完善内外联动、互利共赢、安全高效的开放型经济体系，形成经济全球化条件下参与国际经济合作和竞争新优势。党的十七大把自由贸易区建设上升为国家战略。中国虽已提出"实施自由贸易区战略"的概念，但人们并不了解其具体内容，更不知发展目标及行动举措，因此，该战略仍停留在上层和少数操作部门层面上，致使地方和企业不能及时跟进并采取相应行动，以充分、有效地获取自由贸易区所产生的效益。鉴于此，党的十八届三中全会提出要以周边为基础加快实施自由贸易区战略，形成面向全球的高标准自由贸易区网络。其目的是抓紧研究制定自由贸易区战略的近、中、长期规划以及实施方案，包括目标明确、可操作性强的具体实施措施等，为自由贸易区战略顺利、有效实施铺平道路。

2014年12月5日，中共中央政治局就加快自由贸易区建设进行集体学习。习近平总书记强调，必须适应经济全球化新趋势、准确判断国际形势新变化、深刻把握国内改革发展新要求，以更加积极有为的行动，加快中国自由贸易区战略的实施。这次中央政治局集体学习安排这个内容，目的是分析我们加快实施自由贸易区战略面临的国内外环境，探讨我国加快实施这个战略的思路。2015年12月17日，国务院发布的《关于加快实施自由贸易区战略的若干意见》（国发〔2015〕69号）提出，加快实施自由贸易区战略是我国新一轮对外开放的重要内容。

2017年10月18日，党的十九大报告为下一步开放绘就新的蓝图。报告明确提出，要"推动形成全面开放新格局"，以"一带一路"建设为重点，坚持"引进来"和"走出去"并重，遵循共商共建共享原则，加强创新能力开放合作，形成陆海内外联动、东西双向互济的开放格局。在开放平台建设方面，十九大报告明确指出，"要赋予自由贸易试验区更大改革自主权，探索建设自由贸易港"。当前，自由贸易试验区和国家经济开发区等开放高地已经踏上升级版建设的新征程，自由贸易港区也将启动开放新高地的探索。面对全球区域经济加速调整、我国加快构建新发展格局的新形势，如何科学谋划自由贸易区提升战略的实施路径和目标，成为当前必须深入研究的一个重要问题。

当前，全球范围内自由贸易区的数量不断增加，涵盖议题快速拓展，自由化水平显著提高。建立自由贸易试验区，是党中央、国务院作出的重大决策，是

新时代推进改革开放的重要战略举措。自由贸易试验区建设不仅承担着全面深化改革与实施新一轮高水平对外开放的责任，担负着以开放促改革的使命，而且肩负着推动高质量发展，打造动力更强、结构更优、质量更高新增长极的重任。

四、中国自由贸易区战略实施的目标、原则和指导思想

（一）中国自由贸易区战略实施的目标

2015 年 12 月 17 日，国务院发布的《关于加快实施自由贸易区战略的若干意见》（国发〔2015〕69 号），提出近期和中长期目标：

近期，加快正在进行的自由贸易区谈判进程，在条件具备的情况下逐步提升已有自由贸易区的自由化水平，积极推动与周边大部分国家和地区建立自由贸易区，使中国与自由贸易伙伴的贸易额占中国对外贸易总额的比重达到或超过多数发达国家和新兴经济体水平；

中长期，形成包括邻近国家和地区、涵盖"一带一路"沿线国家以及辐射五大洲重要国家的全球自由贸易区网络，使中国大部分对外贸易、双向投资实现自由化和便利化。

在此基础上，"十四五"规划提出了"实施自由贸易区提升战略，构建面向全球的高标准自由贸易区网络"的新要求。

（二）中国自由贸易区战略实施的原则

中国自由贸易区战略的实施主要应遵循以下四个原则：一是扩大开放，深化改革。通过自由贸易区提高开放水平和质量，深度参与国际规则制定，拓展开放型经济新空间，促进全面深化改革，更好地服务国内发展。二是全面参与，重点突破。全方位参与自由贸易区等各种区域贸易安排合作，重点加快与周边、"一带一路"沿线以及产能合作重点国家、地区和区域经济集团商建自由贸易区。三是互利共赢、共同发展。以正确义利观指导自由贸易区战略的实施，寻求利益契合点和合作公约数，推动我国与世界各国和各地区共同发展。四是科学评估，防控风险。努力排除自由贸易区建设中的风险因素，同时，提高开放环境下的政府监管能力，建立健全并严格实施安全审查、反垄断和事中事后监管等方面的法律法规，确保国家安全。

（三）中国自由贸易区战略实施的指导思想

在"实施自由贸易区提升战略，构建面向全球的高标准自由贸易区网络"的过程中，应以习近平新时代中国特色社会主义思想为指导，全面贯彻党的

十九大和十九届二中、三中、四中全会精神，统筹推进"五位一体"总体布局和协调推进"四个全面"战略布局，坚持稳中求进工作总基调，坚持新发展理念，坚持高质量发展，以供给侧结构性改革为主线，主动服务和融入国家重大战略，建设更高水平开放型经济新体制，以开放促改革、促发展、促创新，把自由贸易试验区建设成为新时代改革开放新高地。

五、中国设立自由贸易试验区的意义

国务院常务会议强调，设立自由贸易试验区是为了带动我国产业体制的转型，促进经济的发展，是顺应经济全球化发展新趋势、实行积极主动的对外贸易的重要手段。这种发展模式，一方面拓展了我国经济增长的空间，为我国经济的发展创造了更多的可能性；另一方面，增强了我国在国际市场上的竞争力和影响力，为我国对外发展打下基础。总体而言，我国设立自由贸易试验区的意义主要表现在以下几个方面：

一是利用自由贸易区作为商品集散中心的地位，扩大出口贸易和转口贸易，提高我国在国际贸易中的地位，增加外汇收入；

二是有利于吸引外资，引进国外先进技术与管理经验；

三是有利于扩大劳动就业机会，由于自由贸易试验区致力于营造市场化、国际化、法治化的营商环境，必然会对高层次人才产生不小的需求，特别是在金融、贸易、航运等领域，许多大学毕业生及专业人才将在自由贸易试验区内获得更多机会，甚至有机会不出国门就能拿到超同行业水平的"国际工资"；

四是在港口、交通枢纽和边境地区设区，可起到繁荣港口、刺激我国交通运输业发展和促进区域经济发展的目的。

当前，我国设立的自由贸易试验区除了发挥以上四方面作用外，最重要的作用是以制度创新为核心任务，努力形成可复制、可推广的制度成果，创造更加国际化、市场化、法治化的公平、统一、高效的营商环境，推动我国经济全面适应并逐渐引领世界经济全球化发展。

第三节　中国自贸区建设的总体情况

一、中国自贸试验区建设的总体规模

中国自由贸易区（FTZ）的"试验"始于2013年的上海。2013年9月27日，中国第一个自由贸易试验区——中国（上海）自由贸易试验区设立。从

2013年中国（上海）自由贸易试验区挂牌成立以来，我国自由贸易试验区的布局不断优化，数量不断增加。截至2020年9月，我国已经分多批次批准成立了21个自由贸易试验区（图1-16），形成了覆盖东西南北中的改革开放创新格局。

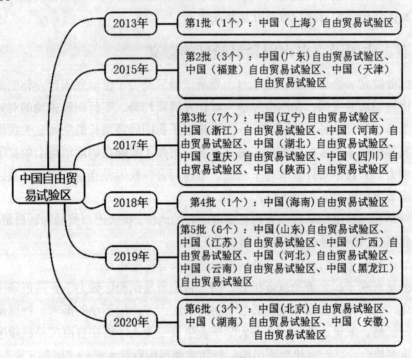

图1-16　中国自由贸易试验区及其批准时间

　　目前，我国21个自由贸易试验区（以下简称"自贸试验区"）共包含67个片区，如表1-1所示。大部分片区重点发展了3～6个产业领域，已初步形成"现代商贸及金融为主、战略性新兴产业为辅"的产业格局。

表1-1　自贸试验区成立时间及涉及片区

序号	自贸试验区	成立时间	涉及片区
1	上海	2013年9月	保税区片区、陆家嘴片区（含世博片区）、金桥片区、张江片区、上海临港新片区
2	广东	2014年12月	广州南沙新区分区、深圳前海蛇口片区、珠海横琴新区
3	天津	2014年12月	天津港片区、天津机场片区、滨海新区中心商务片区
4	福建	2014年12月	福州片区、厦门片区、福州平潭片区

序号	自贸试验区	成立时间	涉及片区
5	辽宁	2016 年 8 月	沈阳片区、大连片区、营口片区
6	浙江	2016 年 8 月	舟山离岛片区、舟山岛北部片区、舟山岛南部片区
		2020 年 9 月	宁波片区、杭州片区、金义片区
7	河南	2016 年 8 月	郑州片区、开封片区、洛阳片区
8	湖北	2016 年 8 月	武汉片区、宜昌片区、襄阳片区
9	重庆	2016 年 8 月	两江片区、西永片区、果园港片区
10	四川	2016 年 8 月	天府新区片区、青白江铁路港片区、川南临港片区
11	陕西	2016 年 8 月	西安中心片区、西安国际港务区片区、咸阳杨凌示范区片区
12	海南	2018 年 1 月	海南岛全岛
13	山东	2019 年 8 月	济南片区、青岛片区、烟台片区
14	江苏	2019 年 8 月	南京片区、苏州片区、连云港片区
15	广西	2019 年 8 月	南宁片区、钦州港片区、崇左片区
16	河北	2019 年 8 月	保定雄安片区、石家庄正定片区、唐山曹妃甸片区、廊坊大兴机场片区
17	云南	2019 年 8 月	昆明片区、红河片区、德宏片区
18	黑龙江	2019 年 8 月	哈尔滨片区、黑河片区、绥芬河片区
19	北京	2019 年 9 月	科技创新片区、国际商务服务片区、高端产业片区
20	湖南	2019 年 9 月	长沙片区、岳阳片区、郴州片区
21	安徽	2019 年 9 月	合肥片区、芜湖片区、蚌埠片区

数据显示，2020 年，除了新设立的北京、安徽、湖南三个自贸试验区以外的其他 18 家自贸试验区共新设企业 39.3 万家，实际使用外资 1763.8 亿元，实现进出口总额 4.7 万亿元，以不到全国千分之四的国土面积，实现了占全国 17.6% 的外商投资和 14.7% 的进出口，为稳外贸稳外资发挥了重要作用。

二、中国自贸试验区重点产业发展的总体情况

现阶段，我国自贸试验区围绕商品、服务、人才、资本的信息流动，在产业发展上以现代商贸物流、金融等生产性服务业为重点发展方向，同时也着力布局了新一代信息技术、生物医药、装备制造等战略性新兴产业。本节通过对

前18个自贸试验区55个片区重点产业的梳理，归纳了各重点产业的出现频次，如图1-17所示。从图中可以看出，超过34个片区以现代商贸业作为重点发展方向，金融、新一代信息技术、医药健康分别有27个、25个和20个片区布局。

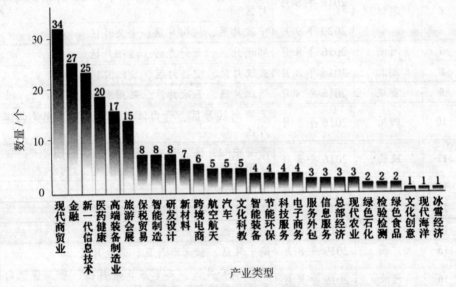

图1-17　我国自贸试验区重点产业发展的总体情况

总的来说，开放、创新、国际化营商环境等是各自贸试验区发展定位中的"高频词"。例如，天津自贸试验区、浙江自贸试验区、辽宁自贸试验区都提到"以制度创新为核心"，上海自贸试验区提到"深化金融开放创新"，福建自贸试验区则是"创新两岸合作机制，"上海、广东、福建、辽宁、河南、陕西6个自贸试验区均提到"打造法治化、国际化的营商环境"。新增加的北京自由贸易试验区则承担着"加快打造服务业扩大开放先行区、数字经济试验区，着力构建京津冀协同发展的高水平对外开放平台"的使命。

三、"十三五"期间我国与自贸伙伴之间贸易协议的签署情况

近年来，在中美战略博弈不断升级外部环境恶化的背景下，我国与其他国家或地区的自由贸易区（FTA，以下简称"自贸区"）建设仍取得一系列积极成果，自贸区日益成为建设高水平开放型经济新体制和推动共建"一带一路"高质量发展的重要支撑。2020年，在新冠肺炎疫情持续蔓延的情况下，我国自贸区建设依然取得积极进展。2020年10月，我国与柬埔寨签署自贸协定，这是我国与最不发达国家商签的首个自贸协定，也是首个将"一带一路"倡议合

作独立设章的自贸协定。2020年11月，《区域全面经济伙伴关系协定》的签署，标志着当前世界上人口最多、经贸规模最大、最具发展潜力的自由贸易区正式启航，将为区域和全球经济增长注入强劲动力。

"十三五"时期，我国的自贸区建设跨上了新的台阶，取得了显著成效。

一是5年新签署的自贸协定数量明显增加。2016年以来，我国先后新签了12个自贸协定（含已有协定的升级版协定、第二阶段协定和补充协议等），涉及22个国家和地区。这些协定大多数已生效实施。截至2021年1月，我国累计已签署的自贸协定达19个、涉及28个国家和地区，如表1-2所示。

表1-2　我国已签署自贸协定一览表

协定	签署时间	生效及升级
中国-东盟	2002年	2010年全面建成自贸区，2015年签署升级议定书，2019年升级议定书对所有协定成员全面生效
内地与港澳更紧密经贸关系安排（CEPA）	2003年	2004—2013年签署10个补充协议，2015年对CEPA进行升级，分别签署了服务贸易、投资和经济技术合作3个协议。2018年签署货物贸易协议，次年生效；2019年签署修订服务贸易协议，次年生效
中国-巴基斯坦	2005年签署早期收获计划	2019年签署第二阶段议定书，对原有内容进行升级并新增海关合作章节，同年第二阶段议定书生效
中国-智利	2005年	2006年生效，2017年签署升级议定书，对原有内容进行升级并新增海关程序、电子商务、竞争、环境与贸易4个章节。2019年升级议定书生效
中国-新西兰	2008年	2008年生效，是我国与发达国家达成的首个自贸协定。2019年结束升级谈判，对原有内容升级并新增电子商务、环境与贸易、竞争政策和政府采购等章节。2021年1月签署升级议定书
中国-新加坡	2008年	2009年生效，2018年签署升级议定书，对原有内容进行升级并新增电子商务、竞争政策和环境章节，2019年升级议定书生效。2020年启动升级后续谈判，将基于负面清单模式开展服务和投资自由化相关后续谈判
中国-秘鲁	2009年	2010年生效，2016年启动自贸区升级联合研究
海峡两岸经济合作框架协议	2010年	2010年生效
中国-哥斯达黎加	2010年	2011年生效
中国-冰岛	2013年	2014年生效，我国与欧洲国家签署的首个自贸协定

协定	签署时间	生效及升级
中国－瑞士	2013 年	2014 年生效，我国与欧洲大陆国家签署的首个自贸协定，2017 年启动自贸区升级联合研究
中国－韩国	2015 年	2015 年生效，2017 年第二阶段谈判启动
中国－澳大利亚	2015 年	2015 年生效
中国－格鲁吉亚	2017 年	2018 年生效，我国与欧亚地区国家签署的首个自贸协定
中国－马尔代夫	2017 年	待生效
中国－毛里求斯	2019 年	2021 年生效，我国与非洲国家商签的首个自贸协定
中国－柬埔寨	2020 年	待生效，我国与最不发达国家商签的首个自贸协定
RCEP	2020 年	待生效，目前全球最大的自贸协定

二是自贸区质量和水平明显提升。在新增的 12 个协定中有 7 个是升级协定或第二阶段协定，涉及 15 个国家和地区。这些协定在货物贸易降税（零关税）、扩大服务贸易自由化和投资自由化范围等方面都有明显提升。

三是实现由双边协定向区域多边协定的重大突破。2020 年 11 月由中国等 15 个国家参与的《区域全面经济伙伴关系协定》（RCEP）正式签署，这是我国参与的第一个高标准跨区域多边自由贸易安排，中国和日本也首次成为同一个自贸协定的成员。

四是重量级协定伙伴进一步增加。在新签自贸协定中增加了排名全球第三大经济体的日本；日本是七国集团（G7）成员之一，也是亚洲地区最大的发达国家。

五是自贸区网络向更多地域延伸。五年来我国的自贸协定伙伴在已有地域基础上新增了非洲（毛里求斯）和中东欧地区（格鲁吉亚）。截至"十三五"时期末，自贸协定伙伴所在地域涉及亚洲、大洋洲、西欧、中东欧、南美洲等广泛地区。

六是循序递进格局基本形成。"十三五"时期正式签署的自贸协定，多数谈判是在 2016 年之前就已启动的。保持科学合理的节奏和不同进度项目结构对于保障谈判质量和新增成果的连续性稳定性具有重要作用。截至 2020 年 12 月底，我国正在进行的自贸区谈判还有 10 个（表 1-3），其中中韩第二阶段谈判和中国—秘鲁升级谈判是已有协定的升级版谈判；已经在达成共识基础上着手进行联合研究的自贸区还有 8 个，其中包括 1 个升级版协定（中国-瑞士）。

表 1-3　中国自贸区建设情况（截至 2020 年 12 月底）

地区	已签署	谈判中（10）	研究中（8）
亚洲	中国－东盟及升级 内地与香港更紧密经贸关系安排 内地与澳门更紧密经贸关系安排 中国－巴基斯坦及第二阶段 中国－新加坡及升级 海峡两岸经济合作框架协议 中国－韩国 中国－格鲁吉亚 中国－马尔代夫（待生效） 中国－柬埔寨（待生效） RCEP（待生效）	中国－海合会 中日韩 中国－斯里兰卡 中国－以色列 中国－韩国第二阶段 中国－巴勒斯坦	中国－尼泊尔 中国－孟加拉国 中国－蒙古国
大洋洲	中国－新西兰及升级 中国－澳大利亚	中国－新西兰升级（结束谈判）	中国－巴布亚新几内亚 中国－斐济
欧洲	中国－冰岛 中国－瑞士	中国－挪威 中国－摩尔多瓦	中国－瑞士升级
美洲	中国－智利及升级 中国－秘鲁 中国－哥斯达黎加	中国－秘鲁升级 中国－巴拿马	中国－哥伦比亚 中国－加拿大
非洲	中国－毛里求斯	—	—

四、中国自贸区在形成全方位开放新格局中的作用

随着新签协定的不断增加，自贸区对我国经济发展的积极作用日趋显现。

（一）促进对外贸易持续增长，为经济高质量发展注入新动力

以"十三五"时期的对外贸易为例，海关统计的计算结果表明，截至 2020 年我国和已签协定伙伴国（地区）之间的进出口总额占全部对外贸易的比重达 45.8%，比 2015 年提高了 7.3 个百分点；其中出口达 41.7%，扩大了 4.5 个百分点；进口达 50.9%，增加了 10.6 个百分点。按照可比方法计算，在"十三五"时期的五年间，我国和自贸协定伙伴之间的进出口贸易累计增长了 32.3%，增速比其他部分贸易加快 2.3 个百分点。

中国－东盟自贸协定升级协定自 2016 年正式实施以来，双边贸易累计增长了 61.5%，增速是我国同期外贸平均增速的 2 倍。其中我国对东盟出口增长了 54.2%，增速比东盟以外贸易平均增速加快 27.3 个百分点，仅对东盟出口增长一项，就使得我国 2020 年国内出口商品生产比 2015 年净增 4701 亿元，相当于当年 GDP 净增 0.46 个百分点。出口增长为中国企业带来了进入东盟市场的重要机遇和可观收益。2020 年突如其来的新冠肺炎疫情对全球产业链供应链造成巨大冲击，全球贸易大幅度萎缩，我国和东盟的双边贸易逆势增长，东盟也首次成为我国的最大贸易伙伴，为印证自贸协定在促进可持续和稳定增长中的重要作用提供了成功范例。

（二）提升对外开放水平，助力开放型经济新体制建设

推进自贸区建设是一个国家主动参与经济全球化、促进制度性规则性开放的重要体现。我国已经签署的自贸协定不仅包括货物贸易自由化便利化内容，而且在服务贸易自由化和投资自由化、经济合作等广泛领域做出了开放承诺，开放的标准和水平也在不断提高。

例如，RCEP 协定生效后，区域内 90% 以上的货物贸易将最终实现零关税，更高水平服务贸易和投资准入开放，以及包括市场竞争政策、知识产权保护、政府采购、跨境电子商务等广泛领域在内的高水平开放承诺。这些对于促进市场经济体制改革、提升制度性规则性对外开放水平、建设市场化法治化国际化营商环境将产生重要推动作用。

五年来，在自贸区网络建设带动下商品市场准入开放的生动实践就是其中一个典型案例。根据海关和财政部税收统计计算，2020 年我国实际关税税率（进口关税／一般贸易）仅为 3.0%，比 2015 年降低了 1.5 个百分点。进一步的测算表明，1.5 个百分点中至少有 0.8 个百分点的降幅可视为由在此期间协定关税降税带来的。

不断增加的自贸区降税，对我国扩大商品市场开放、满足国内生产和消费对国外商品需要起到了重要作用。根据海关统计并按照可比口径计算，2020 年我国自贸协定框架下进口比 2015 年增长 43.3%，高出同期其他类型进口平均增速 12 个百分点，充分显示了自贸区建设对于扩大国内进口需求的积极影响。

（三）提升我国与区域成员的经济融合程度，形成互利共赢新型合作关系

自贸区理论和国际经验早已表明，通过建立制度性合作关系，成员之间相

互贸易和投资环境明显改善，将会提升区域内贸易比重，增强彼此之间的贸易依存度，减少外部市场因素冲击的风险，维护地区经济长期稳定和可持续发展。

从中国和东盟的 10+1 自贸区来看，在升级版协定生效实施后的 2017—2019 年期间，东盟对华进口占其全部进口的比重由 22.0% 提高到 25.6%；从中国的角度看，对东盟出口由 12.4% 上升到 14.4%。这说明自贸区成员之间的贸易依存度是明显提升的，相互市场开放带来了经济相互融合和贸易依存度上升的积极影响。

另外，2015—2020 年期间，中国源自自贸区伙伴的进口累计增长了 42.1%，相当于同期出口增速的近 2 倍，说明自贸区伙伴从对华出口快速增长中获得了更多利益，为这些经济体促进国内经济增长和国际收支平衡带来了实实在在的好处，对加强我国与自贸区伙伴之间的互利共赢合作关系产生了积极作用。

五、我国自贸区建设取得的显著成效

加快自贸区建设，已经成为我国统筹两个市场和两种资源、进一步扩大对外开放的重要手段，展示了我国开放、负责任的国际形象。通过自贸区提供的制度性保障，各方货物、服务、投资和人员流动政策更加透明、更具预见性，提升了彼此经贸关系和经济融合，取得了互利共赢、共同发展的结果。自贸区建设的显著成效主要体现在以下几个方面：

一是自贸区促进了与自贸伙伴贸易和投资的增长。随着与各贸易伙伴自贸协定的进一步实施，关税将不断降低或取消，自贸协定促进了货物贸易、服务贸易和投资的增长。

二是自贸区降低了企业经营成本，提升了企业的国际竞争力。自贸区建成后，我国和自贸伙伴之间的市场准入条件将进一步改善，贸易和投资环境也将更加规范、透明，自贸协定的各项优惠政策降低了企业进出口的成本，有利于各方企业在更大范围、更高水平上参与国际经济合作，提高在国际市场上的竞争力。

三是自贸区提供了更多的贸易和投资机会，带动了沿边地区经济合作。自贸区虽然是国家或单独关税区之间的合作，但与自贸伙伴毗邻的沿边地区往往可以发挥区位优势，"近水楼台"享受自贸区优惠政策，积极发展次区域合作，吸引和承接自贸伙伴或国内区际产业转移。因此自贸区可有效带动与自贸伙伴接壤地区的发展。

四是自贸区增加了消费者的实际利益。通过自由贸易互通有无，消费者可以更低的价格购买世界各地更多、更丰富的商品，提高消费水平和生活质量。例如，我国市场上的热带水果越来越多，价格也越来越实惠，这正是得益于中国-东盟自贸区；榴莲、山竹、火龙果等热带水果成为我国广大消费者日常享用的水果。

从实施情况看，自贸区做大了贸易的"蛋糕"，促进了我国与自贸伙伴的互利双赢。可以预计，随着自贸协定的深入实施，我国与有关国家和地区的贸易潜力将进一步释放。

第四节 中国加快自贸区战略实施的举措

一、中国加快实施自贸区战略的背景与原则

（一）中国加快实施自贸区战略的背景

1.加快实施自贸区战略是我国新一轮对外开放的重要内容

中共中央总书记习近平指出："加快实施自由贸易区战略，是我国积极参与国际经贸规则制定、争取全球经济治理制度性权力的重要平台，我们不能当旁观者、跟随者，而是要做参与者、引领者，善于通过自由贸易区建设增强我国国际竞争力，在国际规则制定中发出更多中国声音、注入更多中国元素，维护和拓展我国发展利益。"

"实施自由贸易区提升战略，构建面向全球的高标准自由贸易区网络"是"十四五"规划纲要对"实行高水平对外开放，开拓合作共赢新局面"提出的新要求。面对全球区域经济加速调整、中国加快构建新发展格局的新形势，加快实施自贸区战略是中国新一轮对外开放的重要举措。

在国内经济压力加大，世界经济形势、国际经济贸易格局发生重大变化的背景下，自贸区战略的实施和自贸区范围的进一步扩大对我国扩大利用外资、进一步吸引外商发挥着重要的支撑作用，目前，我国自贸区在高端制造业、服务业等领域还存在进一步挖掘的潜力，因此，我们要加快复制自贸区的成功经验，以开放的主动赢得经济发展的主动。

2.加快实施自贸区战略是适应经济全球化新趋势的客观要求

加快实施自贸区战略，是我国参与全球竞争、应对全球和区域经济治理格

局变化、构建开放型经济体系的客观需要，有利于争取到更多话语权。

当前，在全球和区域经济治理格局中，发达经济体试图通过 TPP、跨大西洋贸易与投资伙伴关系协定（TTIP）等自贸区谈判，推进以某些大国为主导的经济一体化进程，获得新的全球竞争优势。中国等正处于工业化和城镇化进程中的新兴经济体，要想更好地维护国家利益、培育新的国际竞争优势，就必须适应经济全球化和区域经济一体化的趋势，加快实施自贸区战略。

（二）中国加快实施自贸区战略应遵循的原则

中国实施自贸区战略应把握好以下原则：一是掌控开放的节奏和顺序，在明确目标的前提下规划有序的时间表；二是在开放发展的顶层设计下强化实施自贸区的法制环境和制度性安排；三是提高经济主管部门驾驭经济、引导经济的能力，特别是在复杂的金融市场面前保持定力，做到有所为有所不为。

二、中国加快实施自贸区战略的政策要求

国务院 2015 年印发的《关于加快实施自由贸易区战略的若干意见》（国发〔2015〕69 号），提出了我国加快实施自贸区战略的总体要求，提出要进一步优化自贸区建设布局和加快建设高水平自贸区，并就健全保障体系、完善支持机制以及加强组织实施做出了具体部署。

2019 年 10 月 23 日，十三届全国人大常委会第十四次会议审议了《国务院关于加快外贸转型升级推进贸易高质量发展工作情况的报告》，该报告指出，下一步将从 10 个方面推进我国外贸高质量发展。

（一）确保外贸稳中提质

夯实贸易发展的产业基础，优化升级传统产业，提升产品档次和附加值，大力提高出口产品质量，增强贸易创新能力，加快品牌培育，加强国际营销网络建设，提升贸易综合竞争力；认真落实国务院出台的稳外贸政策措施，确保政策措施尽快落地见效；同时根据形势变化和企业关切，加强政策储备；积极应对中美经贸摩擦。

（二）进一步优化国际市场布局

继续深耕发达经济体等传统市场，着力深化与共建"一带一路"国家的贸易合作，拓展亚洲、非洲、拉美等市场；逐步提高自贸伙伴、新兴市场和发展中国家在对外贸易中的占比，扩大与周边国家贸易规模；加快构建周边自贸区，

力争与所有毗邻国家和地区建立自贸关系，不断深化经贸关系，构建合作共赢的周边大市场。

（三）积极扩大进口

确保进博会"越办越好"，努力做到"规模更大、质量更优、创新更强、层次更高、成效更好"；认真贯彻落实习近平总书记在首届进口博览会开幕式上的主旨演讲精神，扩大进口空间，削减进口环节制度性成本，优化进口结构，鼓励国内有需求的资源性产品进口，支持日用消费品、医药和康复、养老护理等设备进口，促进研发设计、节能环保、环境服务等生产性服务进口。

（四）促进贸易新业态发展

推动出台培育贸易新业态新模式指导意见；推进跨境电子商务综合试验区建设，复制推广成熟经验做法；完善跨境电子商务零售出口管理模式，优化通关作业流程和海关统计制度，扩大跨境电商零售进口试点城市范围；在总结试点经验的基础上，完善管理体制和政策措施，推进市场采购贸易方式试点；完善外贸综合服务企业发展政策，推动信息共享和联合监管；鼓励发展其他贸易新业态；认真落实扩大边境贸易的政策措施，促进兴边富民、稳边固边。

（五）大力发展服务贸易

深化服务贸易领域改革和开放，完善促进服务贸易发展的管理体制和政策体系；深化服务贸易创新发展试点，落实深化服务贸易创新发展试点6项开放便利举措和保障措施；开展服务外包示范城市综合评价和末位警示；建立13个国家文化出口基地评价体系，开展数字服务和中医药服务出口基地建设；进一步完善服务贸易统计监测体系。

（六）深入推进"一带一路"建设

深化贸易合作，拓宽贸易领域，落实第二届"一带一路"国际合作高峰论坛成果，全力推动开放举措和经贸成果落地；积极筹备全球电子商务高峰论坛；创新投资合作，拓宽双向投资领域，聚焦产业投资和基础设施互联互通，加快建设一批综合效益好、带动作用大的重大项目；启动编制走出去中长期发展规划；促进贸易投资自由化便利化。

（七）加快自贸试验区和自由贸易港建设

推动自贸试验区深入开展差别化探索，主动服务和融入国家重大战略；实施好新版自贸试验区外资准入负面清单；研究在自贸试验区进一步放宽市场准入特别是服务业开放的举措；高水平建设中国特色自由贸易港，深化研究中国自由贸易港政策和制度体系，打造开放层次更高、营商环境更优、辐射作用更强的开放新高地。

（八）统筹开展多双边合作

建设性参与全球经济治理，坚定维护多边贸易体制，反对单边主义和保护主义，推动对世贸组织进行必要改革；深入参与二十国集团、金砖国家、亚太经合组织、大图们倡议等多边和区域、次区域合作机制，积极贡献更多中国倡议、中国方案；加快高标准自贸区建设，推动与世界重要经济体商建自贸区进程；加快中日韩自贸协定、中欧投资协定谈判进程；深化中俄战略性大项目合作，启动中俄欧亚经济伙伴关系协定谈判。

（九）切实改善营商环境

进一步提升贸易便利化水平，加快做好世贸组织《贸易便利化协定》B类措施落实。进一步完善外贸管理体制，健全重要敏感商品宏观调控和监测预警机制；全面实施货物进出口行政许可无纸化；做好口岸收费目录清单公示工作，进一步推动降低港口、码头收费，降低企业经营成本。推进投资自由化，持续放宽外资市场准入，充分发挥外资对产业升级和外贸高质量发展的带动作用。

（十）进一步加大政策支持

继续做好贸易政策合规工作。结合增值税改革和立法，逐步完善出口退税机制；支持金融机构有序开展金融创新，提供多样化、综合化服务。

三、中国加快实施自贸区战略的重要措施

（一）加快自贸区战略顶层设计

顶层设计内容包括确定中国自贸区的战略目标和实现日期、分析自贸区战略经济的影响、评估今后十年自贸区战略实施前景以及中国全球贸易地位。顶层设计的重点是中国"依托周边，拓展亚洲，兼顾全球"的自贸区战略总体布局，其中，亚太自贸区应始终占据重要地位。具体方法可以参考TPP、TTP等新议题，选择关键议题，分析确定哪些议题可纳入中国新一代高标准自贸区协议文本全面谈判，哪些可达成单独协议；哪些更适合范围更广的多边谈判而不纳入双边谈判。

（二）自主开放，赢得发展和竞争的主动

自贸试验区建设是我国主动应对高标准国际经贸规则挑战的实际行动。建设自贸试验区就是要通过自主开放，在更广领域、更高水平率先对接高标准的国际投资贸易规则，以丰富对外开放内涵，提高对外开放水平，实现以开放的主动赢得发展的主动、赢得国际竞争的主动。一方面，对于当前在多边、区域及双边贸易协定谈判中的焦点议题，在符合我国改革方向和风险总体可控前提下，可在自贸试验区先行先试，积累经验；另一方面，对于我国期望主导推动的国际经贸规则，也可在自贸试验区先行探索，形成经验，为我国参与国际经贸谈判提供实践依据与方案建议。此外，主动对接国际高标准经贸规则，瞄准与国际先进标准的差距，通过开展改革试验补齐短板，探索形成具有国际竞争力的开放政策和制度，也是自贸试验区制度创新的重要方式。

（三）自主试验，引领构建开放型经济新体制

对外开放是我国经济持续快速发展的一个重要动力，自贸试验区建设则是我国探索制度型开放的重要载体。2019 年 10 月，党的十九届四中全会审议通过的《中共中央关于坚持和完善中国特色社会主义制度　推进国家治理体系和治理能力现代化若干重大问题的决定》，对建设更高水平开放型经济新体制做出重要部署，强调要健全外商投资准入前国民待遇加负面清单管理制度，推动规则、规制、管理、标准等制度型开放。这需要自贸试验区建设与时俱进，以更大的力度推动规则、规制、管理、标准与国际对接，吸收借鉴国际成熟市场经济制度的经验和成果，以更多的举措破除深层次体制机制障碍，加快形成一整套与开放型经济发展相适应的制度体系和监管模式，推动国家治理体系和治理能力现代化。

（四）先行先试，创新经验推广辐射至全国

总体上看，国际高水平贸易投资规则的许多开放措施对于我们而言是全新的理念，在许多领域能否开放、如何开放、开放多少我们没有现成经验可以照搬，如果在全国一步到位进行开放，面临的风险很大，影响也难以估量。自贸试验区建设的目的之一就是进行更大开放力度的"压力测试"，先行先试、改革创新，为全面深化改革和扩大开放探索新路径、积累新经验。在自贸试验区围绕制度创新取得成功经验后，再向全国推广复制，可降低在全国实施这些新规则的成本与风险。同时，我国自贸试验区的建设着眼于体制机制创新和产业发展，

不断破解突出问题，为优化营商环境探索现实路径，这将给经济社会发展带来深远持久利好。

（五）对标高标准国际贸易投资规则，加大制度创新力度

制度创新是自贸试验区建设的生命线。为此，各自贸试验区要继续以深化制度创新、加强复制推广为遵循，将制度创新作为自贸试验区建设的指导原则贯穿始终，进一步在贸易投资制度、监管制度、行政管理制度等方面创新突破，强化与国际经济贸易规则对接，探索构建高水平开放创新的制度环境和发展环境。在总结前期成效的基础上，自贸试验区要以自身所拥有的相对成熟的管理运行体制和经验，坚持对标国际高水平规则和先进做法，找差距补短板，注重首创性探索，力争形成更多标识度高、影响力大的创新成果。此外，自贸试验区在推动制度创新的同时也应重视国家安全，要统筹兼顾好开放与安全，着力加强事中事后监管体系建设。有关部门及地方要推动和支持自贸试验区加大创新力度，完善对自贸试验区建设的协同支持制度，赋予自贸试验区更大的改革自主权，推动自贸试验区更加积极主动地开展制度创新试验。

（六）扩开放、优环境，深化"放管服"改革

新冠肺炎疫情加快了全球产业链调整，一些国家鼓励产业回流，各国引资竞争加剧。自贸试验区作为重要引资平台，要在稳定外资存量、扩大外资增量上下功夫，鼓励外资向国内存在短板的产业链、供应链投资。扩大外资增量就是要进一步放宽市场准入，缩减负面清单，提高负面清单制度的精致化、精细化程度，让外国投资者愿意来中国投资。稳住外资存量则在于贯彻落实好《中华人民共和国外商投资法》及其实施条例，保护外商合法权益，保护知识产权，促进内外资企业公平竞争。今后自贸试验区要继续把打造市场化、法治化、国际化、便利化的优质营商环境和公平开放统一高效的市场环境作为重大任务之一，持续深化"放管服"改革，用深化改革的办法优化营商环境，继续发挥好示范引领作用。

（七）深入开展差别化探索，高度重视复制推广工作

自贸试验区已成为我国改革开放、制度创新的高地。自贸试验区要结合各自战略定位、区位条件、产业基础，坚持开展差别化探索，同时注重协同推进相关领域的改革试验，形成更多的特色化创新成果。要紧紧围绕国家重大战略，

提升沿海开放水平，探索内陆沿边开放的有效模式和路径。在当前新形势下，要着力围绕畅通国内国际双循环，探索推出创新举措。要及时总结评估各领域试得好、看得准、风险可控的创新成果，多层次、多路径做好复制推广工作。要尽快把更多可复制、可推广的创新成果辐射到周边地区，促进区域联动发展，实现为国家试制度、为地方谋发展的有机结合。

（八）扶持重点产业，加快产业结构升级换代

2019 年 8 月，在我国新批准的国家级自贸试验区中，增加了广西、云南和黑龙江 3 个沿边地区。这是我国首次在沿边地区布局自贸试验区。首先，广西自贸试验区制定了扶持发展电子信息、装备制造、新能源汽车、人工智能、生物医药、绿色化工 6 大类制造产业，并鼓励企业在现代物流、数字经济、文化创意、医疗康养、融资租赁、人力资源服务 6 大类现代服务业投资的政策。其次，对于云南自贸试验区而言，其产业发展的重点则是高端制造、航空物流、数字经济、总部经济等产业。同时，鼓励自贸试验区发展加工及贸易、大健康服务、跨境旅游、跨境电商等产业。最后，作为我国最北端的省份，黑龙江省与辽宁省一样，亦曾是我国重要的工业基地。但是，在过去几十年中，包括黑龙江省在内的东北经济有些落伍，在外资引进、市场开发等诸多方面显然都面临一定的困难。但是，与沿海和内陆地区相比，黑龙江省具有经济发展的特有优势和机遇。黑龙江自贸试验区的设立，将有利于推动实体经济的转型升级。黑龙江省是我国十分重要的农业生产基地，可以大力发展以粮食生产为核心的现代农业产业。目前，在许多国家都高度重视粮食安全问题的国际大背景下，我国将会大力鼓励黑龙江等东北省市发展农业，推动粮食生产的科技化和规模化发展。因此，黑龙江自贸试验区内的农业经济发展状况，对于振兴黑龙江和整个东北经济具有重大的积极意义。

（九）加强对自由贸易协定的研究

我国对自由贸易协定的研究不够深入，总是出现被动学习的状况。这不仅影响了我国的经济发展状况，而且影响了我国在更大范围更高水平上参与国际经济合作和竞争，使得我国经济处于危险境地。所以，我国必须加大对自由贸易协定的研究力度，在增加研究经费和研究力量情况下，有计划和有步骤地展开对自由贸易区的研究，尤其要把握全球自由贸易协议的发展趋势，观察贸易伙伴的活动动向，有针对性地制定我国的谈判策略。

（十）扩大对自由贸易协定的宣传力度，加大对已签订协定的实施力度

对于中国自由贸易区的发展相信很多人并不了解它，迄今为止，我国对自由贸易协定的知识培训与相应的普及工作仍没有得到实现，很多有关的部门和企业对此还比较陌生。因此，我们首先必要加强对自由贸易协定的宣传力度，而与WTO相比，我国加入WTO之后，曾在全国范围内做了许多大量的有关WTO的知识宣传及普及工作，在当时，由于国家的大力宣传，WTO的观念深入人心。虽然与WTO相比，自由贸易因各协定的具体规则不相同，只是它的内容杂乱庞杂，但是如果不对它进行宣传，很多相关的企业部门都不了解它，对它的发展就会有限制。因此，想好更快更好地发展自由贸易，我们首先必要加强对自由贸易协定的宣传力度，相关部门和企业只有了解相关知识，并提高对自由贸易协定的利用水平才能充分利用它的优惠待遇。对已签订的自由贸易协定条款必须进行有针对性的解析，通过实践过程，及时发现问题、反馈问题，并不断地完善其协定，这样才能使自由贸易协定适应我国经贸的发展。

第五节　中国自贸区战略实施前景展望

一、我国实施自贸区战略的必要性

相比"京津冀"是国内不同省之间的协作，自贸区的着重点则是中国与海外的对接，是我国当前阶段的一个重要经济引擎。从国内的环境来看，我国宏观经济目前面临着潜在增速下降、人口红利消失和投资占经济体量过大等各种问题，迫切需要新一轮的经济体制改革。从国际环境来看，目前WTO主导下的"多哈回合谈判"已陷入停滞，而美国推动的TPP和TTIP涵盖了39个国家、超过62%的世界GDP经济体量。美国介入TPP是为开拓新市场、实现美国出口倍增计划创造条件，同时美国也希望以此建立起21世纪自由贸易协定新标准，推行美国的全球价值观，并希望利用TPP谈判推动APEC贸易自由化进程，形成以美国为主导的亚太自由贸易体系。2017年1月23日，美国总统特朗普签署行政命令，正式宣布美国退出TPP。美国退出后，日本成为主导国，并将该协定改名为CPTPP（图1-18），该协议于2018年12月30日全面生效。

图 1-18　CPTPP 成员国

当今世界，贸易保护主义上升，逆全球化趋势加剧，全球产业链面临重塑，并向区域化、本土化、短链化转变。通过加快构建区域贸易协定来促进区内贸易投资的进一步自由化、便利化，以实现经济重振、产业链调整，并抢抓时机形成新一代国际经贸规则体系，争取全球经济治理制度性权力，无疑成为各方的最佳选择。在此背景下，党的十九届五中全会提出"实施自由贸易区提升战略，构建面向全球的高标准自由贸易区网络"，这为我国自贸区网络的发展指明了方向。

自贸区不仅是未来经济改革的试验田，也是我国未来融入世界经济的一个契机。一方面，可以借助自贸区的建设管理，结合中国实际，逐步提升中国贸易产品和服务的品质，如中国应在国际劳工标准和绿色环境标准制定中发挥作用；另一方面，可以不断提高现代服务业的发展水平，为贸易自由化奠定坚实的国内产业基础。基于此，我们应以开放的心态和迎接机遇的眼光看待 TPP 的发展，甚至我们可以待自贸区建设成熟后，在适当的时机加入 TPP，我国有望在未来参与 TPP 的谈判中取得话语权与规则的制定权，而不被世界经济组织边缘化。

二、我国实施自贸区战略的前景展望

在国际贸易格局发生百年未遇之大变局的形势下，我国提出了国内国际双循环的应变战略。作为我国进一步扩大开放桥头堡的自由贸易试验区，更应与时俱进、主动作为、实现创新、引领各地。

从自主发展我国高标准自贸区，到重点建设世界上最长、最具潜力丝绸之路经济带、海上丝绸之路，以及尽早推进中日韩自贸区，积极建设亚太自贸区，努力构建中美自贸区，加快推进中欧自贸区，适时发展跨洲自贸区，这些都是我国加快自贸区战略实施的具体体现，也为构建开放型经济新体制奠定了基础。

（一）自主发展中国高标准自贸区

我国已经具备发展高标准自贸区的条件，具体实施方针是：加快同有关国家和地区商签高标准自贸协定，在新启动的自贸区谈判中纳入环境保护、投资保护、政府采购、电子商务等新议题谈判；顺应国际贸易和投资新规则体系，加速提升同周边国家及已有自贸区的标准。据中国海关 2019 年 1 月下旬发布的数据，2018 年中国与周边 28 个国家的贸易额为 1.4 万亿美元。同期，中国与亚洲、与世界的贸易额分别为 2.4 万亿美元和 4.6 万亿美元，中国同周边国家的贸易额占中国与全球贸易额的 30.7%、中国与亚洲贸易额的 59.7%。同时，我国还应强力推动尽早建立高质量中日韩自贸区、积极打造中国东盟自贸区升级版，以自主姿态发展中国在东亚及亚洲的高标准自贸区网络，逐步形成面向全球的高标准自贸区网络。

（二）重点建设"一带一路"自贸区

构筑面向全球的高标准自贸区网络，是一项复杂系统工程，既要谋子更要谋势，特别要把"一带一路"自贸区建设作为重中之重。通过"一带一路"自贸区建设，打通向西、向南开放通道，是国家战略层面的大格局。我国可以选择"一带一路"上的重要枢纽国家，以经贸合作为先导，开启双边自贸区谈判和建设，打造立体、开放、联通"四亚三洲"的现代丝绸之路，建设世界最长、最有潜力的亚欧非经济大走廊。2014 年 11 月 8 日，中国国家主席习近平宣布，中国将出资 400 亿美元成立"丝路基金"，为"一带一路"沿线国家加强全方位基础设施和互联互通建设提供投融资支持。2017 年 5 月 14 日，中国国家主席习近平在"一带一路"国际合作高峰论坛开幕式上宣布，中国将加大对"一带一路"建设资金支持，向丝路基金新增资金 1000 亿人民币。

（三）尽早推进中日韩自贸区

中日韩自贸区（图 1-19）是中国自贸区战略实施的亚洲最重要部分。中日韩三国，人口占东亚总人口的 74% 和世界的 22%；经济总量占东亚的 90% 和世界的 20%；贸易总量占东亚的 70% 和世界的 20%；GDP 占世界 GDP 总额的 21.59%。但三国内部贸易仅占总贸易量的 23%，这不仅低于欧盟的 65%，也低于北美自贸区的 40%。因此，中日韩之间的贸易还有很大的发展潜力。涵盖货物贸易、服务贸易、投资在内的中日韩自贸区若建成，其经济和贸易溢出将十分巨大。据预测，中国 GDP 将获益 1.1%～2.9%，日本 GDP 将获益 0.1%～0.5%，韩国 GDP 将获益 2.5%～3.1%。当前，中日韩自贸区在经济和产业界已经达成普遍共识，但依然受到政治因素阻碍。展望未来，中日韩"经济优先，政治滞后"的双边合作模式仍会继续，特别是中韩自贸区已结束实质性谈判，有助于为中日韩自贸区提供借鉴。中国应把握谈判主动权和主导权积极为中日韩自贸区建成铺平道路。

图 1-19　构建中日韩自贸区

（四）积极建设亚太自贸区（FTAAP）

在新一轮全球自贸区发展潮流中，亚洲走在了前列。截至 2020 年 6 月末，亚洲区域内处于生效中的自由贸易协定有 51 个，亚洲经济体与区域外经济体签署并处于生效中的自由贸易协定有 104 个。目前，全球范围内涉及亚洲经济体的自贸区数量占自贸区总数的一半以上，亚洲区域的自由贸易协定网络已经形成。过去 20 年，亚洲对欧美出口比重明显下降，但区内贸易比重大幅上升，形成以中国为中心的亚洲价值链和"新雁阵模式"。展望后疫情时代，为在区域经济增长中提供新的动力支撑，区域内各国（地区）政府还需要采取更进一步的措施，以实现贸易自由化。这些措施包括：第一，提高亚洲自由贸易协定的使用率，增强区域内企业和民众的获得感；第二，以开放促改革，加强与自由贸易协定相适应的国内政策调整；第三，鼓励欠发达国家参与自由贸易协定，以加强能力建设；第四，围绕核心公共产品贸易、供应链畅通以及数字贸易等议题，加强后疫情时代自由贸易协定规则研究；第五，加强亚洲主要经济体之间的自由贸易联系与协定整合，推动形成更大范围的区域性自由贸易协定，共同构建亚洲区域经济一体化的新蓝图；第六，立足各国国情、加快建设面向未来的亚洲高水平自由贸易区，形成推动多边贸易体制改革的亚洲方案。

2014 年 11 月，APEC 北京会议批准了《亚太经合组织推动实现亚太自由贸易区路线图》，这标志着亚太自贸区进程正式启动。未来建成的亚太自由贸易区，将在制度安排上强调约束性和互惠性原则，以区别于非强制性的 APEC；在内容上，强调超 WTO 规则，追求高质量的自贸协定；在规模上，将覆盖亚太整个区域，以整合现有的双边和次区域自贸协定（图 2-20）。作为共识，在现实意义上，亚太自贸区被认为是服务于"茂物目标"，有助于亚太地区实现一体化最终目标的一个重要工具。

随着亚太自贸区逐渐浮出水面，亚太区域合作"碎片化"带来的贸易之乱，终于迎来了解决的曙光。实现"合作一体化"而不是"竞争性一体化"，一定是必然选项。

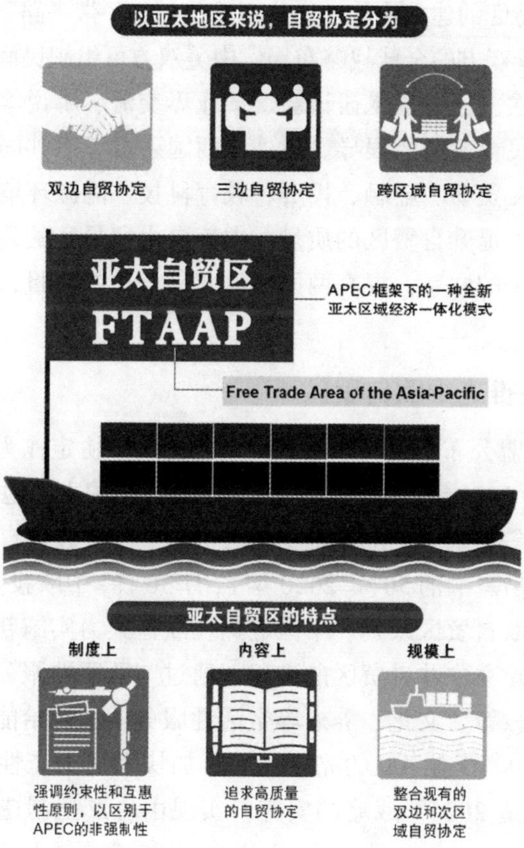

图 1-20　亚太自贸区及其特点

（五）努力构建中美自贸区

中国提出了与美国、欧盟及其他大国构建不冲突、不对抗、合作共赢的新型大国关系。把自贸区建设作为构建新型大国关系的压舱石，是中国自贸区战略实施的一个重要内容。中美关系是世界上最重要的大国关系，中美双边投资谈判是中美战略与经济对话中最具实质性的谈判，为未来中美自贸区谈判在一定程度上奠定了基础。中美在2008年中美经济对话中启动了双边投资谈判，并在2009年启动的中美战略与经济对话框架下继续进行，至今仍面临重重障碍，未能签署协定。对于美国来说，放弃中国，美国就如同放弃了一个强大的增长引擎。对于中国来说，"一带一路"建设所涉及的国家中中等以下收入国家占了62%，即便是高收入国家，也大多主要依靠能源出口，产业结构单一，虽然可以化解过剩产能拉动外需，但不能有效地促进中国"供给侧"改革。

中美自由贸易区的建立将弥补这些不足，与"一带一路"分别形成互补的关系，进一步完善双方的全球战略布局。中美双方可组织民间智库，推动在两国民间内各个层次上通过学术研讨会、产业界交流、游说等多种形式，扩大社会影响，减少民粹主义的误导。另外，两国还可考虑共同努力建设高水平的自由贸易区，在贸易、金融、投资、教育科技、能源环境等各个方面创新合作思路与方案，提升自贸区的质量。中美自由贸易区的建立，有助于中美两国建立更加紧密的联系，提高两国经济贸易合作的质量，真正实现全球经济一体化。

（六）加快推进中欧自贸区

2010年，欧盟公布新贸易战略，推动签署自贸协定作为拓展其贸易增长空间的重要途径。2011年以来，欧盟先后与韩国、中国香港地区、中美洲国家、秘鲁、哥伦比亚等签署了自贸协定，至2015年，欧盟与自贸伙伴的贸易额已超过其对外贸易总额的50%。2020年12月30日，中欧投资协定谈判完成，接下来将开启中欧自贸区谈判。中国应抓住欧盟大力实施新贸易战略的历史机遇，加快推进建立中欧自贸区的进程。通过与欧盟的服务业合作，中国将有效提升健康、教育、文化、养老等生活性服务业的供给能力。通过学习和借鉴欧盟工业3.0、工业4.0的先进经验，加快发展生产性服务业，中国有望加快"中国制造2025"战略的实施，实现由生产型制造向服务型制造的转型。

（七）适时发展跨洲自贸区

目前，全球区域经济一体化打破了狭义的地域相邻概念，超越地缘界限跨洲区域的合作日渐扩大，出现区域自贸区开始向跨洲自贸区发展的大趋势。中国应抓住历史机遇，积极发展跨洲自贸区，如选择恰当时机，与欧洲最大自贸区 EU 和美洲最大自贸区 NAFTA，以单对多方式缔结自由贸易协定，以便在世界经济格局变换中取得主动权。

第二章　中国自贸区建设的价值与发展路径

发展自贸区是我国顺应全球经贸发展所实施的改革，是为了探索对外开放新道路和发展模式，逐步与全球经济接轨，进而在国际经济中取得主导地位。

我国目前处于自贸区战略成效显著、潜力不断释放的关头，围绕自由贸易区展开的多边博弈逐渐加强，因此选择正确的发展路径是中国自贸区战略成功的关键所在。本章由中国自贸区的核心价值、中国自贸区建设面临的机遇与挑战、中国自贸区的定位与功能、中国自贸区创新发展之路、中国自贸区未来的发展趋势五部分组成，主要包括核心价值的定义、自贸区的核心价值、当前我国自贸试验区的核心任务和价值、自贸试验区是我国深化改革开放的"试验田"、我国自贸区建设面临的机遇、我国自贸区建设面临的挑战、中国自贸试验区的总体成就、18个自贸试验区的战略定位与功能划分等内容。

第一节　中国自贸区的核心价值

一、核心价值的定义

所谓"核心价值"，是指在价值群中，或者说在多元价值体系中，居于核心地位，起主导作用的价值或价值体系。现代社会是一个价值多元化的社会，也是一个相互依赖、联系紧密、需要一元价值和核心价值的时代。在企业文化相关理论当中，核心价值是经常被提及的概念，但是大家对于核心价值的理解却往往大相径庭。"核心价值"出自1994年柯林斯和波拉斯出版的专著《基业长青》。在书中，作者提出了"愿景型企业"的概念，并认为保持核心价值和核心使命不变，同时又使经营目标、战略与行动适应变化的环境是企业不断自我革新并取得长期优秀业绩的原因，而构建与贯彻有效的企业愿景则是成功的关键。

二、自贸区的核心价值

自贸区的核心价值是促进自由贸易。自由贸易政策是西方国家自由竞争时期的产物。工业革命后，英国实行此项政策达半个世纪之久，该政策对当时英国资本主义的发展起了推动作用。从 20 世纪初的经济大萧条开始直到第二次世界大战以后，尽管联合国宪章规定了自由贸易的原则，《关税及贸易总协定》也明文规定降低关税和消除非关税壁垒，但大部分国家一直盛行贸易保护主义。

自贸区除了具有自由港的大部分特点外，还可以吸引外资设厂，发展出口加工企业，允许和鼓励外资设立大的商业企业、金融机构等促进区内经济综合、全面地发展。自贸区的局限在于，它会导致商品流向的扭曲和避税。如果没有其他措施作为补充，第三国很可能将货物先运进一体化组织中实行较低关税或贸易壁垒的成员国，然后再将货物转运到实行高贸易壁垒的成员国。为了避免出现这种商品流向的扭曲，自贸区组织均制定了"原产地原则"，规定只有自贸区成员国的"原产地产品"才享受成员国之间给予的自由贸易待遇。

三、当前我国自贸试验区的核心任务和价值

我国的自贸试验区脱胎于国际上通行的自由贸易区，后者是指在贸易和投资等方面比世贸组织有关规定更加优惠的贸易安排，在主权国家或地区的境内，海关辟出一个专门区域准许外国商品豁免关税自由进出。同时，大部分出口的企业入驻，可以享受通关便捷，享受出口加工区特有的各种优惠政策。我国的自贸试验区（图 2-1），加上"试验"两个字，强调了自贸试验区核心功能是制度创新，进行深化改革和不断扩大开放的风险测试、压力测试。

图 2-1 自贸试验区

我国正处于技术贸易快速发展的历史阶段，正向着"引进、消化、吸收、再创新"转变，引资、引技的同时也在引智。而随着自身经济实力的增强，我国也涌现出了越来越多具有国际竞争力的产业化技术，这些技术成果也需要对外展示和交易的平台。从世界的发展趋势来看，科学技术已经成为推动经济和社会发展的主导力量，自主创新能力是国家竞争力的决定性因素。德、美、日、韩等国家在不同历史阶段的发展都证明了这一点。但技术并不等同于技术能力，引进技术并不会自动带来技术能力的生成和发展，真正的核心技术是买不来的。实践也证明，技术能力是组织内生的，需要通过有组织的技术学习和产品开发实践才能获得。没有基于自主创新的核心技术和知识产权，我国产业发展将难以突破发达国家及其跨国公司的技术垄断，难以获得有利的贸易地位。

我们应坚定不移地走"自主创新"道路，而非"跟随创新"道路。我国高技术产业在进行技术贸易时，要时刻意识到"自主创新"才是根本。只有"自主创新"，才可能掌握领先技术形成技术垄断地位，而靠"跟随创新"是很难达到世界领先技术水平的。但是，相对于"跟随创新"而言，"自主创新"具有风险大、回报期长等局限性，所以，在高技术产业内建立风险投资机制刻不容缓。

放眼世界，我们面对的是百年未有之大变局。加快实施自由贸易区战略，是适应经济全球化新趋势的客观要求，是全面深化改革、构建开放型经济新体制的必然选择，也是我国积极运筹对外关系、实现对外战略目标的重要手段。自贸试验区建设不仅是以新的制度红利提升贸易自由化、投资便利化及金融国际化水平的战略选择，更是与"一带一路"倡议相衔接、构建更高层次开放型经济的重要支点。

在中央顶层设计下，自贸试验区沿着谋定而后动的路径探索发展。自2013年上海自贸试验区挂牌以来，自贸试验区的发展已经由最初的"一枝独秀"发展到如今的"雁阵齐飞"。分批次批复与空间分布趋于均衡展现了自贸试验区由探索到成熟、由试点到推广的稳步发展历程。党的十九届四中全会通过的《中共中央关于坚持和完善中国特色社会主义制度 推进国家治理体系和治理能力现代化若干重大问题的决定》提出，要"加快自由贸易试验区、自由贸易港等对外开放高地建设"，这表明新形势下自贸试验区在国家治理体系和治理能力现代化、坚持和完善社会主义基本经济制度、建设更高水平开放型经济新体制中的战略地位和独特价值。

当前，我国自贸试验区的核心任务和价值是制度创新。自贸试验区承载着建设更高水平开放型经济新体制的重大使命，自贸试验区的建设发展与改革创新要贯彻落实党的十九届四中全会精神，提升自贸试验区政策选择、战略目标与顶层设计的匹配性及与国家发展战略的适配性。

作为新时代中国改革开放的又一窗口，自贸试验区彰显着"改革不停顿，开放不止步"的进取态度和合作善意。当下要做的就是，一边总结推广过往经验，一边投石问路，通过外资管理制度创新、监管制度创新、金融制度创新，推动营商环境优化和改革活力增强。

四、自贸试验区是我国深化改革开放的"试验田"

当前，改革进入深水区，单兵突进已不能解决问题。对标国际高标准投资贸易规则，自贸试验区要破解的是，系统性、深层次的体制机制障碍。自贸试验区是制度改革的试验田（图2-2），自贸试验区建设是"种苗圃"，而不是"栽盆景"，因此需要通过自身实践和发展，孵化出可复制、可推广的制度，进而在国际通行规则下，建立与其相衔接的基本制度体系，而建设的成果，往往以法制的形式巩固下来，推动改革继续向前。这种探索必然是艰辛的，而这个庞大且复杂的制度体系建设，需要强有力的改革创新意识和能力，避免政策依赖和吃老本，如此自贸试验区方能"兼其小而得其大"。

图 2-2　自贸试验区是"种苗圃"

当然，自贸试验区首先是一个"区"，不管是跨境贸易、数字化建设，还是枢纽建设，本质上是依托特殊功能的经济区，需要有产业进来，需要更多货物走出去，同时也需要在贸易中不断完善顶层制度设计。这个过程就是建设一个"区"，汇聚一群人，实现制度创新的预期。

但既然是改革，必然会面临困难，因此我们既要有理想主义的热情，也要有现实主义的冷静。既然旨在创新制度，我们就不能被短期数据或利益左右，需要正确评价改革成绩，更需"风物长宜放眼量"的综合考虑。

对于我国而言，从保税区到自贸试验区，再到自贸港的设立，充分说明了我国对外开放的逐步深化。

具体而言，保税区是自贸试验区的雏形。1990年，我国第一个保税区——上海外高桥保税区成立，它具有保税仓储、出口加工、国际贸易和商品展示4大经济功能，至1996年我国已陆续设立15个保税区，随后未再增设，并取消了保税区国内货物入区退税政策，改为货物实际离境后退税。20世纪末，国家为了鼓励外贸出口，设立了15个出口加工区，定位"两头在外"，服务于产品外销的加工贸易，实施封关运作、便捷通关和入区退税。后来为了解决保税区、出口加工区分属两个海关监管，转关方式监管衔接不畅的问题，国家推动了"区港联动"，设立保税物流园区，即在一些港区或港口附近划出一块封闭管理的特定区域，赋予进口与国内货物入区保税、退税政策，有专门闸口连通保税区和港区，实行区港统一监管，以发展国际中转、国际配送、国际采购和转口贸易等仓储物流产业为主。

然而，保税区、出口加工区、保税物流园区等各类海关特殊监管区域功能相对单一、彼此不连片的问题突出，制约了国际贸易、物流业与制造业发展。为此，我国对原有海关特殊监管区域进行功能和区域整合，设立保税港区，享受覆盖前三类海关特殊监管区域的税收、外汇管理优惠政策。与此同时，国家也在内陆地区试点"无水保税港区"的构想——综合保税区。无水保税港区不临近港口，但享受的优惠政策与保税港区等同。目前，保税港区和综合保税区是我国开放程度最高、政策最优惠、功能最齐全、区位优势最明显的海关特殊监管区域。海关特殊监管区域在演变中的经济功能不断升级，开放度逐渐提升。

自贸试验区以制度创新倒逼改革。2013年，为应对国际投资贸易规则变迁和国内经济新常态，加之中美双边投资协定谈判需要，我国设立自贸试验区，赋予其制度创新的核心任务，要求地方"大胆试、大胆闯、自主改"，建设以投资管理体制、贸易便利化、金融开放创新、政府职能转变、法治化建设为主要内容的制度创新体系。

我国自贸试验区与传统的开发区、经济特区，或者海关特殊监管区或保税区的最大区别在于：自贸试验区不是简单的对外开放政策洼地，而是集投资、贸易、金融、科创等领域于一体的综合改革区，同时是全面对标国际通行规则，塑造国际化、便利化和法治化营商环境的压力测试区，也是全面提升政府治理水平、改变传统行政理念、大幅提高行政效率的实验区。

过去我国的经济开发区主要是以招商引资为抓手，通过财政扶持、资金优惠、便宜地价等方式换取投资进入和经济增长。以园区经济为特色的投资带动经济增长模式为中国各地换取了一定的经济发展，形成了显著的效果，这在经济发展初期的确有正面意义。但目前中国正面临着经济转型升级和步入对外高水平开放的改革深水区，自贸试验区的设立和扩容扩区，其意义绝不仅仅是划出一块区域再设一个功能区的概念，而是制度层面的创新，强调制度的供给侧改革。

自自贸试验区设立以来，从较为简单的自贸试验区制度创新 1.0 版本的贸易便利化改革，到触及敏感领域和管制红线的自贸试验区制度创新 2.0 版本的投资便利化、金融国际化的进一步改革，再到涉及全方位"放、管、服"的自贸试验区制度创新 3.0 版本的创新要素跨境配置的改革，自贸试验区展现的是投资、贸易、金融、科技等领域的制度创新，实质是以开放倒逼改革，加快促进政府职能转变、组织重构、流程再造和监管创新。然而，自贸试验区仍未实行"境内关外"监管模式，也未遵循国家为经济特区立法的经验，目前自贸试验区制度创新面临改革主体与措施碎片化、缺乏法律保障、地方改革事权受限、税制竞争力不强等问题。

自由贸易港是自贸试验区的非简单升级版。既然有了自贸试验区，再提设立自由贸易港，并不是简单的自贸试验区的功能升级版。自由贸易港作为目前全球开放水平最高的特殊经济功能区，要承担国家发展的战略任务。自由贸易港的建设任务主要包括：赋予地方政府更大的改革开放自主权，在特定区域特定行业进行大胆放开，审慎监管；"负面清单"可以适时适地扩大开放；以贸易便利化促贸易转型升级；在自由贸易港逐步实行低税收政策；在自由贸易港开展离岸金融业务；通过制度红利引领高端要素集聚。其对外开放的战略意义不容置疑。

第二节 中国自贸区建设面临的机遇与挑战

当今世界已经进入了新的时代，国内外政治经济环境正在发生时代级大变化，我国自贸区的发展面临着空前的机遇与挑战。基于此，我们需要有大的格局、广阔的视角及国际视野，需要准确把握全球化发展的新趋势，准确判断国际形势发展的新态势，适应世界贸易形势的新变化，把握当前所发生的时代级大变革，根据改革创新发展的新要求，全面顺应全球高标准自贸区发展大势，把握新机遇，迎接新挑战，抢占新时机，实现自贸区管理体制机制的全面创新升级，为自贸区的科学发展提供坚实的保障。

一、我国自贸区建设面临的机遇

当今世界，虽然经济全球化进入低速发展阶段，世界经济复苏步履缓慢，但经济风险降低，动力犹存，未来是我国赢得发展的重要战略机遇期，更是我国自贸区发展的重要战略机遇期。

（一）世界经济格局的变迁为自贸区发展拓展了新空间

从外部环境来看，自 2008 年爆发的国际金融危机至今尚未结束，世界经济尚在深度调整中，复苏进程艰难曲折。但从大经济体来看，随着近几年的调整，发达经济体特别是美国实体经济发生了一些积极变化，投资和消费信心有所回升，带动经济逐渐走出衰退并出现小幅回升，而新兴市场和发展中国家经济已率先实现回升复苏，在全球经济总量中的份额越来越大，地位不断上升，这已成为多年来的基本趋势。我国已成为全球第二大经济体，与世界的互动关系发生了深刻的变化。从世界经济发展的未来看，我国仍将是全球经济增长的重要引擎，而我国的对外投资和进口仍将持续加大对其他国家的带动作用，同时我国在全球市场资源的整合、治理规则的制定以及国际事务的讨论中将改变过去对外依赖、被动接受的局面，转向主动引导和主动参与，对国际环境的影响力、塑造力将不断提升，再加上我国在应对贸易保护主义方面积极把握主动权，我国维护和实现自身发展利益的能力增强等，都会给自贸区发展提供新空间。

（二）区域经济一体化为自贸区发展提供了新机遇

今后一段时期，区域经济合作和区域经济一体化将由优惠贸易安排、自贸区、关税同盟、共同市场到经济同盟及至完全一体化，由浅到深提升到新高度。与此同时，区域经济一体化组织在世界范围内快速出现。各区域中的不同国家和不同地区，分工协作程度将会越来越深，这会快速提高经济效率，从而实现区域之间的共赢，并由此带来很多发展机会。就我国与周边地区的经济体而言，区域一体化的发展，有利于我国加强同周边地区经济体的开放合作，推动同相关国家的互联互通，有利于我国赢得在全球经济合作与竞争中更加主动的地位。

（三）开放型经济发展新格局为自贸区发展增添了新动力

现今时代，我国的对外开放正以新的理念、新的政策、新的高度塑造新的对外开放格局。从政策激励向制度规范的转变，以提高开放的质量为目标，探索更高阶段的开放模式与更有效益的开放理念是开放型经济发展新格局的显著特征。开放型经济发生的历史性、战略性转变，对自贸区发展提出了新要求，为其增添了新动力。在新的开放型经济发展格局下，开放型经济新体制加快构建，体制机制障碍进一步破除，市场准入和监管方式不断完善，产权保护机制不断健全，这些都为自贸区从制度和规则层面进行创新创造了良好的环境。同时，新的开放型经济发展无论是在对外开放政策的科学评估方面，还是在稳定、透明、可预见的涉外经济法律体系和管理体制的建设以及宏观经济环境和开放的市场机制的健全方面，都为自贸区发展提供了改革的基础和动力。

（四）"一带一路"倡议为自贸区发展带来了新契机

"一带一路"立足于我国国内的全面深化改革和全方位开放，弥补了我国自贸区发展呈点状和块状的发展模式的缺陷，强调省区之间的互联互通、产业承接与转移，有利于发挥我国自贸区的联动作用，为自贸区发展创造了良好的机遇。"一带一路"所倡导的理念创新为自贸区发展提供了良好的示范。众所周知，我国的改革开放是当今世界最伟大的实践创新，而"一带一路"倡议作为我国全方位对外开放的新战略理念，契合沿线各国共谋发展、共享机遇的美好愿景，也表达了我国与沿线各国一同直面全球经济颓势、共克发展难关的决心和意志。同时，其空前开放包容、注重均衡协调发展的理念，为自贸区发展拓宽了开放通道，打开了窗口，注入了新活力，刺激并推动自贸区发展深度融入"一带一路"建设，以更高标准推动全面开放，不断拓展合作共赢新空间。

（五）国内市场形成磁石效应，有助于自贸区建设

新中国成立 70 多年来，中国进口发展十分迅猛。1950 年中国进口总额只有 5.83 亿美元，1978 年中国进口总额突破了 100 亿美元，达到了 108.93 亿美元，是 1950 年的 18.68 倍。2018 年大约是 2001 年的 9 倍，大约是 1979 年的 136 倍，大约是 1950 年的 3663 倍。截至 2019 年，中国已经连续 10 年位居世界第二大货物进口国。国内市场需求扩大，有力推动了与我国签订自贸协定的国家和地区经济发展，分享我国改革红利成为吸引各国加入我国自贸区网络的显著优势。自我国与东盟建立自贸区以来，我国从东盟的第五大出口市场直接跃居为第一大出口市场；与智利自贸区的发展也与此类似，两国自贸区建成后，我国超越美国和日本，成为智利的第一大出口国。在现今的自贸协定谈判中，

各国更加重视我国市场为其带来的巨大效益，从而增加了我国与各国进行自贸协定谈判的筹码和回旋余地。各国对我国市场依赖度的增强，将更有利于自贸协定的达成，加大我国的国际影响力，使我国逐渐掌握国际新规则的制定权和话语权。

二、我国自贸区建设面临的挑战

随着经济全球化浪潮的不断推进，国际国内形势正在发生新的变化，对中国自贸区建设提出了更高要求，自贸区建设为我国经济发展带来机遇的同时，也面临一系列挑战。

（一）国际贸易投资规则面临重构，中国自贸区需争取更多主动权

国际金融危机之后，全球贸易保护主义势力再度抬头，发达国家为了保持其影响力，继续居于全球价值链顶端，加快了重构国际经贸规则的步伐。美欧等主要发达经济体通过积极推进《跨太平洋伙伴关系协定》《跨大西洋贸易与投资伙伴关系协定》《服务贸易总协定》（GATS）等谈判进程，重构国际贸易投资规则，在环境、劳工、中立、知识产权、政府采购等方面提出更高标准，以期未来占领国际竞争的制高点。国际经贸规则的重构对中国外部空间的拓展形成较大压力，但也要求中国积极参与国际重大自贸协定谈判，进一步融入国际规则体系，并争取更大的规则制定主动权。

（二）全球产业转型升级迟缓给自贸区发展带来负面影响

从整体来看，新兴产业取代传统产业、新兴生产方式取代传统生产方式将是一个长期渐进的过程，未来一段时期全球产业升级仍是"漫长进行时"。在全球范围内，传统产业的产能过剩与新兴产业发展的不确定性并存，因此，产业转型升级之路既会比较漫长，也将比较复杂。特别是各国竞相进入新兴技术和产业领域，导致国际竞争日趋激烈，一些领域甚至已出现产能过剩的迹象，相关贸易保护主义措施也不时出现，新兴产业最终成长为主导产业尚需时日。全球严峻的产业转型升级形势要求我国加大开发建设力度，加快解决发展中的瓶颈问题，要求我们以自贸区建设为突破口，解放思想，勇于突破，大胆试，大胆闯，自主改，破除体制机制障碍，完善发展环境，加大创新政策先行先试力度，为打造带动发展的新增长极提供强力支撑。

（三）开放型经济达到新水平，中国自贸区的引领作用亟待增强

经过改革开放 40 多年的发展，中国开放型经济已达到新水平。然而，中

国的贸易结构仍需升级，利用外资的质量有待提升，对外投资仍有较大发展空间，因而还需进一步提升开放水平。7年多来，中国的自贸区建设不断推进，促进了与自贸伙伴贸易和投资的增长，降低了企业成本，提升了企业的国际竞争力，为企业提供了更多贸易和投资机会，增加了消费者的实际利益，实现了与伙伴的互利共赢，对中国开放型经济体系的构建发挥了积极作用。但中国自贸伙伴数量仍相对较少，与世界主要经济体尚未建立自由贸易关系。这就要求我们进一步加快实施面向全球的自贸区战略，争取与主要经济体开展自贸区建设，拓展自贸区网络，搭建开放平台，更好发挥自贸区对开放型经济的引领作用。

（四）原则制定面临现实压力

长期以来，中国在自贸协定谈判中坚持遵循与世贸组织相一致的原则，已签订的自贸协定在规则层面均依据世贸组织相关协定的标准。例如，在服务贸易领域采用正面列表的方式，在贸易救济领域不超出当前世贸组织的相关规定等。当前，在RCEP和中日韩自贸区等谈判中一些国家提出了新的规则，如要求服务贸易采用负面清单列表方式、要求给予投资准入前国民待遇、要求采用更高的知识产权保护标准、要求提高透明度等。中国要接受这些规则和标准还面临许多现实压力。一方面，许多法律法规需要调整，许多行政成本也会因此增加；另一方面，这些调整可能带来的经济安全风险有待全面评估，这也导致一些自贸协定谈判因为这些规则层面的因素而陷入困境。

（五）我国自由经济区发展的新阶段给自贸区发展提出了新挑战

改革开放40多年来，我国的自由经济区发展分别经历了保税区、出口加工区、保税物流园区、跨境工业区、保税港区和综合保税区等不同阶段，现在进入自贸试验区阶段，并将进入自由经济区演进的最高阶段，即自由贸易港建设阶段。自由贸易港建设的重要内容是实现货物、资本、服务和人员的高度自由流动，最终实现区域的协同发展，实现国际经济一体化。根据自由贸易港的建设要求，自贸区发展应当对标自由贸易港建设来寻找途径，即对标国际新协定，如世界贸易组织的《贸易便利化协定》，以及对标国际上的好经验和先进管理模式。当前，自贸区建设开放程度还有待提高，制度创新的质量还需要提升，创新的方向、主体和边界等一系列问题都需要进一步明确。另外，所有自贸区的管理体制都需要进一步整合和优化，同时也需要上级部门进一步向自贸区放权。

第三节 中国自贸区的定位与功能

一、中国自贸试验区的总体成就

根据 2019 年商务部发布的自贸试验区建设成就总结，6 年多来，在中央层面，自贸试验区已经累计向全国复制推广 260 项制度创新成果，其中集中复制推广 143 项，"最佳实践案例" 43 个，有关部门自主复制推广 74 项，如图 2-3 所示。

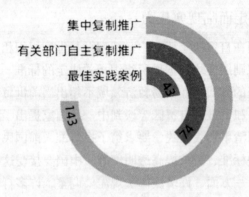

图 2-3 自贸试验区向全国推广制度创新成果情况（单位：个）

在地方层面，据不完全统计，18 个自贸试验区已在本省内推广了 1151 项制度创新成果。复制推广制度创新成果推动了各地改革意识、开放水平、行政效率、发展动能、经济活力不断提升，带动了全国营商环境不断优化。

二、18 个自贸试验区的战略定位与功能划分

虽然同为自贸试验区，但 18 个自贸试验区的战略定位、发展目标和功能划分是不同的。

（一）上海自贸试验区

1. 简介

中国（上海）自由贸易试验区，简称"上海自贸试验区"或"上海自贸区"，是中国政府设立在上海市的区域性自由贸易园区，位于浦东境内，属中国自贸区范畴。2013 年 9 月 29 日，上海自贸试验区正式成立，总面积为 28.78 平方公里，涵盖上海市外高桥保税区、外高桥保税物流园区、洋山保税港区和上海浦东机

场综合保税区 4 个海关特殊监管区域。2014 年 12 月 28 日，全国人大常务委员会授权国务院扩展上海自贸试验区区域，将面积扩展到 120.72 平方公里。

目前，上海自贸试验区（图 2-4）范围涵盖上海市外高桥保税区、外高桥保税物流园区、洋山保税港区和上海浦东机场综合保税区、金桥出口加工区、张江高科技园区和陆家嘴金融贸易区 7 个区域。

图 2-4 中国（上海）自由贸易试验区标志性建筑

2015 年，上海自贸试验区已成为世界自由贸易区联合会荣誉会员。

"2016 年世界自由贸易大会暨博览会"于 2016 年 11 月 8—10 日在中国澳门特别行政区隆重举行，如图 2-5 所示，本届大会的主题是：中国自由贸易区战略下的"一带一路"合作机会。2020 年 3 月 4 日，上海自贸试验区被工业和信息化部评定为国家新型工业化产业示范基地。

图 2-5 "2016 年世界自由贸易大会暨博览会"的时间和举办地

2020年9月1日，中国（上海）自由贸易试验区临港新片区（图2-6）启动强化竞争政策实施试点。

图 2-6　临港新片区的实施范围

2.战略定位

率先建立同国际投资和贸易通行规则相衔接的制度体系，把自贸试验区建设成为投资贸易自由、规则开放透明、监管公平高效、营商环境便利的国际高标准自由贸易园区。

3.发展目标

按照党中央、国务院对自贸试验区"继续积极大胆闯、大胆试、自主改""探索不停步、深耕试验区"的要求，深化完善以负面清单管理为核心的投资管理制度、以贸易便利化为重点的贸易监管制度、以资本项目可兑换和金融服务业开放为目标的金融创新制度、以政府职能转变为核心的事中事后监管制度，形成与国际投资贸易通行规则相衔接的制度创新体系，充分发挥金融贸易、先进制造、科技创新等重点功能承载区的辐射带动作用，力争建设成为开放度最高的投资贸易便利、货币兑换自由、监管高效便捷、法制环境规范的自由贸易园区。

2019 年 8 月 6 日，国务院印发《中国（上海）自由贸易试验区临港新片区总体方案》，临港新片区的发展目标是：到 2025 年，建立比较成熟的投资贸易自由化便利化制度体系，打造一批更高开放度的功能型平台，集聚一批世界一流企业，区域创造力和竞争力显著增强，经济实力和经济总量大幅跃升；到 2035 年，建成具有较强国际市场影响力和竞争力的特殊经济功能区，形成更加成熟定型的制度成果，打造全球高端资源要素配置的核心功能，成为我国深度融入经济全球化的重要载体。

4. 功能划分

按区域布局划分，外高桥片区（外高桥保税区、外高桥保税物流园区）重点打造成为以国际贸易服务、金融服务、专业服务功能为主，商业、商务、文化多元功能集成的国际贸易城；洋山片区（洋山保税港区陆域）重点打造成为国际航运功能服务区；浦东机场片区（浦东机场综合保税区）重点打造成为现代商贸功能区；临港新片区（图 2-7）则是在上海自贸试验区其他片区投资贸易自由化、便利化等试点政策的基础上，强调要打造"更具国际市场影响力和竞争力的特殊经济功能区"。

图 2-7　临港新片区标志性建筑

(二) 广东自贸试验区

1. 简介

中国（广东）自由贸易试验区，简称"广东自贸试验区"或"广东自贸区"，是中国政府设立在广东省的区域性自由贸易园区，属于中国自由贸易区的范畴。2014年12月，国务院决定设立"中国（广东）自由贸易试验区"，2015年3月24日，中国共产党中央政治局召开会议，审议通过了《中国（广东）自由贸易试验区总体方案》。广东自贸试验区涵盖广州南沙新区片区、深圳前海蛇口片区、珠海横琴新区片区三个片区，总面积为116.2平方公里，立足面向港澳台深度融合。

2015年4月21日，广东自贸试验区挂牌仪式在广州市南沙区举行。

2015年10月1日，加勒比自由贸易区响应世界经济发展新形势，筹备发起了世界自由贸易区联合会。广东自贸试验区已经成为世界自由贸易区联合会成员。

世界自由贸易区联合会的成立将有利于提升世界各自由贸易区的整体自由化水平，促进世界各国对外贸易额的大幅度提升，辐射五大洲国家的全球自由贸易区网络，使大部分对外贸易、双向投资实现自由化和便利化。

2. 战略定位

依托港澳、服务内地、面向世界，将自贸试验区建设成为粤港澳深度合作示范区、21世纪海上丝绸之路重要枢纽和全国新一轮改革开放先行地。

3. 发展目标

经过三至五年改革试验，营造国际化、市场化、法治化营商环境，构建开放型经济新体制，实现粤港澳深度合作，形成国际经济合作竞争新优势，力争建成符合国际高标准的法制环境规范、投资贸易便利、辐射带动功能突出、监管安全高效的自由贸易园区。

4. 功能划分

按区域布局划分，广州南沙新区片区（图2-8）重点发展航运物流、特色金融、国际商贸、高端制造等产业，建设以生产性服务业为主导的现代产业新高地和具有世界先进水平的综合服务枢纽；深圳前海蛇口片区（图2-9）重点发展金融、现代物流、信息服务、科技服务等战略性新兴服务业，建设我国金融业对外开放试验示范窗口、世界服务贸易重要基地和国际性枢纽港；珠海横琴新区片区（图2-10）重点发展旅游休闲健康、商务金融服务、文化科教和高新技术等产业，建设文化教育开放先导区和国际商务服务休闲旅游基地，打造促进澳门经济适度多元发展的新载体。

图2-8 广州南沙新区片区标志性建筑

图2-9 深圳前海蛇口片区标志性建筑

图2-10 珠海横琴新区片区标志性建筑

（三）天津自贸试验区

1. 简介

中国（天津）自由贸易试验区，简称"天津自贸试验区"或"天津自贸区"，是经国务院批准设立的中国北方第一个区域性自由贸易园区，全部位于滨海新区辖区范围之内，2015年4月21日正式运行。天津自贸试验区背靠京冀，辐射东北、西北、华北，是"一带一路"的重要节点，拥有目前北方最大的港口和华北第二大航空货运基地，中欧班列的开通，实现了亚欧运输通道的高效连接，海、铁、空、陆多式联运高效便捷，国际贸易和投融资业务聚集，是中国重要的对外开放平台之一。

2014年12月12日，国务院决定设立"中国（天津）自由贸易试验区"，试验区总面积为119.9平方公里（图2-11），主要涵盖3个功能区，即天津港片区、天津机场片区及滨海新区中心商务片区。

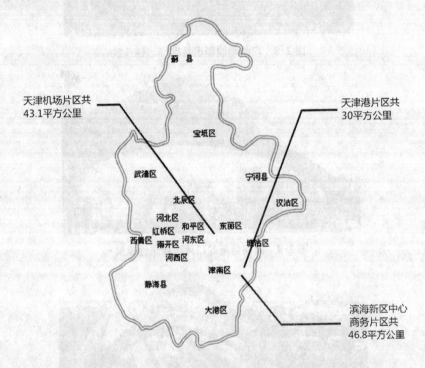

图2-11 天津自贸试验区的实施范围

2015年3月24日，中共中央政治局召开会议，审议通过了《中国（天津）自由贸易试验区总体方案》。

2015年4月21日上午10点，天津自贸试验区正式挂牌成立。

2. 战略定位

以制度创新为核心任务，以可复制可推广为基本要求，努力成为京津冀协同发展高水平对外开放平台、全国改革开放先行区和制度创新试验田、面向世界的高水平自由贸易园区。

3. 发展目标

经过三至五年改革探索，将自贸试验区建设成为贸易自由、投资便利、高端产业集聚、金融服务完善、法制环境规范、监管高效便捷、辐射带动效应明显的国际一流自由贸易园区，在京津冀协同发展和我国经济转型发展中发挥示范引领作用。

4. 功能划分

按区域布局划分，天津港片区重点发展航运物流、国际贸易、融资租赁等现代服务业；天津机场片区重点发展航空航天、装备制造、新一代信息技术等高端制造业和研发设计、航空物流等生产性服务业；滨海新区中心商务片区重点发展以金融创新为主的现代服务业。

（四）福建自贸试验区

1. 简介

中国（福建）自由贸易试验区（图2-12），简称"福建自贸试验区"或"福建自贸区"，是中国政府设立在福建省的区域性自由贸易园区，属于中国自由贸易区的范畴。相比天津自贸试验区和广东自贸试验区，福建自贸试验区的申报过程显得有些曲折。从2013年12月12日起，厦门、福州等地纷纷上报自贸试验区方案，但由于原则上一个省最多只能获批一个自贸试验区，由省一级政府统一申报，2014年5月，福建省商务厅对相关方案进行修改，然后统一申报。新方案中，不仅包括了厦门、平潭全岛和福州的江阴港区，还加入了泉州的一部分。

图2-12　中国（福建）自由贸易试验区标志性建筑

2014 年 12 月 26 日，第十二届全国人大常委会第十二次会议在北京人民大会堂举行第三次全体会议，会议表决通过了《关于授权国务院在中国（广东）自由贸易试验区、中国（天津）自由贸易试验区、中国（福建）自由贸易试验区以及中国（上海）自由贸易试验区扩展区域暂时调整有关法律规定的行政审批的决定》。

2015 年 3 月 24 日，中共中央政治局召开会议，审议通过了《中国（福建）自由贸易试验区总体方案》。

福建自贸试验区实施范围为 118.04 平方公里，包括福州、厦门、平潭三个片区。其中，福州片区 31.26 平方公里、厦门片区 43.78 平方公里、平潭片区 43 平方公里。

2015 年 4 月 21 日上午，福建自贸试验区揭牌仪式在福州市（图 2-13）举行。与此同时，厦门片区、平潭片区同步进行揭牌仪式。

图 2-13　福州片区综合服务大厅外景

2.战略定位

围绕立足两岸、服务全国、面向世界的战略要求，充分发挥改革先行优势，营造国际化、市场化、法治化营商环境，把自贸试验区建设成为改革创新试验田；充分发挥对台优势，率先推进与台湾地区投资贸易自由化进程，把自贸试验区建设成为深化两岸经济合作的示范区；充分发挥对外开放前沿优势，建设 21 世纪海上丝绸之路核心区，打造面向 21 世纪海上丝绸之路沿线国家和地区开放合作新高地。

3.发展目标

坚持扩大开放与深化改革相结合、功能培育与制度创新相结合，加快政府职能转变，建立与国际投资贸易规则相适应的新体制；创新两岸合作机制，推动货物、服务、资金、人员等各类要素自由流动，增强闽台经济关联度；加快形成更高水平的对外开放新格局，拓展与21世纪海上丝绸之路沿线国家和地区交流合作的深度和广度；经过三至五年改革探索，力争建成投资贸易便利、金融创新功能突出、服务体系健全、监管高效便捷、法制环境规范的自由贸易园区。

4. 功能划分

按区域布局划分，平潭片区（图2-14）重点建设两岸共同家园和国际旅游岛，在投资贸易和资金人员往来方面实施更加自由便利的措施；厦门片区（图2-15）重点建设两岸新兴产业和现代服务业合作示范区、东南国际航运中心、两岸区域性金融服务中心和两岸贸易中心；福州片区重点建设先进制造业基地、21世纪海上丝绸之路沿线国家和地区交流合作的重要平台、两岸服务贸易与金融创新合作示范区。

图2-14　平潭片区行政服务中心内景

图2-15　厦门片区行政服务中心外景

（五）辽宁自贸试验区

1. 简介

中国（辽宁）自由贸易试验区，简称"辽宁自贸试验区"或"辽宁自贸区"，是中国政府设立的第三批7个自贸试验区之一，属于中国自由贸易区的范畴。

2016年8月，党中央、国务院决定，在辽宁省、浙江省、河南省、湖北省、重庆市、四川省、陕西省新设立7个自贸试验区。

2017年3月15日，国务院正式批复同意设立"中国（辽宁）自由贸易试验区"，并印发了《中国（辽宁）自由贸易试验区总体方案》。

辽宁自贸试验区的实施范围为119.89平方公里，涵盖三个片区：大连片区59.96平方公里（含大连保税区1.25平方公里、大连出口加工区2.95平方公里、大连大窑湾保税港区6.88平方公里），沈阳片区29.97平方公里，营口片区29.96平方公里，如图2-16所示。

图2-16 辽宁自贸试验区的实施范围

2017年4月1日，辽宁自贸试验区揭（授）牌仪式在沈阳市举行。

2. 战略定位

以制度创新为核心，以可复制可推广为基本要求，加快市场取向体制机制改革、积极推动结构调整，努力将自贸试验区建设成为提升东北老工业基地发展整体竞争力和对外开放水平的新引擎。

3. 发展目标

经过三至五年改革探索，形成与国际投资贸易通行规则相衔接的制度创新体系，营造法治化、国际化、便利化的营商环境，巩固提升对人才、资本等要素的吸引力，努力建成高端产业集聚、投资贸易便利、金融服务完善、监管高效便捷、法治环境规范的高水平高标准自由贸易园区，引领东北地区转变经济发展方式、提高经济发展质量和水平。

4.功能划分

按区域布局划分，大连片区（图2-17）重点发展港航物流、金融商贸、先进装备制造、高新技术、循环经济、航运服务等产业，推动东北亚国际航运中心、国际物流中心建设进程，形成面向东北亚开放合作的战略高地；沈阳片区（图2-18）重点发展装备制造、汽车及零部件、航空装备等先进制造业和金融、科技、物流等现代服务业，提高国家新型工业化示范城市、东北地区科技创新中心发展水平，建设具有国际竞争力的先进装备制造业基地；营口片区（图2-19）重点发展商贸物流、跨境电商、金融等现代服务业和新一代信息技术、高端装备制造等战略性新兴产业，建设区域性国际物流中心和高端装备制造、高新技术产业基地，构建国际海铁联运大通道的重要枢纽。

图 2-17　大连片区标志性建筑

图 2-18　沈阳片区政务服务中心外景

图 2-19　营口片区政务服务中心外景

(六) 浙江自贸试验区

1. 简介

中国（浙江）自由贸易试验区（图 2-20），简称"浙江自贸试验区"或"浙江自贸区"，是中国政府在浙江舟山群岛新区设立的区域性自由贸易园区。它是中国唯一一个由陆域和海洋锚地组成的自由贸易园区，也是中国立足环太平洋经济圈的前沿地区，与"一带一路"倡议下的沿线国家建立合作的重要窗口。

图 2-20　中国（浙江）自由贸易试验区标志性建筑

2017年3月15日，国务院正式批复同意设立"中国（浙江）自由贸易试验区"，并印发了《中国（浙江）自由贸易试验区总体方案》。

浙江自贸试验区的实施范围为 119.95 平方公里，由陆域和相关海洋锚地组成，涵盖三个片区：舟山离岛片区 78.98 平方公里（含舟山港综合保税区区块二 3.02 平方公里），舟山岛北部片区 15.62 平方公里（含舟山港综合保税区区块一 2.83 平方公里），舟山岛南部片区 25.35 平方公里。

2017 年 4 月 1 日，浙江自贸试验区正式挂牌成立，如图 2-21 所示。

图 2-21 浙江自贸试验区挂牌暨建设动员大会

2. 战略定位

以制度创新为核心，以可复制可推广为基本要求，将自贸试验区建设成为东部地区重要海上开放门户示范区、国际大宗商品贸易自由化先导区和具有国际影响力的资源配置基地。

3. 发展目标

经过三年左右有特色的改革探索，基本实现投资贸易便利、高端产业集聚、法治环境规范、金融服务完善、监管高效便捷、辐射带动作用突出，以油品为核心的大宗商品全球配置能力显著提升，对接国际标准初步建成自由贸易港区先行区。

4. 功能划分

按区域布局划分，舟山离岛片区鱼山岛重点建设国际一流的绿色石化基地，鼠浪湖岛、黄泽山岛、双子山岛、衢山岛、小衢山岛、马迹山岛重点发展油品等大宗商品储存、中转、贸易产业，海洋锚地重点发展保税燃料油供应服务；舟山岛北部片区重点发展油品等大宗商品贸易、保税燃料油供应、石油石化产业配套装备保税物流、仓储、制造等产业；舟山岛南部片区重点发展大宗商品交易、航空制造、零部件物流、研发设计及相关配套产业，建设舟山航空产业园，着力发展水产品贸易、海洋旅游、海水利用、现代商贸、金融服务、航运、信息咨询、高新技术等产业。

按海关监管方式划分，自贸试验区内的海关特殊监管区域重点探索以贸易便利化为主要内容的制度创新，重点开展国际贸易和保税加工、保税物流、保税服务等业务；非海关特殊监管区域重点探索投资制度、金融制度等体制机制创新，积极发展以油品为核心的大宗商品中转、加工贸易、保税燃料油供应、装备制造、航空制造、国际海事服务等业务。

（七）河南自贸试验区

1. 简介

中国（河南）自由贸易试验区，简称"河南自贸试验区"或"河南自贸区"，是中国政府设立在河南省的区域性自由贸易园区，位于中国河南省郑州市、开封市、洛阳市境内，属于中国自由贸易区的范畴。2016 年 8 月 31 日，国务院决定设立"中国（河南）自由贸易试验区"。2017 年 3 月 15 日，国务院正式批复同意设立"中国（河南）自由贸易试验区"，并印发了《中国（河南）自由贸易试验区总体方案》。

河南自贸试验区的实施范围为 119.77 平方公里，涵盖三个片区：郑州片区 73.17 平方公里，开封片区 19.94 平方公里，洛阳片区 26.66 平方公里，如图 2-22 所示。

图 2-22　河南自贸试验区实施范围

2017 年 4 月 1 日，河南自贸试验区正式挂牌成立，如图 2-23 所示。

图 2-23　河南自贸试验区挂牌仪式

2. 战略定位

以制度创新为核心，以可复制可推广为基本要求，加快建设贯通南北、连接东西的现代立体交通体系和现代物流体系，将自贸试验区建设成为服务于"一带一路"建设的现代综合交通枢纽、全面改革开放试验田和内陆开放型经济示范区。

3. 发展目标

经过三至五年改革探索，形成与国际投资贸易通行规则相衔接的制度创新体系，营造法治化、国际化、便利化的营商环境，努力将自贸试验区建设成为投资贸易便利、高端产业集聚、交通物流通达、监管高效便捷、辐射带动作用突出的高水平高标准自由贸易园区，引领内陆经济转型发展，推动构建全方位对外开放新格局。

4. 功能划分

按区域布局划分，郑州片区重点发展智能终端、高端装备及汽车制造、生物医药等先进制造业以及现代物流、国际商贸、跨境电商、现代金融服务、服务外包、创意设计、商务会展、动漫游戏等现代服务业，在促进交通物流融合发展和投资贸易便利化方面推进体制机制创新，打造多式联运国际性物流中心，发挥服务"一带一路"建设的现代综合交通枢纽作用；开封片区（图 2-24）重点发展服务外包、医疗旅游、创意设计、文化传媒、文化金融、艺术品交易、现代物流等服务业，提升装备制造、农副产品加工国际合作及贸易能力，构建国际文化贸易和人文旅游合作平台，打造服务贸易创新发展区和文创产业对外开放先行区，促进国际文化旅游融合发展；洛阳片区（图2-25）重点发展装备制造、机器人、新材料等高端制造业以及研发设计、电子商务、服务外包、国际文化旅游、文化创意、文化贸易、文化展示等现代服务业，提升装备制造业转型升级能力和国际产能合作能力，打造国际智能制造合作示范区，推进华夏历史文明传承创新区建设。

图2-24　开封片区政务服务中心外景

图2-25　洛阳片区标志性建筑

（八）中国（湖北）自由贸易试验区

1.简介

中国（湖北）自由贸易试验区，简称"湖北自贸试验区"或"湖北自贸区"，是中国政府设立在湖北省的区域性自由贸易园区，属于中国自由贸易区的范畴。

根据湖北省委、省政府批准的先行先试试点方案，湖北省先行先试工作主要将在"面上"即全省范围和"点上"即武汉东湖新技术开发区（含东湖综保区）展开。东湖高新区作为向国务院申报内陆自贸试验区的区域，将从贸易便利化、投资自由化、行政体制创新、科技体制创新、金融制度创新、服务业扩大开放、网上税收政策7个方面开展先行先试工作。湖北自贸试验区，将继续依托现有经国务院批准的新区、园区，继续紧扣制度创新这一核心，进一步对接高标准国际经贸规则，在更广领域、更大范围形成各具特色、各有侧重的试点格局，推动全面深化改革扩大开放。

2016年8月下旬，国务院决定设立"中国（湖北）自由贸易试验区"。

2017年3月15日，国务院正式批复同意设立"中国（湖北）自由贸易试验区"，并印发了《中国（湖北）自由贸易试验区总体方案》。

湖北自贸试验区的实施范围为119.96平方公里，涵盖三个片区（图2-26）：武汉片区70平方公里（含武汉东湖综合保税区5.41平方公里），襄阳片区21.99平方公里（含襄阳保税物流中心〔B型〕0.281平方公里），宜昌片区27.97平方公里。每个片区不能拆分，有明确的边界闭合点。因此，武汉片区定在光谷（"武汉东湖新技术开发区"的别称），不包括东西湖、阳逻等区域。

图2-26 湖北自贸试验区的实施范围

湖北自贸试验区于2017年4月1日正式挂牌成立，如图2-27所示。

图 2-27　湖北自贸试验区挂牌仪式

2. 战略定位

以制度创新为核心，以可复制可推广为基本要求，立足中部、辐射全国、走向世界，努力成为中部有序承接产业转移示范区、战略性新兴产业和高技术产业集聚区、全面改革开放试验田和内陆对外开放新高地。

3. 发展目标

经过三至五年改革探索，对接国际高标准投资贸易规则体系，力争建成高端产业集聚、创新创业活跃、金融服务完善、监管高效便捷、辐射带动作用突出的高水平高标准自由贸易园区，在实施中部崛起战略和推进长江经济带发展中发挥示范作用。

4. 功能划分

按区域布局划分，武汉片区（图 2-28）重点发展新一代信息技术、生命健康、智能制造等战略性新兴产业和国际商贸、金融服务、现代物流、检验检测、研发设计、信息服务、专业服务等现代服务业；襄阳片区（图 2-29）重点发展高端装备制造、新能源汽车、大数据、云计算、商贸物流、检验检测等产业；宜昌片区（图 2-30）重点发展先进制造、生物医药、电子信息、新材料等高新产业及研发设计、总部经济、电子商务等现代服务业。

图 2-28 武汉片区标志性建筑

图 2-29 襄阳片区标志性建筑

图 2-30 宜昌片区标志性建筑

（九）重庆自贸试验区

1. 简介

中国（重庆）自由贸易试验区（图 2-31），简称"重庆自贸试验区"或"重庆自贸区"，是中国政府设立在重庆市的区域性自由贸易园区，属中国自由贸易区范畴。

图 2-31　重庆自贸试验区标志性建筑

2017 年 3 月 15 日，国务院正式批复同意设立"中国（重庆）自由贸易试验区"，并印发了《中国（重庆）自由贸易试验区总体方案》。

重庆自贸试验区的实施范围为 119.98 平方公里，涵盖 3 个片区（图 2-32）：两江片区 66.29 平方公里（含重庆两路寸滩保税港区 8.37 平方公里），西永片区 22.81 平方公里（含重庆西永综合保税区 8.8 平方公里、重庆铁路保税物流中心〔B 型〕0.15 平方公里），果园港片区 30.88 平方公里。

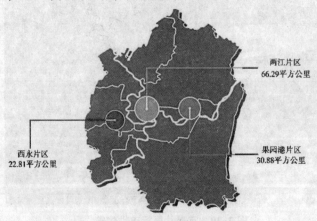

图 2-32　重庆自贸试验区的实施范围

2017 年 4 月 1 日，重庆自贸试验区正式挂牌成立，如图 2-33 所示。

图 2-33　重庆自贸试验区挂牌仪式

截至 2019 年 7 月底，重庆自贸试验区新增注册企业（含分支机构）29287 户，注册资本总额为 2928.29 亿元人民币。全域引进项目 2225 个，签订合同（协议）金额为 6271.23 亿元人民币。截至 2019 年 10 月，中国（重庆）自由贸易试验区累计形成 197 项制度创新成果，重庆自贸试验区实施的铁路提单信用证融资结算、海关特殊监管区域"四自一简"、知识价值信用融资新模式、市场综合监管大数据平台等 12 项经验和案例已经在全国复制推广。

2. LOGO 解读

重庆自贸试验区的 LOGO 如图 2-34 所示，其含义解释如下：

中国（重庆）自由贸易试验区

CHINA (CHONGQING) PILOT FREE TRADE ZONE

图 2-34　重庆自贸试验区的 LOGO

五线的设计，象征着统筹推进"五位一体"的总体布局、加强与"一带一路"沿线国家的"五通"合作、推进重庆五大功能区域发展战略。

一眼望去，重庆自贸试验区，是"一带一路"与长江经济带自由翱翔的双翼，是重庆战略支点辐射至世界的涟漪流动，是国际物流枢纽对外释放的电波信号，是两江交汇的国际口岸高地，是加快长江经济带建设的层层阶梯。

3. 战略定位

以制度创新为核心，以可复制可推广为基本要求，全面落实党中央、国务院关于发挥重庆战略支点和连接点重要作用、加大西部地区门户城市开放力度的要求，努力将自贸试验区建设成为"一带一路"和长江经济带互联互通重要枢纽、西部大开发战略重要支点。

4. 发展目标

经过三至五年改革探索，努力建成投资贸易便利、高端产业集聚、监管高效便捷、金融服务完善、法治环境规范、辐射带动作用突出的高水平高标准自由贸易园区，努力建成服务于"一带一路"建设和长江经济带发展的国际物流枢纽和口岸高地，推动构建西部地区门户城市全方位开放新格局，带动西部大开发战略深入实施。

5. 功能划分

按区域布局划分，两江片区着力打造高端产业与高端要素集聚区，重点发展高端装备、电子核心部件、云计算、生物医药等新兴产业及总部贸易、服务贸易、电子商务、展示交易、仓储分拨、专业服务、融资租赁、研发设计等现代服务业，推进金融业开放创新，加快实施创新驱动发展战略，增强物流、技术、资本、人才等要素资源的集聚辐射能力；西永片区着力打造加工贸易转型升级示范区，重点发展电子信息、智能装备等制造业及保税物流中转分拨等生产性服务业，优化加工贸易发展模式；果园港片区着力打造多式联运物流转运中心，重点发展国际中转、集拼分拨等服务业，探索先进制造业创新发展。

（十）四川自贸试验区

1. 简介

中国（四川）自由贸易试验区，简称"四川自贸试验区"或"四川自贸区"，是中国政府设立在四川省的区域性自由贸易园区，属于中国自由贸易区的范畴。

2017年3月15日，国务院正式批复同意设立"中国（四川）自由贸易试验区"，并印发了《中国（四川）自由贸易试验区总体方案》。

四川自贸试验区的实施范围为119.99平方公里，涵盖三个片区（图2-35）：成都天府新区片区90.32平方公里（含成都高新综合保税区区块四〔双流园区〕4平方公里、成都空港保税物流中心〔B型〕0.09平方公里），成都青白江铁路港片区 9.68 平方公里（含成都铁路保税物流中心〔B型〕0.18 平方公里），川南临港片区 19.99 平方公里（含泸州港保税物流中心〔B型〕0.21 平方公里）。

图 2-35 四川自贸试验区的实施范围

2017 年 4 月 1 日，四川自贸试验区在成都市天府新区正式挂牌成立。

2018 年 8 月，四川省人民政府办公厅印发《中国（四川）自由贸易试验区协同改革先行区建设实施方案》，拟探索建立自贸试验区协同改革先行区。2019 年 7 月，四川省政府明确了德阳、资阳、眉山、南充、自贡、内江和温江 7 个协同改革先行区的实施范围及功能定位。

2. 战略定位

以制度创新为核心，以可复制可推广为基本要求，立足内陆、承东启西，服务全国、面向世界，将自贸试验区建设成为西部门户城市开发开放引领区、内陆开放战略支撑带先导区、国际开放通道枢纽区、内陆开放型经济新高地、内陆与沿海沿边沿江协同开放示范区。

3. 发展目标

经过三至五年改革探索，力争建成法治环境规范、投资贸易便利、创新要素集聚、监管高效便捷、协同开放效果显著的高水平高标准自由贸易园区，在打造内陆开放型经济高地、深入推进西部大开发和长江经济带发展中发挥示范作用。

4. 功能划分

按区域布局划分，成都天府新区片区（图 2-36）重点发展现代服务业、高端制造业、高新技术、临空经济、口岸服务等产业，建设国家重要的现代高端产业集聚区、创新驱动发展引领区、开放型金融产业创新高地、商贸物流中心和国际性航空枢纽，打造西部地区门户城市开放高地；成都青白江铁路港片区

（图2-37）重点发展国际商品集散转运、分拨展示、保税物流仓储、国际货代、整车进口、特色金融等口岸服务业和信息服务、科技服务、会展服务等现代服务业，打造内陆地区联通丝绸之路经济带的西向国际贸易大通道重要支点；川南临港片区（图2-38）重点发展航运物流、港口贸易、教育医疗等现代服务业，以及装备制造、现代医药、食品饮料等先进制造和特色优势产业，建设成为重要区域性综合交通枢纽和成渝城市群南向开放、辐射滇黔的重要门户。

图2-36　成都市天府新区政务服务中心外景

图2-37　成都青白江铁路港片区标志性建筑

图2-38　川南临港片区综合服务中心外景

（十一）陕西自贸试验区

1. 简介

中国（陕西）自由贸易试验区（图2-39），简称"陕西自贸试验区"或"陕西自贸区"，是党中央、国务院于2016年8月31日批准设立的第三批自由贸易试验区之一，也是目前我国西北地区唯一的区域性自由贸易园区。

图 2-39　陕西自贸试验区通关服务中心外景

2017年3月15日，国务院正式批复同意设立"中国（陕西）自由贸易试验区"，并印发了《中国（陕西）自由贸易试验区总体方案》。

陕西自贸试验区的总面积为119.95平方公里，涵盖三个片区（图2-40）：中心片区87.76平方公里（含陕西西安出口加工区A区0.75平方公里、B区0.79平方公里，西安高新综合保税区3.64平方公里和陕西西咸保税物流中心〔B型〕0.36平方公里），包括西安高新区、西安经开区和西咸新区沣东新城、秦汉新城、空港新城部分区域；西安国际港务区片区26.43平方公里（含西安综合保税区6.17平方公里），包括西安国际港务区和西安浐灞生态区部分区域；杨凌示范区片区5.76平方公里，包括杨凌示范区部分区域。

图 2-40　陕西自贸试验区的实施范围

2017年4月1日，中国（陕西）自由贸易试验区在西安市正式挂牌成立。

2.战略定位

以制度创新为核心，以可复制可推广为基本要求，全面落实党中央、国务院关于更好发挥"一带一路"建设对西部大开发带动作用、加大西部地区门户城市开放力度的要求，努力将自贸试验区建设成为全面改革开放试验田、内陆型改革开放新高地、"一带一路"经济合作和人文交流重要支点。

3.发展目标

经过三至五年改革探索，形成与国际投资贸易通行规则相衔接的制度创新体系，营造法治化、国际化、便利化的营商环境，努力建成投资贸易便利、高端产业聚集、金融服务完善、人文交流深入、监管高效便捷、法治环境规范的高水平高标准自由贸易园区，推动"一带一路"建设和西部大开发战略的深入实施。

4.功能划分

按区域布局划分，中心片区（图2-41）重点发展战略性新兴产业和高新技术产业，着力发展高端制造、航空物流、贸易金融等产业，推进服务贸易促进体系建设，拓展科技、教育、文化、旅游、健康医疗等人文交流的深度和广度，打造面向"一带一路"的高端产业高地和人文交流高地，在这个片区中，西安国家自主创新师范区（高新区）是主要板块和核心；西安国际港务区片区（图2-42）重点发展国际贸易、现代物流、金融服务、旅游会展、电子商务等产业，建设"一带一路"国际中转内陆枢纽港、开放型金融产业创新高地及欧亚贸易和人文交流合作新平台；杨凌示范区片区（图2-43）以农业科技创新、示范推广为重点，通过全面扩大农业领域国际合作交流，打造"一带一路"现代农业国际合作中心。

图2-41　中心片区（高新区）综合行政服务中心外景

图 2-42 西安国际港务区片区综合服务大厅外景

图 2-43 杨凌示范区片区综合服务大厅外景

（十二）海南自贸试验区

1. 简介

中国（海南）自由贸易试验区，简称"海南自由贸易区"或"海南自由贸易港"，也可简称"海南自贸区"或"海南自贸港"，属于中国自由贸易区的范畴。

2018 年 4 月 13 日，中华人民共和国国家主席习近平在海南省暨海南经济特区 30 周年大会上郑重宣布，党中央决定支持海南全岛建设自贸试验区。

2018 年 4 月 14 日，中共中央、国务院发布《关于支持海南全面深化改革开放的指导意见》（中发〔2018〕12 号），明确以现有自贸试验区试点内容为主体，结合海南特点，建设海南自贸试验区，实施范围为海南岛全岛。

2018 年 10 月 16 日，国务院批复同意设立"中国（海南）自由贸易试验区"，并印发了《中国（海南）自由贸易试验区总体方案》；10 月 29 日，"2018'一带一路'媒体合作论坛中国（海南）自由贸易试验区政策介绍会"在海南博鳌召开。

2020年4月29日，第十三届全国人大常委会第十七次会议审议通过了《关于授权国务院在中国（海南）自由贸易试验区暂时调整适用有关法律规定的决定》。

2020年6月1日，中共中央、国务院印发了《海南自由贸易港建设总体方案》。方案提出了贸易自由便利、投资自由便利、跨境资金流动自由便利等11个方面共39条具体政策，要求到21世纪中叶把海南岛打造成具有较强国际影响力的高水平自由贸易港。

2020年6月3日，海南自由贸易港11个重点园区同步举行挂牌仪式。

2020年8月24日，海南省公布了中英文《2020海南自由贸易港投资指南》，为全球投资者提供一站式服务；9月28日，海南自由贸易港在洋浦港的小铲滩码头（图2-44）开通了洲际（洋浦—南太平洋—澳大利亚航线）航线。

图 2-44　航拍洋浦港小铲滩码头

2021年5月16日，由印尼美印航空执飞的2Y-2200货机（图2-45），从雅加达起飞经停新加坡后落地在海口美兰国际机场，在海口装货后飞往新加坡，此次运输标志着海南自由贸易港首条第五航权全货机航线顺利开通。

图 2-45　由印尼美印航空执飞的 2Y-2200 货机

2. 战略定位

发挥海南岛全岛试点的整体优势，紧紧围绕建设全面深化改革开放试验区、国家生态文明试验区、国际旅游消费中心和国家重大战略服务保障区，实行更加积极主动的开放战略，加快构建开放型经济新体制，推动形成全面开放新格局，把海南打造成为我国面向太平洋和印度洋的重要对外开放门户。

3. 发展目标

到2025年，初步建立以贸易自由便利和投资自由便利为重点的自由贸易港政策制度体系。营商环境总体达到国内一流水平，市场主体大幅增长，产业竞争力显著提升，风险防控有力有效，适应自由贸易港建设的法律法规逐步完善，经济发展质量和效益明显改善。

到2035年，自由贸易港制度体系和运作模式更加成熟，以自由、公平、法治、高水平过程监管为特征的贸易投资规则基本构建，实现贸易自由便利、投资自由便利、跨境资金流动自由便利、人员进出自由便利、运输来往自由便利和数据安全有序流动。营商环境更加优化，法律法规体系更加健全，风险防控体系更加严密，现代社会治理格局基本形成，成为我国开放型经济新高地。

到21世纪中叶，全面建成具有较强国际影响力的高水平自由贸易港。

4. 功能划分

按照海南省总体规划的要求，以发展旅游业、现代服务业、高新技术产业为主导，科学安排海南岛产业布局；按发展需要增设海关特殊监管区域，在海关特殊监管区域开展以投资贸易自由化便利化为主要内容的制度创新，主要开展国际投资贸易、保税物流、保税维修等业务；在三亚选址增设海关监管隔离区域，开展全球动植物种质资源引进和中转等业务。

（十三）山东自贸试验区

1. 简介

中国（山东）自由贸易试验区，简称"山东自贸试验区"或"山东自贸区"，是为更好服务对外开放总体战略布局、高标准高质量建设自由贸易园区而设立的自由贸易试验区，是党中央、国务院做出的重大决策，是新时代推进改革开放的战略举措，属于中国自由贸易区的范畴。

2019年8月2日，国务院正式批复同意设立"中国（山东）自由贸易试验区"并印发了《中国（山东）自由贸易试验区总体方案》。

山东自贸试验区的实施范围为119.98平方公里，涵盖三个片区（图2-46）：

济南片区 37.99 平方公里，青岛片区 52 平方公里（含青岛前湾保税港区 9.12 平方公里、青岛西海岸综合保税区 2.01 平方公里），烟台片区 29.99 平方公里（含烟台保税港区区块二 2.26 平方公里）。

山东自贸试验区的实施范围119.98平方公里

涵盖三个片区：

37.99平方公里
济南片区

29.99平方公里(含烟台保税港区区块二2.26平方公里)
烟台片区

青岛片区
52平方公里(含青岛前湾保税港区9.12平方公里、青岛西海岸综合保税区2.01平方公里)

图 2-46　山东自贸试验区的实施范围

2019 年 8 月 30 日，山东自贸试验区揭牌仪式在济南市举行。

2019 年 8 月 31 日，山东自贸试验区济南片区正式启动建设，青岛片区、烟台片区也分别挂牌，一批重点项目集中开工。

2. 战略定位

以制度创新为核心，以可复制可推广为基本要求，全面落实中央关于增强经济社会发展创新力、转变经济发展方式、建设海洋强国的要求，加快推进新旧发展动能接续转换、发展海洋经济，形成对外开放新高地。

3. 发展目标

经过三至五年改革探索，对标国际先进规则，形成更多有国际竞争力的制度创新，推动经济发展质量变革、效率变革、动力变革，努力建成贸易投资便利、金融服务完善、监管安全高效、辐射带动作用突出的高标准高质量自由贸易园区。

4. 功能划分

济南片区（图 2-47）重点发展人工智能、产业金融、医疗康养、文化产业、信息技术等产业，开展开放型经济新体制综合试点试验，建设全国重要的区域性经济中心、物流中心和科技创新中心；青岛片区（图 2-48）重点发展现代海洋、国际贸易、航运物流、现代金融、先进制造等产业，打造东北亚国际航运枢纽、东部沿海重要的创新中心、海洋经济发展示范区，助力青岛打造我国沿海重要中心城市；烟台片区（图2-49）重点发展高端装备制造、新材料、新一代信息技术、节能环保、生物医药和生产性服务业，打造中韩贸易和投资合作先行区、海洋智能制造基地、国家科技成果和国际技术转移转化示范区。

图2-47　济南片区综合服务中心外景

图2-48　青岛片区综合服务中心外景

图2-49　烟台片区政务服务中心外景

（十四）江苏自贸试验区

1. 简介

中国（江苏）自由贸易试验区，简称"江苏自贸试验区"或"江苏自贸区"，位于江苏省南京市、苏州市、连云港市境内，属于中国自由贸易区的范畴。

2019年8月2日，国务院正式批复同意设立"中国（江苏）自由贸易试验区"，并印发了《中国（江苏）自由贸易试验区总体方案》。

江苏自贸试验区的实施范围为119.97平方公里，涵盖三个片区（图2-50）：南京片区39.55平方公里，苏州片区60.15平方公里（含苏州工业园综合保税区5.28平方公里），连云港片区20.27平方公里（含连云港综合保税区2.44平方公里）。

图 2-50　江苏自贸试验区的实施范围

2019年8月30日上午，江苏自贸试验区揭牌仪式在南京市江北新区举行，如图2-51所示。

图 2-51　江苏自贸试验区揭牌仪式

2. 战略定位

以制度创新为核心，以可复制可推广为基本要求，全面落实中央关于深化产业结构调整、深入实施创新驱动发展战略的要求，推动全方位高水平对外开放，加快"一带一路"交汇点建设，着力打造开放型经济发展先行区、实体经济创新发展和产业转型升级示范区。

3. 发展目标

经过三至五年改革探索，对标国际先进规则，形成更多有国际竞争力的制度创新成果，推动经济发展质量变革、效率变革、动力变革，努力建成贸易投资便利、高端产业集聚、金融服务完善、监管安全高效、辐射带动作用突出的高标准高质量自由贸易园区。

4. 功能划分

南京片区着力建设具有国际影响力的自主创新先导区、现代产业示范区和对外开放合作重要平台；苏州片区着力建设世界一流高科技产业园区，打造全方位开放高地、国际化创新高地、高端化产业高地、现代化治理高地；连云港片区着力建设亚欧重要国际交通枢纽、集聚优质要素的开放门户、"一带一路"沿线国家（地区）交流合作平台。

（十五）广西自贸试验区

1. 简介

中国（广西）自由贸易试验区，简称"广西自贸试验区"或"广西自贸区"，属于中国自由贸易区的范畴。2019 年 8 月 2 日，国务院正式批复同意设立"中国（广西）自由贸易试验区"，并印发了《中国（广西）自由贸易试验区总体方案》。

广西自贸试验区的实施范围为 119.99 平方公里，涵盖三个片区（图 2-52）：

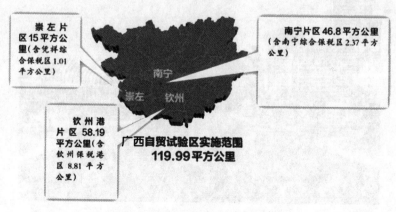

图 2-52　广西自贸试验区的实施范围

南宁片区 46.8 平方公里（含南宁综合保税区 2.37 平方公里），钦州港片区 58.19 平方公里（含钦州保税港区 8.81 平方公里），崇左片区 15 平方公里（含凭祥综合保税区 1.01 平方公里）。

2019 年 8 月 30 日上午，广西自贸试验区揭牌仪式在南宁市举行。

2020 年 2 月 13 日，广西壮族自治区人民政府公布《中国（广西）自由贸易试验区建设实施方案》。

2. 战略定位

以制度创新为核心，以可复制可推广为基本要求，全面落实中央关于打造西南中南地区开放发展新的战略支点的要求，发挥广西与东盟国家陆海相邻的独特优势，着力建设西南中南西北出海口、面向东盟的国际陆海贸易新通道，形成 21 世纪海上丝绸之路和丝绸之路经济带有机衔接的重要门户。

3. 发展目标

经过三至五年改革探索，对标国际先进规则，形成更多有国际竞争力的制度创新成果，推动经济发展质量变革、效率变革、动力变革，努力建成贸易投资便利、金融服务完善、监管安全高效、辐射带动作用突出、引领中国－东盟开放合作的高标准高质量自由贸易园区。

4. 功能划分

南宁片区（图 2-53）重点发展现代金融、智慧物流、数字经济、文化传媒等现代服务业，大力发展新兴制造产业，打造面向东盟的金融开放门户核心区和国际陆海贸易新通道重要节点；钦州港片区（图 2-54）重点发展港航物流、

图 2-53　南宁片区立式导向牌建筑

国际贸易、绿色化工、新能源汽车关键零部件、电子信息、生物医药等产业，打造国际陆海贸易新通道门户港和向海经济集聚区；崇左片区（图2-55）重点发展跨境贸易、跨境物流、跨境金融、跨境旅游和跨境劳务合作，打造跨境产业合作示范区，构建国际陆海贸易新通道陆路门户。

图 2-54　钦州港片区综合服务中心外景

图 2-55　崇左片区立式导向牌建筑

（十六）河北自贸试验区

1. 简介

中国（河北）自由贸易试验区，简称"河北自贸试验区"或"河北自贸区"，属于中国自由贸易区的范畴。作为全国唯一一个跨省市的自由贸易试验区，中国（河北）自由贸易试验区与北京紧密相连，其中大兴机场片区直接横跨河北廊坊和北京大兴两地，廊坊区域占 10 平方公里、大兴区域占 9.97 平方公里。

2019 年 8 月 2 日，国务院正式批复同意设立"中国（河北）自由贸易试验区"，并印发了《中国（河北）自由贸易试验区总体方案》。

河北自贸试验区的实施范围为 119.97 平方公里，涵盖四个片区（图 2-56），其中雄安片区 33.23 平方公里，正定片区 33.29 平方公里（含石家庄综合保税区 2.86 平方公里），曹妃甸片区 33.48 平方公里（含曹妃甸综合保税区 4.59 平方公里），大兴机场片区 19.97 平方公里。各片区既自成一体，共同承担河北自贸试验区试验任务，又独立发展，努力构筑各有侧重的产业体系。

图 2-56 河北自贸试验区的实施范围

2019 年 8 月 30 日，河北自贸试验区揭牌仪式在河北雄安新区举行。

2. 战略定位

以制度创新为核心，以可复制可推广为基本要求，全面落实中央关于京津冀协同发展战略和高标准高质量建设雄安新区要求，积极承接北京非首都功能疏解和京津科技成果转化，着力建设国际商贸物流重要枢纽、新型工业化基地、全球创新高地和开放发展先行区。

3. 发展目标

经过三至五年的改革探索，对标国际先进规则，形成更多有国际竞争力的制度创新成果，推动经济发展质量变革、效率变革、动力变革，努力建成贸易投资自由便利、高端高新产业集聚、金融服务开放创新、政府治理包容审慎、区域发展高度协同的高标准高质量自由贸易园区。

4. 功能划分

雄安片区重点发展新一代信息技术、现代生命科学和生物技术、高端现代服务业等产业，建设高端高新产业开放发展引领区、数字商务发展示范区、金融创新先行区；正定片区（图 2-57）重点发展临空产业、生物医药、国际物流、高端装备制造等产业，建设航空产业开放发展集聚区、生物医药产业开放创新引领区、综合物流枢纽；曹妃甸片区（图 2-58）重点发展国际大宗商品贸易、港航服务、能源储配、高端装备制造等产业，建设东北亚经济合作引领区、临港经济创新示范区；大兴机场片区重点发展航空物流、航空科技、融资租赁等产业，建设国际交往中心功能承载区、国家航空科技创新引领区、京津冀协同发展示范区。

图 2-57 正定片区标志性建筑

图 2-58 曹妃甸片区标志性建筑

（十七）云南自贸试验区

1. 简介

中国（云南）自由贸易试验区，简称"云南自贸试验区"或"云南自贸区"，是中国政府设立在云南省的区域性自由贸易园区，属于中国自由贸易区的范畴。

2019 年 8 月 2 日，国务院正式批复同意设立"中国（云南）自由贸易试验区"，并印发了《中国（云南）自由贸易试验区总体方案》。

云南自贸试验区的实施范围为 119.86 平方公里，涵盖三个片区（图 2-59）：昆明片区 76 平方公里（含昆明综合保税区 0.58 平方公里），红河片区 14.12 平方公里，德宏片区 29.74 平方公里。

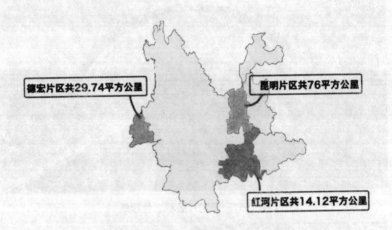

图 2-59 云南自贸试验区的实施范围

2019 年 8 月 30 日云南自贸试验区挂牌仪式在昆明、红河、德宏 3 个片区同步举行。

2021 年 3 月，云南自贸试验区昆明片区加入世界自由区组织。

2. 战略定位

以制度创新为核心，以可复制可推广为基本要求，全面落实中央关于加快沿边开放的要求，着力打造"一带一路"和长江经济带互联互通的重要通道，建设连接南亚东南亚大通道的重要节点，推动形成我国面向南亚东南亚辐射中心、开放前沿。

3. 发展目标

经过三至五年改革探索，对标国际先进规则，形成更多有国际竞争力的制度创新成果，推动经济发展质量变革、效率变革、动力变革，努力建成贸易投资便利、交通物流通达、要素流动自由、金融服务创新完善、监管安全高效、生态环境质量一流、辐射带动作用突出的高标准高质量自由贸易园区。

4.功能划分

昆明片区（图2-60）加强与空港经济区联动发展，重点发展高端制造、航空物流、数字经济、总部经济等产业，建设面向南亚东南亚的互联互通枢纽、信息物流中心和文化教育中心；红河片区（图2-61）加强与红河综合保税区、蒙自经济技术开发区联动发展，重点发展加工及贸易、大健康服务、跨境旅游、跨境电商等产业，全力打造面向东盟的加工制造基地、商贸物流中心和中越经济走廊创新合作示范区；德宏片区（图2-62）重点发展跨境电商、跨境产能合作、跨境金融等产业，打造沿边开放先行区、中缅经济走廊的门户枢纽。

图2-60　昆明片区综合服务中心外景

图2-61　红河片区综合服务中心外景

图 2-62　德宏片区综合服务中心外景

（十八）黑龙江自贸试验区

1. 简介

中国（黑龙江）自由贸易试验区，简称"黑龙江自贸试验区"或"黑龙江自贸区"，位于黑龙江省，是中国政府在东北地区设立的第二个自贸试验区，属于中国自由贸易区的范畴。作为中国最北端的自贸试验区，黑龙江自贸试验区全面落实中央关于推动东北全面振兴全方位振兴、建成向北开放重要窗口的要求，着力深化产业结构调整，打造对俄罗斯及东北亚区域合作的中心枢纽。

2019 年 8 月 2 日，国务院正式批复同意设立"中国（黑龙江）自由贸易试验区"，并印发了《中国（黑龙江）自由贸易试验区总体方案》。

黑龙江自贸试验区的实施范围为 119.85 平方公里，涵盖三个片区：哈尔滨片区 79.86 平方公里，黑河片区 20 平方公里，绥芬河片区 19.99 平方公里（含绥芬河综合保税区 1.8 平方公里）。

2019 年 8 月 30 日，黑龙江自贸试验区揭（授）牌仪式暨建设动员大会在哈尔滨举行，标志着黑龙江自贸试验区建设工作正式启动。

2019 年 9 月 17 日，黑龙江自贸试验区黑河片区挂牌成立，这标志着我国最北自贸试验区片区的建设正式启动。

2. 战略定位

以制度创新为核心，以可复制可推广为基本要求，全面落实中央关于推动东北全面振兴全方位振兴、建成向北开放重要窗口的要求，着力深化产业结构调整，打造对俄罗斯及东北亚区域合作的中心枢纽。

3. 发展目标

经过三至五年改革探索，对标国际先进规则，形成更多有国际竞争力的制度创新成果，推动经济发展质量变革、效率变革、动力变革，努力建成营商环境优良、贸易投资便利、高端产业集聚、服务体系完善、监管安全高效的高标准高质量自由贸易园区。

4. 功能划分

哈尔滨片区（图 2-63）重点发展新一代信息技术、新材料、高端装备、生物医药等战略性新兴产业，科技、金融、文化旅游等现代服务业和寒地冰雪经济，建设对俄罗斯及东北亚全面合作的承载高地和联通国内、辐射欧亚的国家物流枢纽，打造东北全面振兴全方位振兴的增长极和示范区；黑河片区（图 2-64）重点发展跨境能源资源综合加工利用、绿色食品、商贸物流、旅游、健康、沿边金融等产业，建设跨境产业集聚区和边境城市合作示范区，打造沿边口岸物流枢纽和中俄交流合作重要基地；绥芬河片区（图 2-65）重点发展木材、粮食、清洁能源等进口加工业和商贸金融、现代物流等服务业，建设商品进出口储运加工集散中心和面向国际陆海通道的陆上边境口岸型国家物流枢纽，打造中俄战略合作及东北亚开放合作的重要平台。

图 2-63　哈尔滨片区标志性建筑

图 2-64　黑河片区标志性建筑

图 2-65　绥芬河片区政务服务中心外景

三、新晋 3 个自贸试验区和 1 个扩区的战略定位与功能划分

2020 年 9 月 21 日，国务院印发《中国（北京）、（湖南）、（安徽）自由贸易试验区总体方案》及《中国（浙江）自由贸易试验区扩展区域方案》。自此，中国自贸试验区版图形成了东西南北中协调、陆海统筹的开放态势，推动新一轮全面开放格局。

此次新设自贸试验区或者扩区，目的就是要通过更大范围、更广领域、更深层次的改革探索，激发高质量发展的内生动力；通过更高水平的开放，推动加快形成发展的新格局。

（一）北京自贸试验区

1. 简介

中国（北京）自由贸易试验区，简称"北京自贸试验区"或"北京自贸区"，是党中央、国务院同意建设的区域性自由贸易园区，属于中国自由贸易区的范畴。

2020年9月21日，国务院印发《中国（北京）自由贸易试验区总体方案》。

北京自贸试验区的实施范围为119.68平方公里，涵盖科技创新、国际商务服务、高端产业三个片区（图2-66），其中科技创新片区31.85平方公里，国际商务服务片区48.34平方公里（含北京天竺综合保税区5.466平方公里），高端产业片区39.49平方公里。

图 2-66 北京自贸试验区的实施范围

2020年9月24日上午，北京自贸试验区正式揭牌成立，当日，第一批入驻项目签约仪式正式在北京举行。

2020年9月28日，北京自贸试验区高端产业片区正式挂牌成立，如图2-67所示。

图 2-67 北京自贸试验区高端产业片区挂牌仪式

2. 战略定位

以制度创新为核心，以可复制可推广为基本要求，全面落实中央关于深入实施创新驱动发展、推动京津冀协同发展战略等要求，助力建设具有全球影响力的科技创新中心，加快打造服务业扩大开放先行区、数字经济试验区，着力构建京津冀协同发展的高水平对外开放平台。

赋予自贸试验区更大改革自主权，深入开展差别化探索。对标国际先进规则，加大开放力度，开展规则、规制、管理、标准等制度型开放。

3. 发展目标

经过三至五年改革探索，强化原始创新、技术创新、开放创新、协同创新优势能力，形成更多有国际竞争力的制度创新成果，为进一步扩大对外开放积累实践经验，努力建成贸易投资便利、营商环境优异、创新生态一流、高端产业集聚、金融服务完善、国际经济交往活跃、监管安全高效、辐射带动作用突出的高标准高质量自由贸易园区；强化自贸试验区改革同北京市改革的联动，各项改革试点任务具备条件的在中关村国家自主创新示范区全面实施，并逐步在北京市推广试验。

4. 功能划分

科技创新片区重点发展新一代信息技术、生物与健康、科技服务等产业，打造数字经济试验区、全球创业投资中心、科技体制改革先行示范区；国际商务服务片区重点发展数字贸易、文化贸易、商务会展、医疗健康、国际寄递物流、跨境金融等产业，打造临空经济创新引领示范区；高端产业片区重点发展商务服务、国际金融、文化创意、生物技术和大健康等产业，建设科技成果转换承载地、战略性新兴产业集聚区和国际高端功能机构集聚区。

（二）湖南自贸试验区

1. 简介

中国（湖南）自由贸易试验区，简称"湖南自贸试验区"或"湖南自贸区"，位于湖南省境内，属于中国自由贸易区的范畴。

2020年9月，党中央、国务院决定设立中国（湖南）自由贸易试验区，并印发了《中国（湖南）自由贸易试验区总体方案》。

湖南自贸试验区的实施范围为119.76平方公里，涵盖三个片区（图2-68）：长沙片区79.98平方公里（含长沙黄花综合保税区1.99平方公里），岳阳片区19.94平方公里（含岳阳城陵矶综合保税区2.07平方公里），郴州片区19.84

平方公里（含郴州综合保税区 1.06 平方公里）。

图 2-68　湖南自贸试验区的实施范围

2020 年 9 月 24 日，湖南自贸试验区揭牌仪式在长沙市举行。

2. 战略定位

以制度创新为核心，以可复制可推广为基本要求，全面落实中央关于加快建设制造强国、实施中部崛起战略等要求，发挥东部沿海地区和中西部地区过渡带、长江经济带和沿海开放经济带结合部的区位优势，着力打造世界级先进制造业集群、联通长江经济带和粤港澳大湾区的国际投资贸易走廊、中非经贸深度合作先行区和内陆开放新高地。

赋予自贸试验区更大改革自主权，深入开展差别化探索。对标国际先进规则，加大开放力度，开展规则、规制、管理、标准等制度型开放。

3. 发展目标

经过三至五年改革探索，形成更多有国际竞争力的制度创新成果，为进一步扩大对外开放积累实践经验，推动先进制造业高质量发展，提升关键领域创新能力和水平，形成中非经贸合作新路径新机制，努力建成贸易投资便利、产业布局优化、金融服务完善、监管安全高效、辐射带动作用突出的高标准高质量自由贸易园区。

4. 功能划分

长沙片区重点对接"一带一路"建设，突出临空经济，重点发展高端装备制造、新一代信息技术、生物医药、电子商务、农业科技等产业，打造全球高端装备制造业基地、内陆地区高端现代服务业中心、中非经贸深度合作先行区和中部地区崛起增长极；岳阳片区重点对接长江经济带发展战略，突出临港经济，重点发展航运物流、电子商务、新一代信息技术等产业，打造长江中游综合性航运物流中心、内陆临港经济示范区；郴州片区重点对接粤港澳大湾区建设，突出湘港澳直通，重点发展有色金属加工、现代物流等产业，打造内陆地区承接产业转移和加工贸易转型升级重要平台以及湘粤港澳合作示范区。

（三）中国（安徽）自由贸易试验区

1. 简介

中国（安徽）自由贸易试验区，简称"安徽自贸试验区"或"安徽自贸区"，是位于安徽的区域性自由贸易园区，属于中国自由贸易区的范畴。

2017年1月，安徽省政府正式向国务院提交了关于申建自贸试验区的请示，拟建立以合肥、芜湖、马鞍山综合保税区为主体，合芜蚌国家自主创新示范区为平台的安徽自贸试验区。

2020年9月，国务院正式批准同意设立"中国（安徽）自由贸易试验区"并印发了《中国（安徽）自由贸易试验区总体方案》。

安徽自贸试验区的实施范围为119.86平方公里，涵盖三个片区（图2-69）：

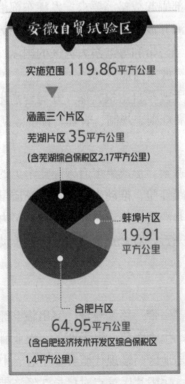

图 2-69　安徽自贸试验区的实施范围

合肥片区 64.95 平方公里（含合肥经济技术开发区综合保税区 1.4 平方公里），芜湖片区 35 平方公里（含芜湖综合保税区 2.17 平方公里），蚌埠片区 19.91 平方公里。

2020 年 9 月 24 日，安徽自贸试验区揭牌仪式在合肥市举行。

2. 战略定位

以制度创新为核心，以可复制可推广为基本要求，全面落实中央关于深入实施创新驱动发展、推动长三角区域一体化发展战略等要求，发挥在推进"一带一路"建设和长江经济带发展中的重要节点作用，推动科技创新和实体经济发展深度融合，加快推进科技创新策源地建设、先进制造业和战略性新兴产业集聚发展，形成内陆开放新高地。

赋予自贸试验区更大改革自主权，深入开展差别化探索。对标国际先进规则，加大开放力度，开展规则、规制、管理、标准等制度型开放。

3. 发展目标

经过三至五年改革探索，形成更多有国际竞争力的制度创新成果，为进一步扩大对外开放积累实践经验，推动科技创新、产业创新、企业创新、产品创新、市场创新，推进开放大通道大平台大通关建设，努力建成贸易投资便利、创新活跃强劲、高端产业集聚、金融服务完善、监管安全高效、辐射带动作用突出的高标准高质量自由贸易园区。

4. 功能划分

合肥片区（图 2-70）重点发展高端制造、集成电路、人工智能、新型显示、量子信息、科技金融、跨境电商等产业，打造具有全球影响力的综合性国家科

图 2-70　合肥片区指示牌

103

学中心和产业创新中心引领区；芜湖片区（图2-71）重点发展智能网联汽车、智慧家电、航空、机器人、航运服务、跨境电商等产业，打造战略性新兴产业先导区、江海联运国际物流枢纽区；蚌埠片区（图2-72）重点发展硅基新材料、生物基新材料、新能源等产业，打造世界级硅基和生物基制造业中心、皖北地区科技创新和开放发展引领区。

图2-71　芜湖片区综合服务中心外景

图2-72　建设中的蚌埠片区综合服务中心外景

（四）浙江自贸试验区扩展区域

1. 简介

为进一步推动浙江自贸试验区深化改革、扩大开放，2020年9月21日，国务院颁布《中国（浙江）自由贸易试验区扩展区域方案》。

浙江自贸试验区扩展区域的实施范围为119.5平方公里，涵盖三个片区（图2-73）：宁波片区46平方公里（含宁波梅山综合保税区5.69平方公里、宁波北仑港综合保税区2.99平方公里、宁波保税区2.3平方公里），杭州片区37.51平方公里（含杭州综合保税区2.01平方公里），金义片区35.99平方公里（含义乌综合保税区1.34平方公里、金义综合保税区1.26平方公里）。

2020年9月24日，浙江自贸试验区扩展区域挂牌仪式在杭州举行，宁波片区、杭州片区、金义片区正式挂牌成立。

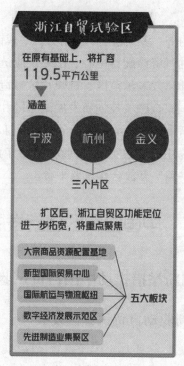

图2-73　浙江自贸试验区扩展区域的实施范围

2. 战略定位

坚持以"八八战略"为统领，发挥"一带一路"建设、长江经济带发展、长三角区域一体化发展等国家战略叠加优势，着力打造以油气为核心的大宗商品资源配置基地、新型国际贸易中心、国际航运和物流枢纽、数字经济发展示范区和先进制造业集聚区。

赋予自贸试验区更大改革自主权，深入开展差别化探索。对标国际先进规则，加大开放力度，开展规则、规制、管理、标准等制度型开放。

3. 发展目标

到2025年，基本建立以投资贸易自由化便利化为核心的制度体系，营商环境便利度位居全国前列，油气资源全球配置能力显著提升，国际航运和物流枢纽地位进一步增强，数字经济全球示范引领作用彰显，先进制造业综合实力全面跃升，成为引领开放型经济高质量发展的先行区和增长极。

到2035年，实现更高水平的投资贸易自由化，新型国际贸易中心全面建成，成为原始创新高端制造的重要策源地、推动国际经济交往的新高地，成为新时代全面展示中国特色社会主义制度优越性重要窗口的示范区。

4.功能划分

宁波片区建设链接内外、多式联运、辐射力强、成链集群的国际航运枢纽，打造具有国际影响力的油气资源配置中心、国际供应链创新中心、全球新材料科创中心、智能制造高质量发展示范区；杭州片区打造全国领先的新一代人工智能创新发展试验区、国家金融科技创新发展试验区和全球一流的跨境电商示范中心，建设数字经济高质量发展示范区；金义片区打造世界"小商品之都"，建设国际小商品自由贸易中心、数字贸易创新中心、内陆国际物流枢纽港、制造创新示范地和"一带一路"开放合作重要平台。

第四节　中国自贸区创新发展之路

一、多种改革创新举措推动中国自贸试验区发展

（一）以改革创新驱动自贸试验区发展

要建设好自贸试验区，先要真正读懂自贸试验区。40年前，小岗村18户村民按下红手印，签订大包干"生死状"，让小岗村尝到了久违的丰收味道，更开启了中国农村改革的时代大幕。自贸试验区就是改革创新的试验田，其核心是制度创新。现在自贸试验区的牌子挂起来了，要锁定自贸试验区制度创新的关键问题，拿出敢改的勇气、能改的智慧、改好的决心，找到经济发展的突破口，踏出一条符合自身经济发展的新路子。

（二）以简政放权促进自贸试验区发展

政府面对目前经济社会发展中遇到的困难和挑战、阻力和变数，更需要以简政放权吸引企业投资。政府可通过自我改革推进市场公平，出台更多更好的政策给企业更多创新的空间，不仅要为企业提供一站式的服务，更要全面释放束缚企业生产力发展的各种因素，全面形成简政放权和长效机制。政府还可通过减少审批材料、压缩审批时限、网上办理等方式进行简化优化。政府审批部门应通过公开申请材料、合格条件和办理流程等推动全部行政审批事项的公开透明，增强企业对审批结果的可预期性，营造规范有序的营商环境。

（三）以全面整合推动自贸试验区发展

当前，新冠肺炎疫情全球肆虐，加快了全球产业链、供应链布局的重构步伐。作为制造业大国的中国，其产业链、供应链遭遇了前所未有的挑战。这就需要自贸试验区充分发挥自身开放平台、产业发展平台、创新平台的综合优势，不断整合国内外产业资源和创新资源，建立起在全球市场中有竞争力的产业集群，充分释放自贸试验区的发展活力与潜力，加快形成以国内大循环为主体、国内国际双循环相互促进的新发展格局。

二、自贸试验区创新发展中的制度创新

（一）制度创新的意义

建设高端产业集聚、投资开放、贸易便利、服务完善、监管高效便捷、法治环境规范的自贸试验区，使自贸试验区成为推动新时代全面开放的新引擎，需要自贸试验区进行管理体制机制创新。

1. 管理体制机制创新能够为自贸试验区发展提供重要的制度支撑

从我国的改革背景来看，我国的改革从"目标探索""框架构建"到"体制完善"，已取得了前所未有的伟大成就，改革已经进入了全面深化的新阶段。自贸试验区作为我国进一步扩大开放的前沿，需要在更高起点谋划和推进体制机制创新，需要在实践中敢于较真，敢于碰硬，善于破难题，勇于闯难关，在体制机制创新和深层次利益格局调整上下功夫，进行创新举措的系统集成，科学合理地配置各方面资源，从而塑造更加成熟、更加合理的制度体系，在重大领域和关键环节上取得决定性成果，形成可复制、可推广的体制机制创新先行先试经验，为自贸试验区的发展提供重要的制度支撑，激发自贸试验区发展的新动力。

2. 管理体制机制创新能够为自贸试验区发展打造优良的营商环境

管理体制机制创新能够为自贸试验区发展打造优良的营商环境。首先，管理体制机制创新能够进一步促进自贸试验区深化"放管服"改革，加快转变政府职能，减少审批手续，倒逼各相关部门进一步减环节、优流程、压时限、提效率，提升政府部门运营效率；其次，管理体制机制创新能够打破在自贸试验区目标定位上的"路径依赖"，避免重蹈"跑马圈地上基础设施、要优惠政策招商引资"的老路，从而促进自贸试验区形成可复制、可推广的改革红利溢出效应，有利于营商效率的逐步提高；再次，管理体制机制创新能够

避免对自贸试验区预期上的"急功近利"，带来长期整体营商环境的改善；最后，管理体制机制创新能够促进自贸试验区充分尊重市场规律，充分发挥市场主体作用，充分激发市场主体创业创新活力，切实提升自贸试验区的综合竞争力。

3. 管理体制机制创新能够为自贸试验区发展提供可靠的法治保障

管理体制机制创新能够推动自贸试验区各项改革走向深入，为自贸试验区发展提供更为完善的法治保障。首先，管理体制机制创新能够在自贸试验区具体的制度设计和引领方面有所作为，推动地方充分发挥立法优势，建立与自贸试验区发展要求相适应的自贸试验区政策法规体系；其次，管理体制机制创新可以促进自贸试验区法治体系与地方立法的协调运行，即基础性法规与专项性法规的协调，避免造成地方立法与自贸试验区条例实施的冲突，保障自贸试验区的正常规范运行；最后，管理体制机制创新，可构建重点突出、层次分明、针对性强的多元化争端解决机制，深化与相关职能部门的协调配合机制，不断优化自贸试验区建设的相关领域法律环境，以强有力的司法保障维护自贸试验区的经济运行秩序。

（二）制度创新的成果

从 2013 年上海自贸试验区成立开始，八年多来，各批自贸试验区各自创新，纷纷在政府职能转变、投资便利化、贸易便利化、金融开放和法治化建设五大制度创新领域发力，取得了一大批制度创新成果。

1. 在政府职能转变方面

一是不断简政放权。大力推行行政审批制度改革，如取消、删减、转移和调整一批又一批的市场准入前置审批事项；率先在自贸试验区推行"一口受理"；在国内率先实现企业登记注册"多照合一"，探索使用电子营业执照；探索放开企业登记经营场所的限制；率先使用地税电子税务登记证，绝大部分业务实现全流程网上办理。二是不断加强事中事后监管。自贸试验区按照"谁审批、谁监管、谁负责"的原则加强监管。建立商事登记认领通报制度，明晰监管责任；组建综合执法机构，试行"一支综合执法队伍管全部"；建立统一的市场监管信息平台，提供监管信息支撑；构建企业信用监督指标体系，按照信用等级对登记的商事主体实施分类监管；推行企业年报和经营异常名录管理。三是不断优化政府公共服务方式。自贸试验区积极借助互联网和电子技术媒介，广泛采用电子政务服务模式，大大提高了企业和个人的办事效率，节约了商事登记及后续的缴费时间和成本。

2. 在投资便利化方面

一是市场准入的负面清单管理模式不断升级。自贸试验区在全国率先实施负面清单的投资管理模式。2013 年，上海自贸试验区推出全国首张负面清单，外商投资准入特别管理措施有 190 条；2017 年 7 月 10 日起开始实施的第四版《自贸试验区负面清单》划分为 15 个门类、40 个条目、95 项特别管理措施。二是商事登记制度改革不断完善。上海自贸试验区率先实行注册资本认缴制，工商部门登记公司全体股东、发起人认缴的注册资本或认购的股本总额（公司注册资本），不登记公司实收资本；公司应当将股东认缴出资额或者发起人认购股份、出资方式、出资期限、缴纳情况通过市场主体信用信息公示系统向社会公示。三是投资项目管理由核准制改为备案制。在外商投资领域，对负面清单之外的领域，按照内外资一致的原则，将外商投资项目由核准制改为备案制（国务院规定对国内投资项目保留核准的除外），备案全程网上办理，即时完成。在境外投资领域，一方面实施境外投资项目备案管理制度，企业境外投资除重大项目和敏感项目外，其他项目一律适用备案管理；另一方面实施境外投资开办企业备案管理制度。四是服务新创投资和企业"走出去"。首先，出台金融配套措施促进境外投资便利，在资金环节、跨境投融资业务、外汇管理方面，提供政策便利。其次，搭建"走出去"综合服务平台。最后，提供创新创业服务支持，推出"政务服务窗口无否决权"改革。

3. 在贸易便利化方面

一是国际贸易"单一窗口"建设成效卓越。"一站式"电子通关平台，利用互联网建立"一站式"的电子系统，整合多行政职能部门各自的系统，打造"单一窗口"。二是通关便捷程度不断提升。通过简化手续，实行直通程序、周报关制度等一次性报关或集中报关措施，为自贸试验区用户提供便捷服务，缩短货物报关程序，减少通关时间成本。三是货物分类监管手段不断优化。四是不断培育贸易新业态和新功能，如跨境电商、文化艺术保税等产业通过自贸试验区贸易便利化获得快速发展。

4. 在金融开放方面

一是逐步探索推进人民币国际化。二是加强对国内、跨境融资风险管控。三是增强金融服务功能。

5. 在法治化建设方面

一是依法引领改革局面基本形成。各大自贸试验区公布了一系列管理办法及条例，确立了从管理体制、投资开放、贸易便利、金融服务到综合监管的法制框架。二是司法保障和争议解决机制基本建立。借鉴国际自贸区经验，各自贸试验区加快健全争议解决机制，形成了以法院为主、仲裁调解为辅的格局，如浦东、前海、横琴等设立自贸试验区法庭，相关的自贸试验区设立了仲裁院、自贸试验区知识产权法庭和海事法院自贸试验区法庭。商事调解制度正逐步建立。三是法律服务平台建设逐渐完善。自贸试验区综合行政执法改革、内地与港澳律师事务所合伙联营试点、中国自贸试验区仲裁合作联盟、知识产权快速维权援助中心等一批法治化监管创新模式涌现。在国际法律服务方面，国际商事仲裁机构，域外法律查明服务平台，国际人才引进政策等措施在自贸试验区取得突破性进展。

（三）制度创新的特色

在制度创新中，"减"是特色之一。

以投资领域为例，从 2013 年到 2019 年，自贸试验区负面清单从 190 条缩减到 37 条，"瘦身"程度达 80.5%。其中，限制类措施和禁止类措施缩减比例分别达 88.8% 和 47.4%。服务业限制措施数量从 95 项下降到 28 项。

更短的清单，意味着外商投资准入门槛更低，能投资的领域更多，投资积极性也更高。这正是中国开放大门越开越大的鲜明写照。

"减"不仅体现在清单长度变短，还体现在投资管理和审批环节的精简。

比如，天津自贸试验区推进境外投资管理方式改革，针对 3 亿美元以下项目由核准改为备案，全面推行对外投资"无纸化一日办结"备案模式，办结时间从 3 个月缩短至 1 天。

"减"的同时带来了"增"的效果：新设企业数量的增长，进出口和吸收外资的增长。

根据报告，2019 年，18 个自贸试验区共新设企业 31.9 万家，其中外资企业 6242 家，实现了以不到全国千分之四的国土面积，完成进出口和吸引外商投资均占全国约 15% 的成绩。

创新举措频出，"增"的还有企业的获得感。以药品上市许可持有人制度为例，在上海试点过程中，极大激发了药品研发生产市场主体的创新活力，申请单位覆盖了试点的全部 5 种类型，其中超过七成为研发机构，涌现了一批用于治疗肿瘤、代谢等重大疑难疾病的试点品种。

如今，自贸试验区制度创新的差异化特色也更加突出。以往，金融领域的制度创新主要来自上海自贸试验区，而 2019 年，这一领域的创新成果有来自天津的租赁资产证券化业务创新，有来自重庆的铁路提单信用证融资结算，还有来自陕西的"丝路通"——跨境电子商务人民币业务服务平台。

三、建设自贸试验区是具有中国特色的改革创新之路

建设自贸试验区是党中央、国务院在新形势下全面深化改革和扩大开放的战略举措。自贸试验区建设不仅承担着全面深化改革与实施新一轮高水平对外开放的责任，担负着以开放促改革的使命，而且肩负着推动高质量发展，打造动力更强、结构更优、质量更高新增长极的重任。自成立以来，各个自贸试验区不断解放思想、开拓创新，以改革新作为赢得发展新空间，形成了具有中国特色的自贸试验区发展之路。

中国自贸试验区空间布局经历了从点到线，再从线到面的演进过程。自贸试验区有序分布在华东、华南、华北、华中、东北、西南地区，基本实现了沿海省份自贸试验区的全覆盖，形成了由点到线再到面的对外开放新矩阵，有效地发挥了沿海和沿边地区对腹地的辐射带动作用，更好地服务陆海内外联动、东西双向互济的对外开放总体布局。伴随着对经济功能区从保税区到自贸试验区再到自由贸易港的探索轨迹，对外开放一步步升级，为中国经济开辟发展新局面。

根据地理位置及社会经济条件等诸多方面的差异，中国自贸试验区形成三类各有侧重的发展方向。沿海自贸试验区以港口片区为主要特征，担负着大力推动沿海地区高端产业和现代服务业的发展、承接对外开放与"一带一路"合作发展的排头兵任务；内陆自贸试验区担负的任务主要着力打造新兴产业和高端制造业、承担中国经济内循环的重要节点功能、带动中西部连片区域的发展；沿边自贸试验区担负的任务主要是产业结构的升级换代，使经济的发展重心与周边国家合作相协调。各自贸试验区发展重点不同，却共同发挥着带动作用，引领着所属区域的高质量发展。

2013年9月，上海自贸试验区挂牌成立，这是中国顺应全球经贸发展新趋势、实行更加积极主动开放战略的重大举措，更是在深圳经济特区建立以来中国再次开启以开放倒逼改革试验场的重要标志，作为中国自贸试验区的先行者、排头兵，上海自贸试验区发挥着龙头引领示范作用。

作为新时代改革开放的新高地，自贸试验区是链接"双循环"的重要平台和关键节点，也是促进"双循环"新格局形成的重要抓手和有力支撑。中国自贸试验区是"引进来"与"走出去"的桥梁纽带，也是与"一带一路"沿线国家互联互通的枢纽和门户，为新一轮经济全球化提供了重要支撑。然而，在肯

定中国自贸试验区发展所取得成绩的同时，我们也要看到中国自贸试验区的发展正面临一系列等问题，尤其是在新冠肺炎疫情和保护主义、单边主义的影响下，中国自贸试验区的发展面临更大的挑战和更多的课题。

自贸试验区八年多来的改革实践表明，其发展呈现趋同化特征，制度创新碎片化、微创化，系统集成需进一步加强，制度创新面临边际效用递减的困惑。尽管制度核心是自贸试验区的共性目标，但并不意味着各个自贸试验区要走趋同的道路。相反，在目前形势下，应立足各自贸试验区的资源禀赋、区位优势，授予自贸试验区更大的改革自主权，促进它们探索差异化发展之路。

花开蝶自来。面向未来，中国自贸试验区要进一步解放思想、大胆实践，披坚执锐、攻坚克难，充分发挥改革开放试验田和引领示范的作用，在打造中国对外开放高地进程中展现新的更大作为。面向世界，中国自贸试验区将以更高质量更高标准为发展要求、以制度集成创新为牵引力，为加强区域经济合作提供新支点、为维护全球自由贸易贡献有力支撑、为完善全球治理体系注入新动力、为恢复世界经济发展注入新活力，向世界贡献更多经济发展的中国智慧、中国方案。

第五节　中国自贸区未来的发展趋势

一、世界自贸区未来发展趋势

（一）数字贸易的概念

1. 何为数字贸易

埃森哲（全球最大的管理咨询、信息技术和业务流程外包的跨国企业）2016 年发布的《数字变革者》报告显示，截至 2015 年底，数字经济贡献了22.5% 的全球 GDP，超过 50% 的跨境服务通过数字化平台完成，超过 12% 的跨境实物贸易通过数字化平台实现。

究竟什么是数字贸易，到目前为止，国际上尚未能形成标准和公认的数字贸易的定义。2013 年 7 月，美国国际贸易委员会（USITC）在《美国和全球经济中的数字贸易 I》报告中，初步提出了"数字贸易"的概念，即"通过互联网传输而实现的产品和服务的商业活动"，既包括国内通过互联网传输产品和服务的商业活动，也包括通过互联网传输产品和服务的国际贸易。

2.理解数字贸易的三个维度

从直观上讲,数字贸易和传统的贸易存在着很大的不同。要理解这个问题,我们或许可以从"本质""货物",以及"角色"这三个维度入手进行分析。其中,所谓的"本质",考虑的是数字技术究竟怎样影响了贸易的发生;"货物"考虑的是数字经济条件下,贸易的主要对象发生怎样的变化;而"角色"则考虑的是受数字技术影响,贸易活动参与者发生了怎样的变化。

(二)服务数字化是未来国际服务贸易发展新趋势

服务数字化是未来国际服务贸易发展新趋势,这主要体现在以下几个方面。

数字化服务发展加速。互联网技术和数字交换技术是数字贸易发展的前提和基础,更为智能化的互联网技术使得互联网已经成为一个平台,该平台能够实现大数据、云计算等数字技术的应用,为数字贸易在全球的进一步发展壮大提供了有力的技术基础和关键支撑。

数字贸易领域不断拓展。当下,互联网正在与如零售、娱乐、出版、休闲、金融、卫生、教育等越来越多的行业深度融合,诸如云计算正在改变信息通信服务的提供方式,改变经济中大多数商品和服务的生产和支付方,这种深度融合不仅丰富了数字贸易的内涵,而且扩展了数字贸易的范围。

国际数字贸易发展不平衡。尽管近年来发展中国家数字经济发展迅速,地位趋于上升,但是发达国家在世界数字贸易中仍占据主导地位。随着知识经济的发展,产业结构服务经济化、服务贸易结构技术知识密集化、竞争信息比较优势化及贸易政策进一步自由化等趋势日益明朗,服务贸易发展的不平衡状况不但不会改变,反而可能会进一步强化。

(三)世界自贸区未来的发展趋势

世界自贸区未来的发展趋势归纳如下:

①日趋成为全球供应链的枢纽。随着经济全球化的进程加快,跨国性的物流及生产要素流通规模空前扩大,自贸区已经成为国际物流、资金流的重要枢纽。

②服务贸易日趋成为重要产业。制造业一直是自贸区的主导产业,但随着世界高端服务业在全球的转移,服务贸易逐渐成为各国(地区)竞争的焦点。

③特色产业集聚日趋成为新的发展态势。迪拜是发展中国家建设自贸区的典型,其重要经验就是建设集群式发展的自由贸易园区,各园区均有独特的产业布局。由于国际竞争的加剧,有选择性地发展特色产业成为自贸区发展的新亮点。

④区域规模日趋扩展。为了更好地满足区内工业、商业、金融业和旅游业的发展需要，充分发挥规模效应，提高管理效率和抗风险能力，全球自贸区的规模不断扩大。

二、中国自贸区在"双循环"新发展格局中的重要作用

在全球新冠肺炎疫情大流行背景下，世界面临百年未有之大变局。双循环新发展格局理论是马克思社会再生产理论中国化的重要成果，为我国"在危机中育新机，于变局中开新局"提供了思想指导，为新时代发展提供了重要思想武器。双循环新发展格局符合世界大国经济崛起的普遍规律。

（一）自贸区在国内循环中的重要作用

1. 以供给侧结构性改革促进国内大循环

中国经济存在结构性问题，主要不是因为没有需求或需求不足，而是有效供给不足，从而导致大量"需求外溢"，消费能力严重外流。国内游客到境外抢购奶粉、奢侈品甚至马桶盖，以及各种海淘海购，正是有效供给不足、无法满足国内日益增长需求的强烈信号。党的十九大报告将"深化供给侧结构性改革"作为"建设现代化经济体系的首要任务"，凸显了供给侧结构性改革的重要地位，供给侧结构性改革也是自贸试验区进一步深化改革开放的主线。自贸试验区在深化供给侧结构性改革时，需突出民生导向，其总体思路是围绕企业、要素、产业、市场和政府五个维度的"受力端"展开，通过"三去一降一补"，推动新旧动能转换和产业结构优化升级。在促进国内大循环方面，自贸试验区在供给侧结构性改革方面取得成效，有利于解决好"堵点""难点""痛点"，为国内大循环清除"路障"，打通关节。

2. 以科技创新和制度创新"双轮驱动"促进国内大循环

实现高质量发展，归根结底需要依靠科技创新驱动，离开科技创新谈加快转变发展方式、优化经济结构、转换增长动力，就会成为空谈。对自贸试验区来说，打造引领高质量发展的新标杆，科技创新与制度创新缺一不可，"要坚持科技创新和制度创新'双轮驱动'"，破除制度性障碍，解决国内经济大循环中的一系列技术"卡脖子"问题，提高经济供给质量。自贸试验区要以市场为导向，以制度创新推进科技创新，加大力度培育领先性的创新主体，携手产、学、研、商、用，打造联合创新平台，实现"产品、企业、产业、技术、平台"五聚集，这样就能在国内大循环中发挥中流砥柱的作用。

3. 以"四链融合"促进国内大循环

"四链"指的是服务链、创新链、产业链和招商链。自贸试验区是各种要素的聚集地，在强化"四链融合"方面有得天独厚的条件。一些自贸试验区积极构建融资租赁平台，推动业务供需对接、融资对接、创新互动、法律服务，协调解决融资企业动产抵押登记、跨境转租赁等发展过程中存在的一系列问题，实现服务链的全覆盖；同时，通过创新业务模式，促进融资租赁业聚集发展，创新链有效拓展了产业链；产业链的集聚效应又带动了招商链，让招商引资的规模效应凸显。"四链融合"促进了自贸试验区政府与市场之间、创新与产业之间、产业和招商之间的无缝连接和相互匹配，同时也带动了区域各种生产要素的再配置。

4. 以增强发展协同性促进国内大循环

协同具体包括以下几个层次：一是自贸试验区片内的协同，包括部门之间的协同，产业之间的协同，平台之间的协同，政府、市场、社会组织之间的协同等；二是自贸试验区片区与其他创新片区、试验区、示范区的协同，推动创新制度、资源和成果的共享；三是同一自贸试验区各片区之间的协同，实现资源、经验和成果共享；四是自贸试验区与区域经济的协同，充分发挥自贸试验区对其他区域的引领示范、辐射带动作用；五是不同自贸试验区之间的协同，深化省际部门协作，促进体制机制联通，更大力度催生改革力量、开辟开放空间。显然，自贸试验区率先"并网"或"联网"，有利于推动形成良性互动的内循环格局。

（二）自贸区在国际循环中的重要作用

1. 以全面开放新引擎促进国际循环

在百年未有之大变局下，中国应保持自己的战略定力，秉持人类命运共同体理念，勇当经济全球化的开拓者、引领者和建设者。习近平总书记反复强调，中国坚决维护国际多边自由贸易规则和体系，并以自身的实际行动践行开放理念。

自贸试验区是推动新时代全面开放的新引擎，也是推动国际循环的主阵地，因此要义不容辞地成为贯彻中央开放理念的"领头雁"，积极开拓双向市场，促进国内市场与国际市场深度融合。一是助力我国在全球范围内加快与国际贸易伙伴的自由贸易协定谈判，形成维护全球多边主义、鼓励自由贸易的国际经贸规则体系，积极参与世贸组织改革，进一步提升中国在国际经济和国际贸易规则制定中的话语权。二是对标国际先进水平，在商事、投资、贸易、事中事后监管、行业管理制度等重点领域，深入研究破解改革的重点难点，为全方位对外开放提供更全面的制度保障。三是对接"一带一路"倡议，搭建推动"一带一路"沿线国家经贸合作、市场要素配置的新平台，推进与"一带一路"沿线国家在贸易、技术和文化等方面的互联互通。"自由贸易试验区＋一带一路"有机结合，有助于构建更加均衡和多元化的国际循环体系。四是借鉴国际先进经验，大力推进自贸试验区投资和贸易的自由化和便利化，特别是实现投资自由、贸易自由、资金自由、运输自由、人员从业自由这"五个自由"。"五个自由"体现了更深层次、更高水平、更宽领域、更大力度的对外开放，对促进国际循环无疑将起到引领性作用。

2. 以管理模式改革促进国际循环

跨国企业的全球化产业布局主要通过投资来推动，因此我国需要制定国际化的市场准入标准、统一的法律法规，以高效透明的行政效率来吸引外资进入，将推进经济全球化的重心转向消除国内体制不兼容所产生的准入障碍。投资自由化是我国扩大新一轮对外开放的关键，而自由贸易试验区在探索解决这一问题过程中将发挥重要作用。

首先，探索以负面清单为特点的开放方式。全国外商投资负面清单条目已由 2019 年的 40 条缩减为 2020 年的 33 条，自贸试验区的负面清单条目也从 37 条缩减为 30 条。负面清单越来越短，说明我国的开放和国际化程度越来越高。负面清单模式增强了市场的透明度，扩大了外商投资的市场准入范围，增强了外资企业在中国长期发展的信心。

其次，推动监管模式改革。《中华人民共和国外资企业法》等 4 部涉外资法律，将不涉及国家规定实施准入特别管理措施的外商投资企业，由审批改为备案管理。这标志着政府职能的根本改变，从原先为防控风险而控制市场转变为鼓励市场创新，通过事中事后管理以监测和防范企业失当，保护市场参与者的利益，为企业提供良好的市场环境。未来各级政府间将形成良性的协同互动，通过完善不同层级监管部门的网络共享，形成对企业信息跟踪、更新和监管的新型管理模式。

最后，保障国家经济安全。创造与国际规则相兼容的体制，要形成能够适应国际变化的开放竞争型管理模式，在高层次对外开放水平中保障国家经济安全。开放且国际化的经济市场需要设立防火墙以有效防范和避免外部攻击。我们利用自贸试验区这一全球治理新载体先行先试，可以尽快完成对高标准规则的压力测试和适应，以满足未来在国际经济竞争中切实维护国家经济安全的需要。

3. 以打造一流营商环境促进国际循环

自贸试验区改革就是要对标国际高标准和高水平，在全国范围内率先形成法治化、国际化和便利化的营商环境，率先形成公平、开放、统一、高效的市场环境。近年来，我国一直致力于改善营商环境，解决长期以来困扰"放管服"领域的突出问题与关键难题。

在短期，既要强化已有的成功做法，又要补短板，继续推进、深化"最多跑一次""'多规合一'极简审批""互联网＋政务服务"等创新举措。自贸试验区要从"供给端"和"需求端"两端同向发力，不断优化营商环境，再创新一轮改革开放新优势。在中期，要强化信用监管，确立竞争性政策的基础性地位，建设竞争中性的营商环境，对内外资企业一视同仁，这样才能有效促进各种不同所有制的市场主体共同成长。在长期，要进一步扩大国内市场开放，完善高质量的市场准入规则。随着我国营商环境的不断改善，服务业领域迎来更大程度的开放，目前全国范围内新增的市场主体约有77%进入了服务业，自贸试验区在这方面发挥了先行先试作用。

三、中国自贸区的现实短板和未来发展趋势

在经济全球化不断深化的进程中，中国经济发展路径也应从多边转到自贸区、区域合作的发展方向上。现阶段我国自贸区建设虽然已取得一定的成效，但与西方发达国家相比，自贸区开放程度不高，处于被边缘化的危险状态中。基于此，我国应认清自贸区未来的发展趋势，并采取相应的对策予以强化。

（一）中国自贸区发展的现实短板

1. 对标国际高标准经贸规则有待提高，复制推广有待加强

我国自贸试验区的改革创新主要还是围绕货物贸易领域，以程序性创新和便利化创新为主，已出台的一些改革措施存在同质化、重复化现象，这与自贸试验区"制度创新高地"的定位存在差距；在国际高水平规则、规制、管理、标准等议题的研究、对接和试验方面更显不足；因一些复制推广经验缺乏相关的政策实施环境，实施中不同程度地存在配套措施无法衔接、协调机制不完善等问题，造成一些经验落地不顺畅。

2. 难以承接省级经济管理权限

为提高自贸试验区的自由度，自贸试验区所在省级政府纷纷列出清单，赋予自贸试验区以省级经济管理权限，以减少审批层级，提高自贸试验区的自主

权及办事效率。从理论上来讲，赋予自贸试验区以省级经济管理权限，对于提高自贸试验区的自由度的确有诸多好处。但在实践中，虽然省级政府列出放权的清单比较长，如河南省对自贸试验区首批下放了 455 项省级管理权限、湖北省首批下放了 61 项省级管理权限，但受种种原因所限，自贸试验区实际上很难承接省级经济管理权限，这导致了省政府对自贸试验区的放权往往流于形式。

3. 服务业开放程度不高，金融领域开放创新不及预期

一定程度上，自贸试验区建设重货物贸易，轻服务贸易，服务业改革开放的广度、深度不够。负面清单对外商投资服务业准入和其他限制较多，一定程度上影响了跨国公司进入研发、教育、医疗和文化等高端服务业领域。金融开放创新领域，在汇率自由化和利率市场化方面尚没有实质性开放措施，在跨境资本流动方面也未有突破性进展。

4. 自主改革创新权限不够高，制约了制度性探索空间

自贸试验区对接国际经贸规则的难点在于需要国家权力的重新配置，而现有的改革创新更多聚焦于地方权力层面。目前，自贸试验区改革创新自主权还不够高。自贸试验区"自下而上"推动改革的方式与我国政府"自上而下"授权管理体制之间存在一定程度的矛盾，导致部分改革措施无法及时落地，一定程度上延缓了创新步伐。

5. 制度创新的动力不足

调查发现，一些自贸试验区进行制度创新的意愿不强；有些自贸试验区即使从事制度创新，也是在那些碎片化的、非关键的制度微调上打转，如备案事项的多证合一等，而没有去啃那些"难度大、意义大"的关键性制度创新，如证照分离改革，从而导致很多自贸试验区在制度创新上形式多于实质，未能达到为国家形成系统集成性制度创新经验的使命定位。

总之，偏离制度创新试验的总体定位，是目前我国自贸试验区发展中的主要问题。这可能使自贸试验区的发展偏离服务于我国高水平开放型经济体系建设的目标。在当前形势下，自贸试验区创新动力不足的问题需要引起我们的高度重视。

（二）中国自贸区的未来发展趋势

未来自贸试验区建设应该着重从扩大服务业对外开放、完善服务业"负面清单"、加快实现金融自由化、构建全面有效的风险管理体系、积极对接国家重大区域战略和"一带一路"倡议等方面发力，以破解自贸试验区的发展难题。

1. 扩大服务业的对外开放

我国是全球贸易大国，2018 年进出口总额高达 4.6 万亿美元，对外贸易规模居全球第一，但对外贸易大而不强，一个突出的特征是服务贸易发展滞后，我国服务贸易占对外贸易总额的 15% 左右，而全球平均水平为 20%。当前世界经济已经进入以服务贸易为重点的全球化新阶段，大力发展服务贸易是我国深度融入经济全球化进程、参与全球竞争的重要途径。因此，扩大服务业的对外开放是当前和未来一段时间内自贸试验区建设的主要内容之一，各自贸试验区应由原来注重货物贸易向大力发展服务贸易转变。

2. 完善服务业"负面清单"

目前，自贸试验区在产业开放领域采取"负面清单"的制度，除上海自贸试验区建立《中国（上海）自由贸易试验区跨境服务贸易特别管理措施（负面清单）（2018 年）》外，其他自贸试验区尚没有针对服务业的"负面清单"。为此，应建立自贸试验区服务业"负面清单"，大幅放宽市场准入，凡是"负面清单"以外的均可以进入。应给予各自贸试验区更大的改革自主权，使各自贸试验区根据各自战略定位、区域位置和产业基础，制定个性化的"负面清单"，在服务贸易领域先行先试，真正让自贸试验区成为我国服务业改革的"压力测试泵"。

3. 加快实现金融自由化

我国的资本市场发展还不够完善，地区差异较大，实现金融自由化、利率市场化、人民币国际化需要有一个试验场来测试风险，自贸试验区作为新时期我国对外开放的重要平台，理所当然应承担这一职能。尤其是上海作为国际金融中心，资本市场的发展相对国内其他地区较为成熟，金融基础设施建设较为完善，上海自贸试验区理应担当探索实践金融自由化的领头羊，在资本项目可兑换、汇率制度改革、利率市场化、跨境人民币结算等方面先行先试，为全国自贸试验区推动金融自由化积累经验。

（1）采用循序渐进的金融自由化路径

由于我国的资本市场发展不够成熟，监管体系不够完善，金融自由化理应采取循序渐进的方式，首先应评估金融自由化可能出现的风险，然后根据风险的大小确定金融自由化的顺序。根据我国资本市场的发展情况和监管体系的建设状况，上海自贸试验区应该按照"建立开放的外汇市场—资本账户与资本市场开放—实现人民币的跨境自由结算—建立离岸金融市场—推动人民币国际化"的顺序推动金融自由化进程。

（2）实现资本账户对外开放

资本账户开放包括两个方面的内容：一是资本项目下的货币可兑换；二是本国证券等资本市场对外开放。资本账户开放是推动人民币跨境流动、实现人民币国际化的前提条件。资本账户开放是一个逐渐放开资本账户管制的过程，是一个循序渐进的过程，其开放的速度和程度要根据国内资本市场的发展状况而定。一般而言，在资本账户开放的同时要进行金融体制改革。同时，资本账户开放也并非绝对的开放，即使资本市场发展成熟度很高的美国也并非开放了全部的资本账户。资本账户开放是一种有管制的开放，其开放程度取决于管制的范围。根据中国人民银行统计调查司公布的我国资本账户可兑换情况，在七大类 40 项资本项目中，还没有完全可兑换的项目，55% 以上的项目是部分可兑换，35% 的项目是基本可兑换，且管制不对称，对资本流入管制相对较少，对资本流出管制较多，对企业对外直接投资管制较少，对居民资本流出的管制较多。从上海自贸试验区公布的金融业负面清单来看，非居民出售或发行货币市场工具、投资交易证券、参与基金信托市场、买卖衍生品及其他交易工具仍在禁止之列，因而未来上海自贸试验区金融创新的方向主要在于将部分可兑换项目升级为基本可兑换项目，将基本可兑换项目升级为完全可兑换项目。

（3）推动人民币跨境结算

人民币跨境结算是人民币国际化的必要条件，尽管 2008 年以来我国推出了一系列政策推动人民币跨境结算，但人民币跨境结算仍停留在初级阶段，人民币作为交易媒介主要存在于中国与相邻国家和地区的对外贸易中，作为储藏手段的世界货币职能尚没有得到体现，无论是外国政府的官方储备还是私人投资，人民币在世界主要货币中占比都比较少。根据国际清算银行（BIS）公布的调查报告，在全球外汇交易主要币种中，美元仍保持世界货币主导地位，在所有交易货币中占比 88%，其次是欧元（32%）、日元（17%）、英镑（13%）、澳元（7%）、加元（5%）以及瑞郎（5%），人民币日均交易额 1360 亿美元，占全球外汇交易金额的 4%（2019 年 6 月数据）。要实现人民币作为全球贸易结算的主要货币，在境外构建具有一定广度和深度的人民币交易市场，就必须依托上海等自贸试验区先行先试，加快金融自由化进程。

4. 构建全面有效的风险管理体系

在自贸试验区推动资本账户放开、实现利率市场化之后，如果境内自贸试验区外存在利率和汇率管制，即"一线放开、二线管住"，会导致大规模跨境资金流动，引发套利行为。尤其是自由贸易账户（FT 账户）建立后，经常项目和直接投资项目带来的跨境资金流动更加便利，对自贸试验区内资金流动的监管提出了更高要求。尽管中国人民银行（以下简称"央行"）会对"二线"的利率、汇率进行管制，但结果也只能增加跨境资金的套利成本，而无法完全避免套利行为。因此，我们无法做到"一线"完全放开，也不能做到"二线"完全管住，而是应在自贸试验区逐渐放开资本管制的同时，建立一套全面有效的风险管理体系。

（1）加快推动自由贸易账户落地实施

自由贸易账户是上海自贸试验区最重要的创新之一，是自贸试验区推进金融自由化的重要载体。2014年，央行发布的《中国（上海）自由贸易试验区分账核算业务实施细则》和《中国（上海）自由贸易试验区分账核算业务风险审慎管理细则》，对自由贸易账户的功能和落地实施细则做了详细规定。自贸试验区开展投融资汇兑便利、利率市场化、外汇管理、人民币跨境使用都要通过自由贸易账户，自由贸易账户与境外账户的资金往来体现了"一线完全放开"，自由贸易账户与境内其他结算账户之间的资金划转体现了"二线有效管住"的原则。监管部门对资金进出"二线"的控制是通过对分账核算单元在境内法人机构设立人民币清算专用账户的限制来实现的。自由贸易账户是自贸试验区跨境资金流动的必经通道，对自贸试验区资金流动具有很强的控制力，使用好自由贸易账户这个工具，加强对自由贸易账户的监控和管理，允许更多境内外金融机构设立自由贸易账户和分账核算单元，并向新设立的自贸试验区推广使用，是做好自贸试验区风险防范和管理的最基本、最重要的措施。

（2）建立与完善完全的信息披露制度

现阶段，人民币的汇兑政策使得央行承担了外汇市场的做市商职责。为了实现利率市场化、汇率市场化，可以在自贸试验区借鉴美联储等的做法，由商业银行承担外汇市场做市商的职责，并建立金融机构向监管部门定期汇报的制度，实行完全的信息披露。信息披露内容可以参考《巴塞尔协议Ⅲ》（《增强银行业抗风险能力》和《流动性风险计量、标准与监测的国际框架》两项文件的习惯称呼），在自贸试验区率先执行，各商业银行统计每日跨境资本流动的标准差，并上报央行，根据跨境资金流动的情况自动调整信息披露的频率。比如，若跨境资本波动平稳并在1个标准差以下，则可以季度或月度向央行申报；若当日跨境资本波动大于1个标准差，则要及时向央行申报；若跨境资本波动大于2个标准差则要每日向央行申报；若波动大于3个标准差则要随时向央行申报，央行启动应急机制，限制甚至暂停跨境资本流动。

（3）建立社会信用评价规则与标准体系，实行信用分级管理

应建立社会信用评价管理体系，建立社会信用评价标准和评价规则，利用大数据、云计算、人工智能等技术，量化社会信用评价标准，建立自贸试验区企业和个人社会信用分数，划分信用等级，对社会信用实施分级管理。应把企业社会信用作为企业享受政府优惠政策和制度便利的重要依据，包括不限于信贷政策、税收优惠、土地租售、上市扶持、人才引进、专利申请、工商登记等系列政策。同时，应把个人社会信用作为个人获取信贷资源、保险、就医、教育等社会生活领域的参考依据。要加强对社会信用的管理，建立主动披露制度和失信人黑名单制度，向社会公布失信人名单，对失信人执行市场禁入、退出制度，并要求失信人定期进行信用整改。对于信用等级较高的企业法人，应鼓励银行开展优质客户名单管理，对于名单上的客户，在自贸试验区开展进出口贸易和对外投资时，应鼓励商业银行简化办理流程，如办理进口贸易境外汇款时，"白名单"客户只需要提交汇款申请书，不需要再额外提供合同发票或报关单。

（4）建立投资贸易一体化监测信息系统

我国可以学习新加坡自贸试验区进出口贸易一体化监管信息平台相关经验，在自贸试验区推广建立涵盖自贸试验区管理机构、行业主管部门和园区企业的一体化监测管理信息系统，对涉及自贸试验区直接投资、进出口贸易、资金流动、自然人流动、大数据跨境流动等风险比较集中的领域进行重点监控，强化海关货物监管、资本流动监管、跨境套利监管、自然人流动监管等，连接具有审批和管理权限的政府机构，进行风险在线化、平台式联合控制管理，提高信息透明度和监管效率。同时，我国还应进一步完善外商的投资审查制度，强化事中事后监管，依据《自由贸易试验区外商投资国家安全审查试行办法》，做好外商投资国家安全审查。

5. 积极对接国家重大区域战略和"一带一路"倡议

作为我国改革开放的"制度试验田"，自贸试验区通过制度创新基本建立了投资自由化、贸易便利化、金融自由化、营商环境国际化的先进制度，具有较强的竞争力，且自贸试验区大多位于地理位置优越、经济基础雄厚、经贸往来频繁的发达区域，对承接国家重大区域战略、对接"一带一路"倡议具有很强的支撑作用。

（1）发挥自贸试验区平台支撑作用，深化区域合作

我国已经设立的 21 个自贸试验区基本覆盖了全部的沿海地区、部分内陆

地区和沿边地区，形成了陆海统筹、内外联动的对外开放格局。各自贸试验区所处地理位置不同，经济基础和发展优势各异，应充分发挥制度创新和地缘优势因地制宜推动差异化发展。上海自贸试验区着重在资本账户开放和金融创新上下功夫，将自贸试验区建设与上海国际金融中心建设、长三角一体化有机结合。以上海、湖北、江苏、重庆、四川、浙江自贸试验区为平台，通过交通运输、产业转移、经济辐射、要素流动加强协同，推动长江经济带建设。广东自贸试验区以制度创新为核心，加强内地与港澳经济的深度融合，推动粤港澳大湾区建设，深入推进粤港澳服务贸易自由化、投融资便利化，探索构建粤港澳金融合作新体制等。天津、河北自贸试验区则重点围绕京津冀协同发展，承接首都产业转移，推动制造业和物流业的开放，天津作为京津冀最大的综合贸易港口，在对外贸易和吸引外资方面发挥动力引擎的作用。辽宁、黑龙江自贸试验区重点推动东北亚区域合作与开放，着重提升东北老工业基地发展的整体竞争力。四川、重庆自贸试验区主要定位于服务西部大开发，加大西部地区门户城市的对外开放力度。福建自贸试验区最大的战略意义在于对台开放，深化两岸经济合作，吸引台资，促进对台贸易。山东自贸试验区重点发展海洋经济和对接中日韩自贸区，打造对外开放新高地。广西、云南重点对接中国－东盟自贸区，探索沿边跨境合作新模式。北京自贸试验区将助力建设具有全球影响力的科技创新中心，湖南自贸试验区将着力打造世界级先进制造业集群，安徽自贸试验区将加快推进科技创新策源地建设、先进制造业和战略性新兴产业集聚发展，形成内陆开放新高地。

（2）发挥自贸试验区重要节点作用，支撑"一带一路"倡议

自贸试验区作为"一带一路"的重要战略支点，通过制度创新可以突破"一带一路"倡议的制度障碍、贸易壁垒和文化隔膜，增进"一带一路"国际经贸合作。"一带一路"沿线国家多为发展中国家和新兴经济体，经济发展水平普遍较低，大多数企业不具备国际竞争力，中国的自贸试验区相对于周边区域具有明显的制度优势和良好的营商环境，可以吸引"一带一路"沿线国家的企业进入自贸试验区开展投资贸易活动，帮助它们获得中国巨大的国内市场机会，同时也为自贸试验区内企业的发展带来了合作机遇。自贸试验区作为新时代对外开放高地，可发挥地缘优势作用，是衔接"一带一路"自由贸易网络的最佳战略支点，对建设"一带一路"自由贸易网络起到重要支撑作用。同时，"一带一路"倡议将各自贸试验区串联成线，形成对外开放的整体合力，可以进一步提升自贸试验区的对外开放水平。

（3）发挥自贸试验区制度创新作用，促进"一带一路"沿线国家制度融通

自贸试验区作为中国改革开放的"制度试验田"，率先建立了以准入前国民待遇和"负面清单"为核心的外商投资管理制度，以贸易便利化为出发点的贸易监管制度，以资本账户开放和金融业对外开放为目标的金融创新制度，以转变政府职能为核心的事中事后监管制度，形成了较高标准的经贸规则体系，将这些制度规则融入"一带一路"制度建设中，与"一带一路"倡议的"政策沟通、贸易畅通、资金融通"有机结合，积极拓展与"一带一路"沿线国家在服务贸易领域的合作空间，通过制度融合增强沿线国家在商贸、金融、文化方面的互联互通，增强彼此的政策透明度，突破制度障碍，加速人才、技术、资本、信息在"一带一路"沿线国家之间的自由流动，在更大范围、更广领域、更深层次实现市场开放和投资贸易的自由化便利化。自贸试验区可以根据自身战略定位以及在"一带一路"沿线的地理位置，探索彰显自身特色的经贸制度。如福建自贸试验区作为21世纪海上丝绸之路核心区，可重点围绕对中国台湾地区的经贸往来特点开展投资、贸易、金融和监管方面的制度创新。河南自贸试验区作为服务于"一带一路"建设的现代综合交通枢纽，可重点探索建设内陆型自由贸易港、加强内陆口岸与沿海、沿边口岸通关合作，以及开展跨境贸易电子商务服务试点。

第三章 中国自贸区对国内区域经济的影响

中国自由贸易试验区是我国为了促进地方经济发展而设立的，与常规的贸易区相比，在自由贸易试验区中开展贸易具有更大的自由度以及便利性。自由贸易试验区作为高度开放的经济区域，对民众生活和区域经济发展都产生了重大影响。为叙述方便，本章将"自由贸易区"和"自由贸易试验区"统一简称为"自贸区"。本章由中国自贸区对国内区域民众生活的影响、中国自贸区对国内区域经济发展的有利影响、中国自贸区给国内区域经济发展带来的冲击及应对措施、中国自贸区与国内区域经济协调发展的有效措施四部分组成，主要包括中国自贸区对民众生活的总体影响、中国自贸区对民众生活的具体影响、区域经济简介、区域经济一体化简介、自贸区对地区经济产生积极影响的理论机制、中国自贸区对国内区域经济发展的影响、全球区域经济进入大变革时期、自贸区为我国服务出口提供了更多机遇、自贸区给我国区域经济带来了冲击和挑战等内容。

第一节 中国自贸区对国内区域民众生活的影响

一、中国自贸区对民众生活的总体影响

在我国，自贸区建立的目的是转变政府职能，加快金融改革，促进贸易服务，扩展外商投资，实现简政放权等。自贸区建设是我国深化国内改革的一次创举。自贸区将会释放一系列改革红利，从购物、买车、看病，到就业、创业、旅游，再到投资理财、岗位培训、休闲娱乐，都将会对民众生活产生诸多利好。

比如，将自贸区转变政府职能、深化"放管服"改革方面的经验复制推广到全国，十分有利于广大人民群众干事创业、享受更加高效优质的政府服务，特别是"互联网＋政务服务"，将大大提高群众到政府部门办事的便利性。自贸区扩大外资准入、吸引集聚更多跨国公司，十分有利于扩大就业、更好地解

决大学生等重点群体的就业问题，也有利于为广大消费者提供更多更好的生产生活服务。

又比如，自贸区推动发展新兴贸易业态、扩大进口、推动贸易自由化便利化，有利于广大消费者以更快的速度、更低的价格享受到更多更好的国外优质产品。自贸试验区加强知识产权保护、推动创新驱动发展，有利于广大消费者享受到更多更好的正版产品和服务。

二、中国自贸区对民众生活的具体影响

如今，"自贸区"这个词对我们来说已不再陌生，自贸区对我们的生活有比较大的影响（图3-1）。

图3-1 自贸区对民众生活的影响

自贸区对民众生活的影响主要表现在以下几个方面。

（一）进口商品更加便宜，且让人放心

自贸区内可以设立进口商品直销店，这有助于引入更多进口商品，消费者的选择将更加丰富，商家的采购和退运也将非常便利。

上海自贸区于2013年12月26日设立了进口商品直销中心，由于进口商品价格比市场便宜10%至30%，受到民众青睐（图3-2）。此外，福建自贸区福州片区的"进口商品展示直销中心"也开始营业，来自泰国、法国、德国等国家的商品价格较普通超市价格平均优惠20%到30%。

相对于从国外"海淘"太慢、从国内超市买太贵、网购又分不清真假，进口商品直销店价格实惠而且比较靠谱，让人放心，这成为众多消费者选择去自贸区购物的主要理由。

（二）平行进口车价格更便宜

平行进口汽车，是指未经品牌厂商授权、贸易商从海外市场购买并引入中国市场进行销售的汽车，也就是俗称的"水货"汽车。目前，上海自贸区已经

开始平行进口汽车试点，上海自贸区平行进口汽车展示交易中心已于 2015 年 2 月 15 日正式开业。

　　由于平行进口汽车打破了 4S 店单一渠道购车的垄断，绕过了总经销商、大区经销商、4S 店等销售环节，消费者将能以更便宜的价格购买到进口汽车，尤其是进口豪车（图 3-2）。据了解，路虎揽胜等车型，在平行进口渠道比 4S 店渠道要便宜近 20 万元。

自贸区允许进口商直接从汽车原产地进口。这样一来，从自贸区购买同款进口汽车，将比传统4S店便宜15%至30%不等

图 3-2　家门口买国际高端货

（三）看病费用有望下降

　　"允许设立外商独资医疗机构"，这是上海自贸区总体方案的亮点之一，而这也有望成为其他自贸区的"标配"。随着更多外资医院的设立，老百姓不出国门就可以体验外资医院的医疗服务（图 3-3）。另外，自贸区内的外资医院可以较低成本引进国外的先进医疗设备，老百姓的看病费用也有望下降。

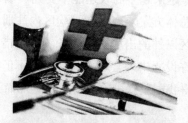

随着自贸区的成立，外资医院的设立将进一步放宽，外资进入医疗服务领域的门槛被大幅降低。由于自贸区的税费优惠，医院引进设备的成本将大大降低，而且，外资医院引进到自贸区的基本都是国际领先的医疗设备，这样国内老百姓花相同的钱，就能得到更好的服务

图 3-3　不出国门体验外资医院的医疗服务

（四）就业机会越来越多

　　按照自贸区的相关规定，可以在自贸区设立中外合资人才中介机构，这不

仅为我国众多企业提供了很多优秀的国外人才，还为我国民众进入国外跨国企业工作提供了更多更好的机会（图3-4）。

由于自贸区致力于营造国际化、法治化、市场化的营商环境，必然会对高层次的人才产生不小的需求，特别是在金融、物流和IT等领域，许多大学毕业生以及专业人才将有机会不出国门，就拿到远超同行业水平的"国际工资"

图3-4 就业：有望拿到"国际工资"

（五）为民众提供了优质的创业环境

自贸区内实施负面清单制度，创业门槛更低，且有很多税收优惠政策，这将会给广大创业者带来难得的机遇。以上海自贸区为例，它为其中的自主创业者提供了非常多的优惠政策，如更加简单的办事流程、进出口优惠政策、金融服务等。与此同时，自贸区中聚集了大量的投资公司、基金公司、证券公司等，这些金融机构将会为具有良好发展前景的创业项目提供强大的资金支持。

（六）为我国居民出国旅游提供了更加便捷的途径

在自贸区落地之后，越来越多的人还能享受到一场说走就走的出国旅行。

根据上海自贸区的总体方案，允许在试验区内注册的符合条件的中外合资旅行社，从事除台湾地区以外的出境旅游业务。这项措施也有望在其他自贸区中被复制。自贸区中允许设立中外合资旅行社，这不但为民众提供了更加丰富的旅游线路，同时还使得我国民众出国旅游变得更加简洁和方便（图3-5）。

外资旅行社入驻自贸区，可享受自贸区的税收优惠，加上外资旅行社可以更便捷地获得出境游方面的资质，并且具有网络、管理、品牌、资金等方面的优势，推出的产品价格会更有优势，老百姓可选择的旅游线路也更多

图3-5 出境旅游更方便

（七）扩宽财产增值渠道

金融制度创新是自贸区的重要内容，随着自贸区内金融开放程度的提升，投资者能享受更好的投资理财服务，财产增值渠道也将扩宽。

根据中国人民银行出台的《关于金融支持中国（上海）自由贸易试验区建设的意见》（银发〔2013〕244号），试验区内居民可设立本外币自由贸易账户开展投融资创新业务。上海自贸区的总体方案提出，允许符合条件的外资金融机构设立外资银行，符合条件的民营资本与外资金融机构共同设立中外合资银行。

可以预期，随着相关配套细则出台，个人就可以通过自由贸易账户投资港股、美股等境外资本市场（图3-6），国内投资者将不会错失诸多投资盛宴。而随着更多外资银行的进入，老百姓将享受到更多的理财选择。

自贸区内，个人可开设自由贸易账户，区内境外个人也可以开设自由贸易账户。只要等相关配套细则出台，个人就可以通过自由贸易账户投资港股、美股等境外资本市场了。老百姓将能够获得更多与国际接轨的理财产品、更多的海外投资机会、更好的投资理财服务

图3-6　投资理财

（八）可以接受国际知名机构的培训

目前，我国服务领域很多高端岗位的人才缺口很大。而自贸区允许设立中外合作经营性教育机构以及培训机构，这就为我国一些亟须进行职业培训以及相关岗位培训的人员提供了非常便利的环境。

（九）休闲娱乐项目将更丰富

随着各种禁令的放开，国外优秀的影视作品、文化演出、游戏设备也将走进自贸区，这将有利于丰富国内的文娱市场。按照上海自贸区的总体方案，允许设立外商独资的娱乐场所，允许设立外商独资演出经纪机构，允许外资企业从事游戏游艺设备的生产和销售。事实上，游戏机解禁已明确将从上海自贸区

推广到全国。这意味着，消费者将欣赏到许多原汁原味的国外娱乐项目和文艺演出，游戏玩家也可以买到微软 XBOX 等游戏机（图 3-7）。以上海自贸区为例，在去年美国倪德伦环球娱乐公司入驻上海自贸区后，韩国知名演出公司等外资演艺公司也纷至沓来。

自贸区允许设立外商独资的娱乐场所，允许设立外商独资演出经纪机构。另外，如果你是个游戏迷，那么恭喜你，按规定，自贸区允许外资企业从事游戏游艺设备的生产和销售。这意味着，国内巨大的游戏娱乐市场正逐步开放，更多的海外游戏产品可以通过正规渠道进入国内千家万户

图 3-7　欣赏国外娱乐项目

（十）可以买境外医疗等保险

在自贸区总体方案中，允许"试点设立外资专业健康医疗保险机构"，这意味着一些外资的疾病保险、医疗保险、失能收入损失保险、护理保险和意外伤害保险有望进入自贸区内。

第二节　中国自贸区对国内区域经济发展的有利影响

一、区域经济简介

（一）区域经济的概念

区域经济也叫"地区经济"，是指分布于各个行政区域的那部分国民经济。它的形成是劳动地域分工的结果。在长期的社会经济活动中，由于历史、地理、政治、经济以及宗教等因素的作用，一些在经济方面联系比较频繁的居民区逐渐形成了各具特色的经济区。

区域经济是国民经济的缩影，具有综合性和区域性的特点。

（二）区域经济的影响因素

区域经济是在一定区域内经济发展的内部因素与外部条件相互作用而产生

的生产综合体。每一个区域的经济发展都受到自然条件、社会经济条件和技术经济政策等因素的制约。水分、热量、光照、土地和灾害频率等自然条件都影响着区域经济的发展，有时还起到十分重要的作用；在一定的生产力发展水平条件下，区域经济的发展程度受投入的资金、技术和劳动等因素的制约；技术经济政策对于特定区域经济的发展也有重大影响。

区域经济是一种综合性的经济发展的地理概念。它反映的是区域性的资源开发和利用的现状及问题，尤其是矿物资源、土地资源、人力资源和生物资源的合理利用程度，主要表现在地区生产力布局的科学性和经济效益上。区域经济的效果，并不单纯反映在经济指标上，还要综合考虑社会总体经济效益和地区性的生态效益。

（三）区域经济的基本要素

在区域经济中，地理因素是其基本要素，一个国家的地理区位、自然资源会对国家的发展、国家经济行为产生重要影响。区域经济学正是研究如何从地理的角度出发，在国际竞争中保护国家的自身利益。人类在地球上的活动受到地理条件的限制。根据地缘经济理论，一个国家在发展本国经济时，总是愿意选择与其临近地区进行合作。

（四）跨国公司在现代区域经济中的积极影响

跨国公司是资本国际化、科学技术革命和国际分工深化的产物，是生产国际化的主要载体，跨国公司具有垄断优势、所有权优势、内部化优势以及对外直接投资选择的区位优势，其分支机构遍及全球，生产、销售、技术和新产品开发等方面形成一体化网络。在区域经济的发展过程中，当代跨国公司具有以下积极的影响：第一，当代跨国公司的发展深化了区域经济一体化。跨国公司开展的跨国经营，加强了国家与国家之间的联系，发展和深化了国与国之间的生产、交换、流通、消费、技术产品开发研究方面的协作关系。第二，跨国公司促进了商品、劳务、资本和其他经济资源在区域范围内的有效流动和合理配置。跨国公司有全球完备的生产体系和销售体系，能够畅通商品、劳务、资本、信息、人才等生产要素或生产成果的流动渠道，使其获得合理有效的配置。近年来，跨国公司对外直接投资和内部贸易大规模增加，能充分说明这一点。第三，跨国公司开拓了区域贸易的新领域，扩大了国际贸易的流通量。

跨国公司国际化经营的一个重要方面就是内部化贸易。在国际贸易中，跨国公司的区域贸易占世界贸易总额的1/3左右。跨国公司的全球经营，促进了区域贸易的发展，繁荣了区域经济。

（五）区域经济学的衡量指标系统

衡量区域经济合理发展应当有一个指标系统，从中国许多地区经济发展情况来看，一般包括以下五个方面：

①考虑整个国家经济发展的总体布局，分析地区经济在国家经济中的地位和作用；

②地区经济发展的速度和规模是否适合当地的情况（包括人力、物力和资金等因素）；

③规划设计的地区经济开发和建设方案能否最合理地利用本地的自然资源和保护环境；

④地区内各生产部门的发展与整个区域经济的发展应当比较协调；

⑤除生产部门外，还要发展能源、交通、电讯、医疗卫生和文化教育等区域性的基础设施，同时注意生产部门与非生产部门之间在发展上要相互适应。

二、区域经济一体化简介

（一）区域经济一体化的概念

区域经济一体化亦称"区域经济集团化"，是指同一地区的两个以上国家逐步让渡部分甚至全部经济主权，采取共同的经济政策并形成排他性的经济集团的过程。区域经济一体化的组织形式按一体化程度由低到高排列，包括优惠贸易安排、自由贸易区、关税同盟、共同市场、经济联盟和完全的经济一体化。目前一体化程度最高的区域经济集团是欧盟。

（二）区域经济一体化的成因

①国际分工深化、经济生活国际化是区域经济一体化形成的经济基础。

②经济发展不平衡、世界经济多极化是区域经济一体化形成的诱因。

③世界经济竞争日益剧烈是区域经济一体化形成的直接原因。

④区域经济一体化是国家干预经济秩序的结果。

（三）区域经济一体化的发展历程

1. 第一次高潮发生在 20 世纪 50 至 60 年代

尽管区域经济一体化的雏形可以追溯到 1921 年成立的比利时和卢森堡经济同盟（1948 年荷兰加入，组成比荷卢同盟）。但是，区域经济一体化真正形成并迅速发展，却是始于第二次世界大战后。第二次世界大战后，世界经济领域发生了一系列重大变化，世界政治经济发展不平衡，大批发展中国家出现，区域经济一体化组织出现第一次发展高潮。

2. 20世纪70年代至80年代初期区域经济一体化发展处于停滞不前的状态

20世纪70年代西方国家经济处于"滞胀"状态，区域经济一体化也一度处于停滞不前的状态。在这一时期，欧洲经济共同体原定的一体化计划并未完全实现，而发展中国家的一体化尝试没有一个取得完全成功。以欧洲经济共同体为例，两次石油危机、布雷顿森林体系崩溃、全球经济衰退、日美贸易摩擦上升等因素使其成员国遭受巨大打击，各成员国纷纷实施非关税壁垒措施进行贸易保护，导致第一阶段关税同盟的效应几乎丧失殆尽，欧共体（全称为"欧洲共同体"）国家经济增长速度急剧下降。

3. 20世纪80年代中期以来区域经济一体化的第二次发展高潮

20世纪80年代中期以来，特别是进入90年代后，世界政治经济形势发生了深刻变化，西方发达国家在抑制通货膨胀、控制失业率方面取得成功，经济的发展推动着区域经济联合，区域经济一体化的趋势明显加强。这次高潮的出现是以1985年欧共体"关于建立内部统一大市场的白皮书"的通过为契机，该"白皮书"规定了1992年统一大市场建设的内容与日程。欧共体的这一突破性进展，产生了强大的示范效应，极大地推动了其他地区经济一体化的建设。

（四）区域经济一体化的发展特点

全球范围内区域经济一体化迅速发展主要依靠三条途径：一是不断深化、升级现有形式；二是扩展现有集团成员；三是缔结新的区域贸易协议或重新启动沉寂多年的区域经济合作谈判。

1. 区域经济一体化覆盖大多数国家和地区

据世界银行统计，全球只有12个岛国和公国没有参与任何区域贸易协议。174个国家和地区至少参加了一个（最多达29个）区域贸易协议，平均每个国家或地区参加了5个。当然，各地区之间的差别很大，发展程度也不相同。世贸组织全体成员同时又是各区域经济组织成员，有的具有多重区域经济一体化组织成员的身份。全世界近150个国家和地区拥有多边贸易体制和区域经济一体化的"双重成员资格"。北方国家签署的区域贸易协议最多，平均每个国家为13个。相当数量的发展中国家已与北方国家签署了双边优惠贸易协议。多数协议发生在东欧、北非和拉美，东亚各国签署的协议少一些，而南亚各国至今尚无与北方国家签署协议的先例。

2. 区域经济一体化内容广泛深入

新一轮的区域协议涵盖的范围大大扩展，不仅包括货物贸易自由化，而且包括服务贸易自由化、农产品贸易自由化、投资自由化、贸易争端解决机制及统一的竞争政策、知识产权保护标准、环境标准、劳工标准，甚至提出要具备共同的民主理念等。比如，北美、欧盟、南南以及其他一些区域一体化协议中，很多都涉及标准、物流、海关合作、服务、知识产权、投资、争端解决机制、劳工权益和竞争政策等条款。

3. 形式与机制灵活多样

一是大多数区域经济集团对成员资格采取开放式态度，以加速扩大。除一些明确由双方构成的区域经济集团之外，一般区域经济集团大都经历了成员由少到多的过程。比如，欧盟历经6次大规模扩大，现已发展至27个成员国。"亚太经济合作组织"成立至今，也经历了4次扩大，现有21个成员及3个观察员。二是合作形式和层次由低级向高级发展。许多国家放弃或基于原有贸易优惠安排而成立自由贸易区或关税同盟，有的从关税同盟发展成为共同市场。比如，1995年1月，南锥体四国（阿根廷、巴西、乌拉圭、巴拉圭）根据1994年签署的"黑金城议定书"的规定，将自由贸易区提升为关税同盟，并正式开始运转，从而成为世界上仅次于欧盟的第二大关税同盟。

4. 跨洲、跨区域经济合作的兴起和发展

20世纪90年代以来，区域经济合作的构成基础发生了较大变化，打破了狭义的地域相邻概念，出现了跨洲、跨洋的区域经济合作组织。比如，日本相继与墨西哥、新加坡签署了自由贸易协议。不同区域经济集团之间也展开了连横合作。南锥体共同市场与其第二大贸易伙伴欧盟开始探讨建立自由贸易区，而北美自由贸易区也有意与南锥体共同市场合作，建立从阿拉斯加到阿根廷的整个美洲范围内的自由贸易区。突尼斯、摩洛哥等地中海国家先后与欧盟谈判建立"欧盟与地中海自由贸易区"，并成为欧盟的伙伴国和联系国。南非则与印度、澳大利亚、马来西亚等国积极筹建"印度洋经济圈"。

（五）区域经济一体化与多边贸易体制的关系

第一，多边贸易体制对区域经济一体化的规范。区域经济一体化是具有合法性的，在多边贸易体制的基础法律文件《关税及贸易总协定》（GATT）中曾明言准许WTO的成员国在一定的区域中建立相应的经济组织。但是，这样的组织并不是完全自由的，在很大程度上受到多边贸易体制的制约。首先，为

了保障其他成员国的利益，在建立经济一体化的贸易区时，多边贸易体制对其建立目的、程序，以及对所受影响的第三国的赔偿等方面都做了非常严格的规定。其次，在经济贸易区建立时，其目的一定是促进成员国之间的贸易往来，不能够出现抵制、歧视非成员国的贸易。

第二，多边贸易体制对区域经济一体化的审查机制。多边贸易体制的核心组织是 WTO。其规范条约的制定也是为了最大限度地保障 WTO 的权益。为避免部分国家或地区借着区域经济一体化的口号做出一些只符合自身利益、制造贸易壁垒的事件出现，在 WTO 牵头下，形成了多方对于区域经济集团的审查机制，而这类机制分为多种类型，目的在于有效起到监督预防作用。

第三，区域经济一体化对多边贸易体制的影响。区域经济一体化对多边贸易体制不仅有着积极的作用，也有着消极的影响。从实际情况来看，一些区域经济体并没有担负起最开始的期望，它虽然合法且得到 WTO 的认可，却不能享受 WTO 成员间的优惠互利政策，自由贸易区的形成势必会影响优惠互利政策的应用区域，压缩最惠成员国政策空间。这些消极的影响所带来的最坏结果是造成贸易保护主义蔓延，形成更大的贸易壁垒。

三、自贸区对地区经济产生积极影响的理论机制

自贸区建立后，自贸区内各种政策的逐步实施，会逐渐削减贸易壁垒，提高贸易自由化与贸易便利化，会对劳动力、投资、消费等影响经济的因素产生影响，进而对地区经济造成影响。在前人研究的基础上，笔者从静态经济效应与动态经济效应两方面进行分析，构建自贸区对经济产生积极影响的理论机制，如图 3-8 所示。

（一）静态经济效应

静态经济效应主要包括自贸区带来的贸易红利与福利效应。贸易红利主要是通过贸易

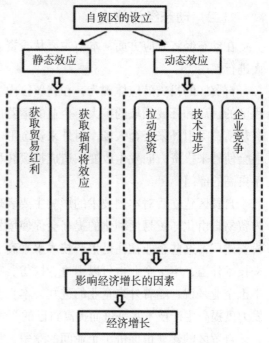

图 3-8 自贸区对经济产生积极影响的理论机制

效应与消除贸易障碍来实现的。贸易效应分为贸易创造效应与贸易转移效应，随着自贸区的建立，自贸区内优惠政策的实施，一方面会吸引企业入驻与投资，导致贸易创造与贸易转移的发生；另一方面会造成地区贸易总量的扩大，促进地区经济增长。

消除贸易障碍主要是指降低关税与降低其他非关税贸易壁垒，从而提高自贸区内的贸易自由度与贸易便利化，降低区内企业生产、流通、销售等多方面的成本，提高企业利润，促进企业的发展壮大，促进贸易发展。具体来说，自贸区通过消除贸易壁垒，一方面会降低企业进口原材料或其他中间品的价格，降低企业成本，获得价格优势，从而促进企业出口，扩大企业的市场份额，最终促进经济发展；另一方面会促进社会资金、技术等的流动，加速生产要素的流动，提高社会贸易的流畅度，为企业发展提供良好的外部条件。

福利效应主要是指自贸区成立以后，关税和非关税壁垒等的减少：一方面会降低企业生产、交易等过程的成本，使得自贸区内进口商品的价格下降；另一方面会使国内企业的生产成本降低，从而导致产品的价格也会降低。这就使得消费者购买相同商品时所需要的支出下降，相当于增加了消费者的收入，增加了消费者剩余。根据经济增长"三架马车"理论，消费的增加自然会促使经济增长。

（二）动态经济效应

在动态经济效应方面，本节主要从投资效应、技术进步、企业竞争三个方面进行叙述。

自贸区的投资效应体现为，在自贸区内，伴随着贸易自由化与贸易便利化程度的提高和开放领域的扩大，企业的运营成本下降，会提高外来投资者的投资热情，吸引外来资金入场，对外来资金形成"虹吸"。同时，自贸区的建立还会使外来投资方向发生改变，造成投资转移，促使外来资金更多地投入利润率更高的部门。

自贸区建立后对本国技术的影响主要表现在以下两个方面。第一，自贸区内贸易自由化与贸易便利化的提高会促使境外有竞争力的企业进入本国市场，投资建厂，这些企业往往是生产技术水平高、劳动生产率高的企业，通常会带来技术外溢，本土企业也可以引进、模仿、吸收外来的先进技术。第二，对于本土企业来说，随着外来企业的进驻，本土企业为了谋求生存必须加大投资研发力度提高生产技术水平进而提高自己的竞争力。

自贸区的建立也促进了企业间的竞争，自贸区建立后使得本国国内市场开放从而吸引了外来企业的投资，而这些外来企业大部分都是资金雄厚、技术先进的企业，本土企业自然会受到冲击。一方面，这会淘汰本国的一些小企业；另一方面，这也会逼迫本土企业采取措施提高生产效率、产品质量、技术水平、服务水平，促进企业的全方面升级，从而增强企业竞争力，本土企业的壮大又会带动本国整体企业质量水平的提高，从而促进本国经济增长。

四、中国自贸区对国内区域经济发展的影响

（一）自贸区的特点和贸易效应

1. 自贸区的特点

自贸区有两个特点：一是该集团内成员相互取消关税或其他贸易限制；二是各成员独立保留自己的对外贸易政策，尤其是关税政策，所以自贸区又称为半关税同盟。

2. 自贸区的贸易效应

英国学者彼特·罗宾逊（Peter Robson）从单一国家和两个国家的角度探讨了自贸区的贸易效应。他通过对自贸区内贸易创造和贸易转移效应的分析，得出自贸区内贸易创造效应大于贸易转移效应的结论，进而得出自贸区的建立增加了其成员国的国民收入，并给成员国带来了福利，有利于成员国出口的推断。

（二）中国自贸区对国内区域经济发展的作用

在我国，每一个自贸试验区的设立，不仅会对其所在行政省份的经济发展产生很大的推动作用，而且更重要的是将对周边省份的经济发展产生促进作用。其实，细读国务院关于设立自贸试验区的各个方案，都体现出这样的战略思路：在自贸试验区实施更加开放自由的投资与贸易政策。主要出发点之一，就是要使自贸试验区带动整个所属经济区域的连片发展。例如，对于天津和河北自贸试验区而言，它们都被赋予了带动整个京津冀地区协同发展的重任。而在这方面，河北自贸试验区还多了一项职能，即通过雄安新区等片区的发展，使得河北自贸试验区能够更加积极承接北京非首都功能疏解和京津科技成果转化。

（三）中国自贸区对我国区域经济改革和发展的有利影响

区域经济一体化与经济全球化，已成为当今世界经济发展的两大趋势。中国加入WTO，有力推动了中国参与经济全球化的进程。自贸区是比WTO程度

更深、进程更快的开放，成员国必须相互取消 90% 以上的关税和非关税壁垒，消除绝大多数服务部门的市场准入限制，实现投资自由化。同时，自贸区又是双向、互利、共赢的开放，而且对象可选、内容可控。因此，发展自贸区为中国在加入 WTO 之后进一步推进对外开放、以开放促改革促发展提供了一个重要切入点。

1. 有利于促进对外贸易持续增长

以"十三五"时期的对外贸易为例，海关统计的计算结果表明，截至 2020 年，我国和已签协定伙伴国（地区）之间的进出口总额占全部对外贸易的比重达 45.8%，比 2015 年提高了 7.3 个百分点；其中出口达 41.7%，扩大了 4.5 个百分点；进口达 50.9%，增加了 10.6 个百分点。按照可比方法计算，在"十三五"时期的 5 年间，我国和自贸协定伙伴之间的进出口贸易累计增长了 32.3%，增速比其他部分贸易加快 2.3 个百分点。

中国 – 东盟自贸协定升级协定自 2016 年正式实施以来，双边贸易累计增长了 61.5%，增速是我国同期外贸平均增速的两倍。其中，我国对东盟出口增长了 54.2%，增速比东盟以外贸易平均增速加快 27.3 个百分点，仅对东盟出口增长一项，就使得我国 2020 年国内出口商品生产比 2015 年净增 4701 亿元，相当于当年 GDP 净增 0.46 个百分点。出口增长为中国企业带来了进入东盟市场的重要机遇和可观收益。2020 年，突如其来的新冠肺炎疫情对全球产业链供应链造成巨大冲击，全球贸易大幅度萎缩，我国和东盟的双边贸易逆势增长，东盟也首次成为我国的最大贸易伙伴，为印证自贸协定在促进可持续和稳定增长中的重要作用提供了成功范例。

2. 有助于加快形成全面开放经济格局

设立一批批自贸试验区，有助于加快形成全面开放经济格局，形成覆盖全国各区域范围和部分沿边地区的布局，有利于推动形成全方位、多层次、多元化的开放合作格局，打造国际合作与竞争新优势。建设自贸区，是新时代中国全面开放的重要抓手。习近平总书记在 2018 年博鳌亚洲论坛上指出："过去 40 年中国经济发展是在开放条件下取得的，未来中国经济实现高质量发展也必须在更加开放条件下进行。"对外开放是我国的基本国策，是我国基于发展需要做出的战略抉择。40 多年来中国经济快速发展，经济规模跃居世界第二位。近年来，中国对世界经济增长的贡献率超过 30%，成功地由低收入国家跨入中等偏上收入国家行列，坚持对外开放在其中发挥了重要作用。

新时代，中国经济转向高质量发展阶段，依然面临发展的重任，全面开放是必然选择。放眼世界，新科技革命和产业变革蓄势待发，有望为世界经济注入新动力；着眼国内，我们正处在转变发展方式、优化经济结构、转换增长动力的攻关期。紧跟世界发展大势，服务国内经济发展，实现高质量发展，更大力度全面开放是题中应有之义。其中，建设自贸区，立足国内，面向世界，是善用国内国外两种资源的重要纽带，更起到以点带面的作用，有利于推动形成全面开放新格局。

3. 有利于周边区域承接自贸区的溢出效应

自贸区在设立过程中会设置很多优惠政策和条件，这必然会吸引周边区域的高端服务业向自贸区汇集。而高端服务业的不断汇集又会倒逼制造业等向外溢出。这就使得自贸区周边的一些区域有了承接并消化自贸区制造业溢出效应的机会，从而可以有效弥补周边区域自身高端服务业流失所带来的产业真空。以上海自贸区对安徽省的"溢出效应"影响为例，据统计，2012年，安徽省有100多亿美元货物从上海口岸报关进出口。同时，上海市也是安徽省最主要的省外资金来源地，沪商在皖投资创业已有万余人，累计投资超过千亿元。上海市自贸区在促进上海向服务型国际城市加快升级的同时，也将抬升上海地区的商务成本，基于降低成本的考虑，上海制造业将向安徽省等周边地区转移。这为安徽省承接新的产业转移带来了良机。而自贸区将吸引众多离岸金融、国际航运、电信、软件外包、云计算等国内外服务业企业集聚，从而必将产生大量的数据处理分析、呼叫等外包需求，这将进一步推动安徽省服务外包产业的发展。而安徽省的区位优势、要素成本、相关领域外包产业基础良好，有一定的承接优势。另外，上海自贸区将享受进口设备和技术的免税优惠，这将有利于安徽省企业引进国际先进技术，从而带动安徽省高端设备的进口，对加快安徽省高端产业发展特别是装备制造业转型升级，起到了积极的推动作用。

4. 有利于发挥区域产业的互补互通作用

我国同一省份不同地市经济发展存在着非常大的不平衡，产业梯次划分也非常明显，这对于区域整体经济发展是非常不利的。在这种形势下，自贸区的设立，使得这些区域的资金、技术、土地、劳动力等资源进行了重新分配，有效地激发了区域经济发展活力，并且随着自贸区发展的不断深化，这些区域的产业链将会进行有序转移以及优化整合，最终形成更加完备的产业链发展新格局。

5. 有利于提升对外开放水平

推进自贸区建设是一个国家主动参与经济全球化、促进制度性规则性开放的重要体现。我国已经签署的自贸协定不仅涉及货物贸易自由化便利化的内容，而且在服务贸易自由化和投资自由化、经济合作等广泛领域也做出了开放承诺，开放的标准和水平在不断提高。

例如，RCEP 协定生效后，区域内 90% 以上的货物贸易将最终实现零关税，这对于促进市场经济体制改革、提升制度性规则性对外开放水平、建设市场化法治化国际化营商环境将产生重要推动作用。

根据海关和财政部税收统计计算，2020 年我国实际关税税率（进口关税／一般贸易）仅为 3.0%，比 2015 年降低 1.5 个百分点。不断增加的自贸区降税，对我国扩大商品市场开放、满足国内生产和消费对国外商品的需要起到了重要作用。根据海关统计并按照可比口径计算，2020 年我国自贸协定框架下进口比2015 年增长 43.3%，高出同期其他类型进口平均增速 12 个百分点，充分显示了自贸区建设对扩大国内进口需求的积极影响。

6. 有利于提升我国与区域成员的经济融合程度

自贸区理论和国际经验早已表明，自贸区成员通过建立制度性合作关系可以明显改善贸易投资环境，提升区域内贸易比重，增强彼此之间的贸易依存度，减少外部市场因素冲击的风险，维护地区经济长期稳定和可持续发展。

从中国和东盟的"10+1"自贸区来看，在升级版协定生效实施后的 2017—2019 年，东盟对华进口占其全部进口的比重由 22.0% 提高到 25.6%；从中国的角度看，对东盟出口由 12.4% 上升到 14.4%。这说明自贸区成员之间的贸易依存度是明显提升的，相互市场开放带来了经济相互融合和贸易依存度上升的积极影响。

7. 有利于加强我国制造业的竞争实力

我国是世界重要的生产制造大国以及出口大国，而自贸伙伴大多是发展中国家，因而我国的工业产品在双边贸易中具有较强的竞争力，贸易顺差不断扩大。工业产品出口规模的扩大以及贸易顺差的增长进一步推动了我国制造业的快速发展，在国际市场需求的刺激以及国际国内竞争的磨砺下，我国制造业不断提高技术水平，增强自身实力，市场竞争力不断增强。

8. 有利于提升区域经济的成长空间

自贸区的设立，会加快区域经济一体化的进程，这使得区域经济的成长空间得到了进一步的提升。以上海自贸区为例，上海自贸区建立了多边贸易体系，实现了多边贸易自由化，这激发了上海与周边地区经济合作的发展潜力，通过贸易创造与贸易转移的方式有助于扩大区域内的相互贸易和相互投资。上海自贸区还帮助区域经济开拓了更多的贸易通道。另外，自贸区的设立还有助于区域经济产业结构的调整与优化，从整体上提升区域经济发展潜力。

9. 有利于应对世界自贸区的发展态势

全球主要有六大自贸区，北美自贸区、欧盟、中国－东盟自贸区、欧盟－墨西哥自贸区、巴拿马自贸区、迪拜自贸区，加勒比自贸区。我国自贸区加入由加勒比自贸区发起的世界自由贸易区联合会，可以积极推动世界自贸区经济的发展，让我国在更大范围内、更高层次上参与经济全球化和区域经济一体化，更好地应对来自新贸易保护主义的挑战。

第三节　中国自贸区给国内区域经济发展带来的冲击及应对措施

一、全球区域经济进入大变革时期

当前，全球区域经济格局进入了大调整大变革时期，具体表现为以下六大特点。

一是签署自贸协定成为全球范围内双边及区域多边合作的主要共识和新的潮流。各国吸取新冠肺炎疫情冲击的深刻教训，出于维护产业链供应链安全稳定的需要，将经济活动布局的区域化作为主要调整方向，各类自贸区的数量仍在快速增加。

二是贸易投资自由化覆盖领域明显扩展，不仅涉及传统的货物贸易和市场准入，而且包括服务贸易和市场规则。成员间承诺的开放水平和标准也普遍提高。

三是全面与进步跨太平洋伙伴关系协定（CPTPP）已经开启吸收新成员进程，这将会进一步提升其作为高水平区域贸易自由化安排的影响力。

四是美国新政府执政后高调推进和所谓战略盟友之间的联手行动，可能会重启美欧之间的跨大西洋贸易与投资伙伴协定（TTIP）谈判、甚至重返跨太平洋伙伴关系协定（TPP）。发达经济体之间的自贸安排，成为这些国家实现规则重构和地缘政治目标的重要工具。

五是新兴经济体和发展中国家推进自贸区建设的力度明显加强。2019 年 6月 30 日，由非盟 54 个成员签署的非洲大陆自贸协定正式生效，其他地区以新兴经济体为主的自贸安排也在不断增加。这些自贸安排的主要目的在于回避贸易投资保护主义的不利影响，提高国际竞争力。

六是东亚区域一体化出现突破性进展，与欧美等其他地区的差距正在缩小。RCEP 协定即将正式生效，中日韩等区域自贸协定谈判也已进入关键阶段，区域经济一体化水平明显提升。

二、自贸区为我国服务出口提供了更多机遇

自贸区建设的不断推进在一定程度上减少了我国与自贸伙伴开展服务贸易的体制性障碍，为我国服务出口提供了更多机遇。主要体现在以下几个方面：

第一，自贸区的建立扩大了我国出口产品的市场份额。在符合原产地要求的原则下，我国与自贸伙伴的绝大多数产品，在进出口时将彼此实行零关税或优惠关税。于是，我国企业作为出口方，将有机会把产品打入自贸伙伴市场，从而扩大我国出口产品的市场份额。

第二，自贸区的建立使我国出口产品的价格竞争力得到了很大的提高。主要体现在自贸协定签订前后征收的关税税率上，签订后的关税税率低于签订前的关税税率，降低了我国企业的出口成本，从而提高了出口产品的价格竞争力。

第三，自贸区的建立为我国出口企业提供了制度上的保障。在自贸协定中，各成员就彼此之间的经济和贸易的发展做出了全面的、系统性的安排，其中，包括提供宽松的市场准入条件，制定适合的贸易救济和争端解决机制等。智利、东盟 10 国等自贸伙伴都已经承认了我国的市场经济地位，这样我国的出口企业就拥有了相对公平的贸易环境。与此同时，自贸区在规避技术壁垒方面也发挥了一定的作用，为我国出口企业提供了制度上的保障。

此外，我国旅游业拥有较大的发展优势，与自贸伙伴更紧密的合作与交流进一步扩大了我国旅游及相关运输、餐饮等领域的服务出口。

三、自贸区给我国区域经济带来了冲击和挑战

随着经济全球化浪潮的不断推进，国际国内形势正在发生新的变化，对中国自贸区建设提出了更高要求，自贸区为我国经济发展带来机遇的同时，也带来了一系列冲击和挑战。中国自贸区建设，外要面对世界经济一体化所带来的美国的高标准挑战，内要面临国内经济体制深度改革和转型的压力。从中国自贸区战略全局考虑，建设高标准的自贸区符合中国长远利益，但面临的阻力也随之增加。我国需建立和完善一整套的管理制度，形成既符合国际惯例又具有中国特色的自贸区发展模式。同时，我国还需进一步加快推进自贸区战略的实施，通过更深层次、更大范围地参与区域经济一体化，进一步提高对外开放水平，

以开放促改革、促发展，为中国全面提升开放型经济水平、构建开放型经济新体制做出新贡献。

自贸区的建成会冲击发展滞后、竞争力较差的产业，同时又会给那些竞争力强的产业带来更大的发展机遇。对于我国而言，如果能利用建立自贸区这一机遇对落后产业进行结构调整、淘汰落后产能，将有利于国内产业的进一步优化。

（一）自贸区可能会对劳动密集型产业造成一定冲击

我国的关税将会进一步降低，这可能会冲击我国那些劳动密集型产业，影响低端产品的出口，造成部分农民工失业。例如，东南亚地区许多国家的劳动力成本远比我国的劳动力成本低，而我国还没有完成产业升级，相当一部分劳动力还得从事那些低端的劳动密集型产业。加入自贸区还会对我国汇率造成影响，许多国家会要求人民币升值，这会影响我国出口产业的发展。当然加入自贸区是适应社会化大生产的必要途径，优势还是多于缺陷的，正如我国加入WTO。

（二）自贸区可能会对我国农业造成一定冲击

由于我国从自贸伙伴农产品进口增速远高于出口，因而呈现出明显的贸易逆差，对我国相同或相似农产品形成较强竞争。东盟国家大多是农业国，是我国农产品逆差主要来源之一，随着自贸区建设的推进，大量农产品进入我国，对我国食糖、木薯等传统产业造成一定冲击，对山竹、荔枝、龙眼、杧果等热带水果种植也形成一定挑战。

（三）自贸区可能会成为套利的竞技场

我国30多年的高新技术产业开发区建设经验说明，自贸区一旦成立，由于市场规则和监管政策的差异，在区内和区外就会形成明显的经济租。在这种人为注入的政策红利刺激下，资本、资源、人才开始迅速流动，区内经济很快会繁荣起来。但这种繁荣的背后，其实只是一种制度催生的套利。这与我们设置自贸区的初衷是相背离的，如果我们安于这种表面的繁荣，自贸区只会成为一个套利的竞技场，而且是短期的，不可持续的。因此，自贸区成立之初要更多地强调制度创新。

（四）自贸区的"虹吸效应"可能会削弱周边区域的经济优势

自贸区在设立之后由于有着税收、产业政策等方面的优势，必然会对周边区域产生相应的"虹吸"效应。仍旧以上海自贸区为例，上海自贸区成立以后，其贸易便利化、金融自由化会使得上海市以及周边区域很多企业更乐意把企业财务中心、运营中心等部门放置其中，以便于享受其中的改革红利。这样，无疑会对相关区域内经济的发展造成一定的削弱作用。另外，与周边区域相比，自贸区的税收、通关便利以及金融自由等优势必然也会吸引大量周边区域的高端服务产业向其中进驻，而这可能会导致周边区域整体经济发展缺乏竞争力，严重的甚至会影响区域经济整体升级的进程。

（五）自贸区建设可能会增加区域经济的恶性竞争问题

虽然自贸区建设能够对地方的经济发展起到引领作用，但是如果不能根据区域经济发展实际情况来进行优化，很有可能造成部分地区区域产业出现重复性建设的问题，最终导致资源浪费以及企业之间的恶性竞争，使区域经济遭受重创。

（六）国际资本可能会通过自贸区影响国内经济

国内自贸区的扩容，是为了推动对外贸易人民币结算，以自贸区的开放金融制度来吸引境外资本投资。这是一把双刃剑。用得好，事半功倍；用得不好，有可能引发经济危机。如何把握开放尺度是关键。自贸区成立后，随着区内资本项目的对外开放，自贸区会很快成为一个大型的离岸金融市场。国际金融市场上的任何风吹草动都会通过自贸区传达到国内，进而冲击我国目前还比较脆弱的金融体系，引起股市动荡。因此，在建设自贸区的同时，我国还要设计一套完善的金融监管政策与措施，以减少自贸区资本项目的对外开放对国内金融市场造成的不利影响，在开放的同时，要做到"风险可控"。

四、自贸区对区域经济发展冲击的应对措施

应对自贸区给区域经济带来的冲击，关键是要根据自贸区的发展定位和重点，积极探索推进区域经济发展的措施，具体可从以下几方面入手。

（一）密切跟踪分析研究自贸区对区域经济发展的影响

依托自贸区建设来促进区域经济发展，首先应该密切跟踪自贸区发展对区域经济发展带来的机遇和挑战，尤其要深入分析自贸区各项制度创新的实施效果，对区域的具体产业和各类平台产生的影响，加强调查研究，提前掌握有关情况，为应对各种风险和挑战做好准备工作。其次，深入分析自贸区的政策创新情况，全面分析自贸区带来的商机，以及区域经济发展面临的挑战，并组织

相关部门以及专家学者论证分析，研究制定符合区域发展的有关产业、金融政策措施。

（二）主动对接融入自贸区

要想利用自贸区来拉动经济增长，就应该积极主动对接融入自贸区。

首先，应该建立并完善驻自贸区的办事机构，建立对接自贸区的直接平台，加强自贸区的招商工作。其次，应该注重积极鼓励优势企业特别是贸易、物流、服务、金融等企业在自贸区设立机构，为区域企业发展提供信息、营销、物流、通关、融资及各项投资贸易便利化服务。最后，应该注重积极地营造自贸区腹地，深入分析区域的产业发展优势，开展定点招商，对接产业转移，争取自贸区设立后溢出的制造业和服务外包项目等落地生根。

（三）完善有关政策机制体系

应该注重不断地提升政策研究高度，创新有利于扩大开放的政策制度体系，在自贸区的带动下促进区域经济增长。首先，应该根据国家"一带一路"倡议以及各地自贸区建设实际，研究制定区域合作战略规划，明确区域经济发展的主要方向和基本遵循。其次，应该针对区域经济发展建立完善统一协调机制，制定长远区域经济合作战略和总体规划，协调地方、部门和企业对产业政策及产业规划进行合理安排。此外，应该注重积极地加强外资准入行政审批的制度改革，不断深化金融领域开放创新，推动服务业等领域扩大开放，为区域经济开发方展提供良好的基础条件。

第四节　中国自贸区与国内区域经济协调发展的有效措施

一、"十四五"时期我国区域经济协调发展的战略与政策

"十三五"时期，在国家区域发展战略和政策的积极推动下，东部地区经济转型升级加快，中西部地区经济增长呈现良好势头，老少边穷地区（革命老区、民族地区、边疆地区、贫困地区的合称）经济获得较快增长，区域之间发展的协调性进一步增强。尽管我国区域协调发展成效显著，但也面临南北经济增长不平衡、区域创新能力差距较大、基本公共服务均等化任重道远、蓝海经济发展缓慢等问题。统筹推进区域协调发展与区域高质量发展，构建更高质量、更

有效率、更加公平、更可持续的区域高质量协调发展新格局，是当前我国区域发展的核心任务。从寻求区域协调发展到追求区域高质量协调发展，不仅体现了区域发展理念的变革，也适应了当今我国区域发展转型的需要。为促进区域高质量协调发展，"十四五"期间，中国应继续以四大板块战略为基础，以重点区域带动战略为骨架，统筹各大区域板块和经济带、区发展，深化完善"4+X"区域发展总体战略，推动形成点线面结合的国家区域发展战略体系；以构建横跨东中西、连接南北方的"三横三纵"国土空间开发主架构，建立以城市群和都市圈为主要载体的增长极网络，以及制定实施国土空间开发负面清单制度为重点，进一步完善国土空间治理体系；加快"C"形沿边开放经济带建设，进一步加大内陆开放力度，全力培育三大海洋经济区，推动形成陆海统筹以及沿海、沿边和内陆三线协调的全域开放格局。在此基础上，我国还应积极帮助东北地区实现脱困振兴，大力培育中西部地区先进制造业基地，制定实施相对贫困地区扶持政策，加快推进现代基础设施一体化。

当前我国区域发展面临两大核心主题，即区域协调发展和区域高质量发展。长期以来，学术界对我国区域协调发展问题进行了多领域、多层次、多视角的大量研究，我国区域发展实践基本上是围绕如何探寻区域协调发展而展开的，虽然这期间也走过一些弯路。总体上看，中华人民共和国成立以来，我国区域经济发展经历了从平衡发展，到向东倾斜的不平衡发展，再到协调发展的重大战略转变，目前已经逐步探索出一条具有中国特色的多元、渐进式的区域协调发展道路，在区域协调发展方面取得了显著成效。党的十九大将区域协调发展战略列为决胜全面建成小康社会、开启全面建设社会主义现代化国家新征程的七大战略之一，并将其写入大会通过的《中国共产党章程（修正案）》中。在党的十九大报告中，虽然包括区域协调发展战略在内的七大战略是在论述"全面建成小康社会决胜期"时提出来的，但这些战略实际上均支撑全面建设社会主义现代化国家的长期战略。在两个阶段目标中，中央明确提出：到2035年，城乡区域发展差距和居民生活水平差距显著缩小，基本公共服务均等化基本实现；到2050年，全体人民共同富裕基本实现。因此，区域协调发展战略将成为我国的一项长期发展战略。

与区域协调发展研究不同，区域高质量发展是近几年才兴起的一个新的核心主题。尽管学术界很早就在使用"高质量发展"这一概念，但中央明确提出高质量发展却是最近几年的事情。2017年10月，习近平总书记在党的十九大报告中明确提出了中国经济"已由高速增长阶段转向高质量发展阶段"的重要判断，并把"更高质量、更有效率、更加公平、更可持续"作为未来发展的目标。

此后，学术界掀起了深入开展高质量发展研究的热潮，有关区域经济高质量发展方面的研究也日渐增多。很明显，区域高质量发展为中国高质量发展提供了多种路径选择，对全国实现高质量发展提供了有力支撑。全国实现高质量发展必然要求每一个区域都能够实现高质量发展。我国各区域之间的自然条件、经济发展基础显著不同，决定了各区域实现高质量发展的方式和路径也不尽相同。多样化、高质量的区域经济格局为我国实现高质量发展提供了多种模式、多种路径和多条道路选择，可以避免由于过度依赖单一发展路径而面临转型失败的风险。特别是，低质量发展引发的问题最终会凸显为发展的不平衡和不充分，表现在区域方面就是东部沿海地区与其他地区发展差距较大。

促进区域协调发展并加快形成高质量发展的区域经济布局，是推动高质量发展的需要，也是构建现代化经济体系的需要，更是构建以国内大循环为主体、国内国际双循环（图 3-9）相互促进的新发展格局的需要。

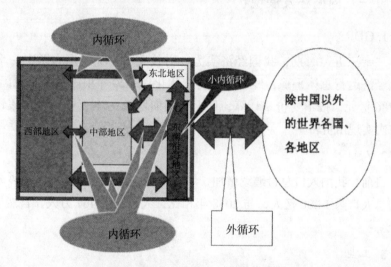

图 3-9　国内国际双循环示意图

2020 年 4 月 10 日，在中央财经委员会第七次会议上，习近平总书记强调要"构建以国内大循环为主体、国内国际双循环相互促进的新发展格局"。2020 年 5 月下旬"两会"期间，习近平总书记再次强调，要"逐步形成以国内大循环为主体、国内国际双循环相互促进的新发展格局"。2020 年 10 月 29 日，党的十九届五中全会通过的《中共中央关于制定国民经济和社会发展第十四个五年规划和二〇三五年远景目标的建议》，将"加快构建以国内大循环为主体、国内国际双循环相互促进的新发展格局"纳入其中。构建基于"双循环"的新发展格局是党中央在国内外环境发生显著变化大背景下，推动我国开放型经济向更高层次发展的重大战略部署。2021 年 3 月 11 日，第十三届全国人民代表大会第四次会议通过的《中华人民共和国国民经济和社会发展第十四个五年规划和 2035 年远景目标纲要》提出，加快构建以国内大循环为主体、国内国际双循环相互促进的新发展格局。

未来一个时期，区域协调发展需要更加注重量的合理增长和质的稳步提升。在坚持四大板块区域总体战略的同时，京津冀协同发展、长三角一体化建设和粤港澳大湾区建设等重大区域发展战略则会更加注重培育形成发展动力，长江和黄河两大流域更加强调生态保护，为全国可持续发展提供保障。如何处理"发展好"和"保护好"的关系，将是未来区域协调发展的一条重要主线。

二、国内国际双循环发展现状

（一）内循环发展现状

1. GDP

"十三五"时期，我国经济实力、科技实力、综合国力跃上一个新的台阶，经济运行总体平稳，经济结构持续优化。2020 年前三季度，我国 GDP 为 722786 亿元，按不变价格计算，比上年同期增长 0.7%，前三季度累计增速年内首次实现由负转正。

2. 人口

目前，我国人口总量继续增加，增速放缓。统计数据显示，2019 年末全国大陆总人口为 14.00 亿人，与 2018 年相比，人口净增 467 万人，自然增长率为 3.34%。

3. 工业

2019 年全年全部工业增加值 31.71 万亿元，比上年增长 5.7%。规模以上工业增加值增长 5.7%。2020 年前三季度，全国规模以上工业增加值同比增长 1.2%，累计增速实现由负转正，工业生产基本回归正轨。

4. 投资

2019 年全年全社会固定资产投资 560874 亿元，比上年增长 5.1%。其中，固定资产投资（不含农户）551478 亿元，增长 5.4%。据最新数据显示，2020 年 1—11 月份，全国固定资产投资（不含农户）同比增长 2.6%，增速比 1—10 月份加快 0.8 个百分点，月份环比增长 2.8%。

（二）外循环发展现状

1. 进出口

2020 年前 11 个月，我国货物贸易进出口总值 29.04 万亿元人民币，比去年同期（下同）增长 1.8%。其中，出口 16.13 万亿元，增长 3.7%；进口 12.91 万亿元，下降 0.5%；贸易顺差 3.22 万亿元，增加 24.6%。

2. 对外关系

2020 年 11 月 15 日，《区域全面经济伙伴关系协定》（RCEP）正式签署。RCEP 是由东盟 10 国发起，邀请中国、日本、韩国、澳大利亚、新西兰、印度共同参加，通过削减关税及非关税壁垒，建立统一市场的自由贸易协定。

RCEP 的主要成就体现在以下四个方面：规定参与国之间 90% 的货物贸易将实现零关税，中日首次达成双边关税减让安排；实施统一的原产地规则，允许在整个 RCEP 范围内计算产品增加值；拓宽了对服务贸易和跨国投资的准入；增加了电子商务便利化的新规则。

3. 吸引外资

2019 年前 11 个月，我国吸引 1 亿美元以上外资大项目 722 个。虽然国际引资竞争日益激烈，但中国吸引外资仍具有综合竞争优势。未来我国吸引外商投资将呈现新特点，首次出现大中小型投资项目一起发力、服务业或制造业吸引外资并驾齐驱、东中西三个地区齐头并进的局面。

4. 对外投资

"一带一路"是"丝绸之路经济带"和"21 世纪海上丝绸之路"的简称。2013 年秋天，中华人民共和国主席习近平提出共建"一带一路"的合作倡议，该倡议旨在借用古代丝绸之路的历史符号，高举和平发展的旗帜，积极发展与沿线国家的经济合作伙伴关系，共同打造政治互信、经济融合、文化包容的利益共同体、命运共同体和责任共同体。2019 年我国企业在"一带一路"沿线对 56 个国家非金融类直接投资 150.4 亿美元，同比下降 3.8%，占同期总额的 13.6%。

三、自贸区与区域经济在我国"双循环"发展格局中的联系

（一）促进区域协调发展是"双循环"发展格局的重要任务

我国是一个拥有 14 亿人口的发展中大国，区域发展差距较大。充分发挥

各地区优势，全力挖掘和释放其增长潜力，不断加快产业转型升级，多途径扩大投资和消费，促进区域协调发展、共同繁荣，对于加快构建以国内大循环为主体、国内国际双循环相互促进的新发展格局具有十分重要的战略意义。国内经济循环是由各具特色、合理分工的不同区域经济循环有机构成的整体。区域经济循环既是国内经济循环的重要组成部分，也是国际经济循环的重要支撑。畅通区域经济循环，促进区域协调发展，是构建新发展格局的重要任务之一。

（二）自贸区是促进"双循环"的重要载体

"十四五"时期是我国新发展格局建设的重要时期，自贸区将成为联通国内国际双循环的重要纽带和载体。因此，我们需要在统筹国内国际两个大局基础上，进一步明确自贸区提升战略实施的路径和阶段性目标。

一是将尽快完成中韩自贸协定第二阶段谈判和中日韩自贸协定谈判作为提升战略实施工作的优先目标，力争实现以双边促区域多边的"牵引"效应，在更高水平的自贸区谈判领域取得新突破。

二是在加强双边战略性对话和协商的基础上，研究启动中欧、中英、中美双边自贸区谈判的可能性，以主动实行高水平开放的积极姿态，深化我国与世界主要大国（经济体）之间的双边制度性合作。

三是积极创造条件，大力推动"一带一路"沿线国家之间的自贸区建设，通过机制化合作提升共建"一带一路"合作成效；加强和南美洲、中东欧、中亚、非洲地区国家之间的自贸合作，做好建立广覆盖自贸区网络的基础性工作。

四是紧密跟踪 CPTPP 扩围行动的可能变化，组织力量对加入 CPTPP 谈判的可能性、时机选择和谈判策略等问题开展深入研究，并结合我国对外开放总体布局的阶段性目标提出预案。

四、在"双循环"发展格局背景下促进区域经济协调发展的有效路径

（一）打破分割，强化区域分工和合作

目前，我国已经形成由四大板块战略、区域重大战略、主体功能区战略等构成的区域发展战略体系。在新发展格局下，我国需要根据形势变化加强区域发展战略的统筹，明确各区域的功能定位和发展导向，并采取有效措施促进区域合理分工和协调发展。

从四大板块战略看，东部地区应着力提升国际竞争力、全球影响力和可持

续发展能力，既要在畅通国际经济循环中发挥核心支撑作用，又要不断增强参与国内大循环的能力，充分发挥其示范、引领和带动作用；中西部地区要依托国内大市场，充分挖掘投资和消费潜力，着力加快产业转型升级和现代化经济体系建设，构建高水平全方位开放新格局，在国内国际双循环中发挥更加重要的作用；东北地区要把经济脱困与转型升级和体制再造结合起来，通过环境重塑、结构转型和体制再造，在全面振兴全方位振兴中提升参与国内国际双循环的水平和能力。

从区域重大战略看，要深入推进京津冀协同发展、长江经济带发展、粤港澳大湾区建设、长三角一体化发展以及黄河流域生态保护和高质量发展，落实国家规划和相关政策，打造创新平台和新增长极，使之成为连接国内国际双循环的战略枢纽和战略纽带。

从主体功能区战略看，要根据城市化地区、农产品主产区、生态功能区的功能定位和发展导向，优化重大基础设施、重大生产力和公共资源布局，促进人口、要素合理流动，引导产业高效集聚，推动形成主体功能明显、优势互补、高质量发展的国土空间开发保护新格局。

要想以国内大循环为主体，推动形成强大的统一国内市场，就必须打破地区分割，消除各种阻碍地区间要素流动的因素，畅通区域经济循环，强化区域分工与合作。一是畅通东中西部之间的经济循环。由于资源禀赋差异，东中西部之间的产业链和供应链是相互依赖和紧密联系的，东部地区加工制造业的发展有赖于中西部市场和资源能源、原材料等相关产业的支撑，而中西部产业发展也需要东部市场以及资金、人才和技术支持。因此，畅通东中西部之间的经济循环，需要采取"人口东流、产业西进"的策略，促进在东部稳定就业的农民工就地实现城镇化和市民化，推动沿海企业有序向中西部地区转移，鼓励东部发达地区与中西部欠发达地区共建产业园区，发展"飞地经济"，实现产业布局、就业岗位与人口分布相匹配。二是畅通南北方之间的经济循环。要充分利用北方资源优势和南方尤其是东南部的资金和产业优势，推动南北方开展多层次、多类型、多形式的经济技术合作，尤其要推动东北、西北与珠三角、长三角之间的合作。三是进一步调整优化对口支援政策。要根据国家战略目标的转移和区域情况的变化，逐步调整对口支援对象，优化对口支援政策体系，把对口支援的重点转向欠发达地区乡村振兴和加快推进现代化上来。

（二）完善政策，支持特殊类型地区发展

支持"老少边穷"等特殊类型地区加快发展，促进各地区共同繁荣，这是

中国特色社会主义的本质要求。"十四五"规划提出，支持特殊类型地区发展。在新发展格局下，政府要进一步加大财政转移支付力度，支持欠发达地区和老少边地区加快发展，帮助困难地区尽快摆脱困境，并完善粮食主产区利益补偿机制和重点生态功能区生态补偿政策，全方位促进区域协调发展。

一是加大对欠发达地区的扶持力度。目前，脱贫攻坚任务已经完成，全国832个贫困县全部脱贫摘帽，解决了区域性整体贫困。在新发展阶段，仍将会存在一些欠发达地区需要政府和社会给予更多的关注。当前，国家可以考虑根据低收入人口集聚以及地区发展能力和水平等因素，精准识别和划定欠发达地区。根据以往的经验，宜以县级行政区为基本单元，综合考虑低收入人口规模和比重、基本公共服务水平、居民人均收入、人均财政收入和财政收支缺口等指标，将全国排名靠后的一定比例区域纳入欠发达地区范畴，并在综合评估的基础上以5年为期进行动态调整。对于这些欠发达地区，国家在投入和政策上要加大扶持力度。

二是支持老少边地区加快发展。改革开放以来，我国对老少边地区实施了一系列扶持和促进政策，帮助其加快经济社会发展步伐。在国家政策支持下，老少边地区经济社会近年来获得了快速发展。2016—2019年，民族8省区（内蒙古自治区、宁夏回族自治区、新疆维吾尔自治区、西藏自治区和广西壮族自治区及少数民族分布集中的贵州、云南和青海三省）地区生产总值年均实际增长7.4%，比各地区平均增速快0.4个百分点。在新发展阶段，一方面要继续支持革命老区、民族地区加快发展，着力改善基础设施和公共服务，不断增强其内生发展能力；另一方面要进一步加强边疆地区建设，大力推进兴边富民、稳边固边，促进边疆经济繁荣和社会稳定。对于属于"老少边"的欠发达地区，国家在投资和政策上要给予优先支持，实行适度倾斜。

三是完善其他特殊类型地区政策。除了欠发达地区和老少边地区外，还有一些在发展中面临各种困难的其他特殊类型地区，包括资源枯竭城市、处于衰退中的老工业基地和受灾严重地区。对于这些面临困难的地区，要在确定划分标准并开展科学评估的基础上，对符合条件的困难地区要及时给予援助，帮助它们尽快摆脱困境。同时，对于粮食主产区和重点生态功能区，因其主体功能是保障粮食等重要农产品供应和提供生态产品，确保国家粮食安全和生态安全，要进一步完善粮食主产区利益补偿机制和重点生态功能区生态补偿政策，采取多元化途径加大对两类地区的补偿力度，促进主产区和林区农民收入持续稳定增长。

五、我国各主要经济带协调发展的有效措施

自贸区将成为我国经济向更高阶段发展的试验田，并有助于协调区域经济发展。自贸区的发展与区域经济的协同发展不谋而合。不仅如此，自贸区的建设也对中国整体经济起了撬动作用，特别是在区域经济结构的调整与提升方面。

（一）长三角区域借力上海自贸区发展的有效措施

1. 加速政府制度改革

上海自贸区为促进长三角的经济发展提供了源源不断的动力。在上海自贸区发展的带动下，长三角地区的各个城市紧随自贸区发展的步伐，积极改变政府部门的职能，从管理者逐渐过渡至市场服务者。长三角地区在我国沿海区域始终都是对外开放的，在招商引资方面有着较强的地理位置优势，并且依靠此地理优势在积极发展开放型经济中处于有利的地位。长三角地区的所有城市需更进一步地探讨上海自贸区在投资自由化、贸易自由化以及金融自由化等层面所产生的重要影响，深度剖析其在税收、法律调整层面所采取的措施，并应在制度变革，特别是在行政管理体制改革层面做好全面对接的预备工作，增强长三角城市与上海的交流与合作。

2. 更新政府管理理念

上海自贸区的建设代表着我国新一轮改革的方向，注重管理政策创新。我国其他地区尤其是周边长三角地区的政府应更新管理理念，密切关注自贸区政策动向，深刻领会中央政府的政策精神，把握改革趋势，并根据本地经济发展实际情况相应地推动管理体制机制创新，做好上海自贸区的辐射承接工作，打破目前面临的经济发展瓶颈，促进本地经济长期稳定协调发展。

例如，可以树立使用"负面清单"式的管理理念和方法，简政放权，创造更多的市场活力。

3. 积极应对各种联动效应

长三角地区的企业要积极利用上海自贸区带来的溢出效应，特别是长三角地区的进出口公司，要利用上海自贸区自由的交易环境、有利的贸易政策，积极展开各种进出口贸易。同时也要注意上海自贸区带来的虹吸效应，由于上海自贸区对资本、人员等要素的虹吸会对浙江企业造成不小的困扰，特别是人员，可能会有一部分技术人员或者人才由于上海自贸区内更好的工资福利转而跳槽

进入上海自贸区内的企业。这时企业要做好企业员工福利方面的工作，同时也要注重企业文化的培养，让员工对企业有归属感，认同这个公司，从根源上留住员工。

4.坚持错位发展策略

随着上海自贸区的建设发展，长三角地区经济体要认清自己的区域定位，坚持错位发展策略，合理协调区域分工。在金融服务方面，苏南、浙江地区完全可以倚仗自身制造业产业发达、金融生态环境优良等优势，率先错位打造次区域金融中心，分流上海自贸区的资本外溢。在货物贸易方面，周边地区要充分利用上海自贸区改革后的通关便利化措施，一方面稳定出口，另一方面有针对性地扩大进口本区域产业升级所需要的先进设备和先进技术，推进本地制造业可持续发展和产业结构优化。在特殊监管区建设方面，浙江应做好舟山自由贸易港区建设，着力于为上海自贸区功能配套。

5.促进产业转型

长三角需要积极对接上海自贸区的产业迁移，上海自贸区的建设会溢出一系列的现代服务业与高技术含量的现代化制造业，针对上述产业长三角地区需做到主动对接。从制造业角度来看，长三角地区有着得天独厚的区位优势，可以借此加强长三角地区对溢出产业的承接效率，涵盖新能源、新材料、石化产业以及先进装备制造业等，并且还需提升长三角地区的服务、配套能力。从服务业角度来看，需大力发展物流产业，将其当作服务业发展的主体。第一，在上海自贸区中必然会开设非常多的高端企业，比如高新技术企业、全球500强等，长三角城市需尽可能筹建相关企业的配送中心。第二，需促进长三角地区企业与上海大型物流公司间的协作，对于物流园区的建设需统一筹划，积极引入现代化的物流企业。

6.参与上海自贸区建设

长三角地区一些国际化程度高、创新要求高、需要更快市场反应的企业，如外贸业、金融业、战略性新兴行业，可以考虑结合自身的发展需求，进驻上海自贸区，或在自贸区设立分公司，直接享受自贸区政策带来的便利和优惠。例如，浙江民营经济发达，民间资本实力雄厚，可以利用自贸区内允许外资、民资设立金融机构的政策，把产业运作和金融运作相结合，实现产融结合。为此，政府要加强引导，组织相关培训，解读上海自贸区改革政策，向相关企业提供最新政策信息，鼓励部分企业适时进驻区内参与自贸区的建设。

7. 探索本地自贸区建设

随着上海自贸区建设的开展和政策的完善，自贸区的建设可能会进一步推开。为此，长三角地区应探索建设具有本地特色的自贸试验区。一方面，要进一步强化对自贸区的认识，加强研究，尽快拿出切实可行的方案进行比对和启动，确保有充足的人员、经费和条件推进自贸区建设。另一方面要加强组织领导，由本地的海关特殊监管区域联席会议负责推进当地的自贸区建设。针对各自开放型经济发展的特点，积极对接上海自贸区的"政策篮子"，寻找适合的政策组合，争取建设具有本地特色的自贸区。

8. 继续发挥好龙头作用

一方面，上海要以高水平制度创新辐射引领和推动自贸区协同联动发展，充分发挥浦东高水平改革开放的引领带动作用、临港新片区的试验田作用。另一方面，持续放大中国国际进口博览会的溢出带动效应和虹桥国际开放枢纽功能，打造联动长三角、服务全国、辐射亚太的进出口商品集散地，全方位发挥对长三角腹地的辐射带动作用，带动其他3个自贸区能级提升，更好地服务构建陆海内外联动、东西双向互济的对外开放总体布局。

（二）珠三角区域借力广东自贸区发展的有效措施

1. 政府应制定适应的管理制度

政策选择是发展的向导。广东自贸区的建设代表着我国新一轮外贸改革的动向，以注重创新管理政策为特色。珠三角及周边区域要想不脱离整体，政策选择就需走在前沿，要审时度势，关注自贸区内的政策动向，继而制定出适应的管理制度，破除经济发展瓶颈，促进本地经济健康良好发展。珠三角地区可借鉴广东自贸区的先进政策，比如税收政策。优惠的税收政策会多方面影响企业发展方向，因此，珠三角需根据本地产业特点，在优惠税收政策的引力下，吸引外贸企业入驻，使自贸区短期内形成的"虹吸现象"尽可能减弱。另外，对于自贸区内的运行良好的外汇政策，可考虑直接借用，譬如取消进出口核销制度、建立服务贸易非现场检测体系和建立贸易项下外汇资金非现场检测体系等。

2. 政府应做好引导和服务工作

政府应对企业做好引导和服务工作，具体如下：

第一，对于深受自贸区影响的外贸企业，政府部门可针对性地展开相关政策的指导工作，把政策落实到自贸区建设的每一步进程中，使外贸企业能在贸易全球化的浪潮中有明确的定位和目标。第二，对珠三角及周边重点进出口企业给予进出口通关方面的指导服务，使其能在广东自贸区平台的基础上，达到贸易便利化的总体目标。

3. 吸引新兴行业参与广东自贸区建设

近年来，一大批的新兴行业方兴未艾，如金融业、高新产业等战略性新兴行业，它们具有高国际化程度、高要求创新和高市场反应灵敏度的特点。对此，各企业可结合自身的发展条件，进驻广东自贸区，或设立分企业，直接享受自贸区的优惠政策。例如，资金雄厚的民营企业可利用自贸区内权限放开的政策，把产业运作和金融运作相结合，实现产融结合。

4. 认准自身优势，积极对接自贸区建设

随着广东自贸区建设的一步步深入，珠三角地区贸易经济的发展必然也会受到影响，因此，紧密对接自贸区的建设发展尤为重要。珠三角地区凭其地理位置优势，需在认准自身优势的前提下，绘制切实可行的方案，探索对接自贸区建设的途径。

（三）以自贸区建设为契机推动京津冀区域协同发展的有效措施

随着京津冀协同发展战略的实施，京津冀区域经济实力明显提升。但是，与长三角、珠三角区域相比，京津冀区域在产业发展中还存在一定的差距。京津冀区域经济增长还不够快，新的增长极不明显；京津冀三地产业结构差异明显，未形成真正有效的合作；京津冀三地产业链尚未真正形成，产业协同度不高。

如今，自贸区让京津冀发展再迎新机遇。因此，京津冀三地应以自贸区制度创新为抓手，打破京津冀区域间协同障碍，具体措施如下：

一方面，在利用自贸区推动京津冀协同发展的同时，要发挥好北京自贸区和河北自贸区大型机场片区的载体和纽带作用，高起点、高标准构建好京津冀协同发展的高水平开放平台，建成河北和北京共商共建共享创新实验田。

另一方面，通过北京和河北共商、共建、共治、共享机制，出台一批有利于促进跨行政区协同发展的新机制，逐步实现政策谋划一体化、推进机制一体化、立法保障一体化，满足可复制可推广的基本要求。

在自贸区之间的协同上，要通过共建信息化管理平台，通过大数据来实现安全和便利的有机统一，实现人才资源信息共享，使其成为各自贸区间协作的重要平台，以此实现京津冀三地协同与发展。

　　北京自贸区总体方案中指出，要将自贸区打造为京津冀产业合作的新平台，创新跨区域产业合作，探索建立总部生产基地，园区共建、整体搬迁等多元化产业对接合作模式，鼓励北京、天津、河北自贸区抱团参与"一带一路"建设。京津冀三地要利用各自贸区产业优势，共同打造制造业产业链，探索京津冀三地产业协同的新模式。

第四章 中国自贸区对国内区域经济影响的实证分析

中国（上海）自由贸易试验区自 2013 年 9 月成立以来，受到了社会的热烈关注和广泛好评。在此之后，我国相继设立了多个自由贸易区，截至 2020 年 9 月，我国共设立 21 个自由贸易试验区，这标志着我国"1+3+7+1+6+3"的自贸区新格局已经初步形成。在这种形势下，探究自由贸易区对区域经济发展的作用具有非常重要的意义。本章为叙述方便，将"自由贸易区"和"自由贸易试验区"统一简称为"自贸区"本章由中国自贸区对中西部地区经济的影响、中国自贸区对长三角地区经济的影响、河南自贸区建设对区域经济的影响、天津自贸区建设对区域经济的影响、广东自贸区建设对区域经济的影响五部分组成，主要包括中西部地区经济发展现状、中西部地区自贸区建设现状、自贸区对中西部地区经济发展的作用和影响、我国未来推动中西部地区发展的举措、长三角地区经济概况、长三角地区经济发展取得的成就、自贸区对长三角地区产业转型的影响等内容。

第一节 中国自贸区对中西部地区经济的影响

一、中西部地区经济发展现状

改革开放以来，我国的经济发展取得了巨大成就，但区域间的发展差距愈来愈明显。改革开放初期，东南沿海地区依其独特的区位优势条件，迅速发展成为中国的经济高地，而广大中西部内陆地区则发展相对缓慢。

"中原定，天下安"，中部地区包括湖北、湖南、河南、安徽、江西、山西六个相邻省份，它地处中国内陆腹地，起着承东启西、接南进北、吸引四面、辐射八方的作用。

中部地区呈现持续崛起态势。"十三五"时期,在中国经济增速放缓的背景下,中部地区凭借自身区位、政策等优势,年均经济增速显著高于其他三大区域(东部地区、西部地区、东北地区),与东部地区经济发展水平差距持续缩小。2016—2019年,中部地区人均地区生产总值(GRP)年均实际增速达到7.8%,除2016年外,中部地区的经济增速在四大区域中均最高,呈现出持续崛起的态势。2015—2018年,中部地区人均GRP相对水平由76.4%提升到80.5%,中部与东部地区之间的发展差距也在不断缩小。

西部地区特指陕西、甘肃、宁夏、青海、新疆、四川、重庆、云南、贵州、西藏、广西、内蒙古这12个省、自治区和直辖市。

1999年11月召开的中央经济工作会议首次部署实施西部大开发战略。

西部大开发战略实施以来,我国区域间的发展差距有了一定程度的缩小。根据国家统计局发布的数据计算,21世纪初,东、中、东北、西四大板块GDP总量占全国GDP总量的份额分别是53.44%、19.15%、9.9%和17.51%,2019年相应数值变为51.87%、22.20%、5.10%和20.82%,中西部地区所占的经济份额有所提升,东部与东北地区的份额下降,但总体上的区域发展差异仍比较悬殊。

除了板块间存在明显的发展差距外,板块内部的发展差距也逐渐浮现,区域内部差距在西部地区表现得尤为明显,《中共中央 国务院关于新时代推进西部大开发形成新格局的指导意见》明确指出"西部地区发展的不平衡与不充分依然突出"。自2000年以来,西南地区与西北地区间的发展差距不断扩大。2000年西南地区和西北地区间的GDP总量差距为4639.89亿元,2019年扩大为39249.6亿元,年均增长11.9%。

图4-1展示了2001—2019年西部地区南北经济发展趋势对比,在2009年以前,西北地区经济增长率始终高于西南地区,而2009—2011年西南地区与西北地区经济增长率差距并不明显。但自2011年开始,西南地区的增长率开始明显高于西北地区的增长率并持续至2019年。根据增长率的对比可以初步判断,西南和西北地区的分化起始点应在2009—2011年。就经济总量而言,两者之间的差值在2010年之前呈现出相对平稳的变动趋势,西南地区与西北地区的经济总量走势也基本平行,但在2010年之后,两地区的经济总量差值逐渐增大,经济总量走势也呈现出明显的区别,西南地区保持高速增长的态势,而西北地区的经济增长则趋于平缓。我们结合增长率和经济总量的对比分析,可以初步确定西部地区南北经济分化起始点在2010年。

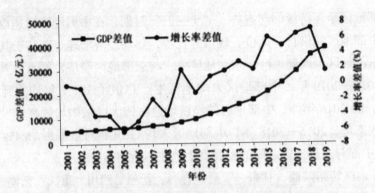

图 4-1　2001—2019 年西南与西北地区经济发展趋势对比

近年来，以云南和贵州为代表的西南省份多次夺得地区经济总值增速榜的榜首，增速大幅领先一众沿海传统经济强省。尤其是，随着国家层面对西南地区在基础建设、工业投资等方面支持力度的加大，这些地区的基础设施建设和经济增长令人惊讶。像云南省已经连续多年占据我国公路水路投资的首位；贵州更是我国落后地区首个县县通高速的省份。西南地区已成为中国经济增长的新高地。西南地区在成渝、贵州等地区引领下，经济增长势头良好，成为新常态下经济快速增长的重要区域。2016—2019 年，西南地区 GRP 年均实际增长 8.1%，比全国各地区平均实际增速高 1.1 个百分点。西南地区 GRP 占全国各地区总额的比重呈现不断增加的趋势，由 2010 年的 10.8% 增加至 2015 年的 12.1%，2019 年又提高到 13.5%，显著缩小了与东部地区的发展差距。

在 2019 年四大区域经济增长中，西部地区 GDP 增长最快，超过全国平均水平，东部、中部经济增长乏力，东北地区经济有所起色。东部地区投入产出效率最高，中部地区次之，西部地区相对效率差一些，东北地区整体偏低。

二、中西部地区自贸区建设现状

我国中西部地区的自贸区都选择设立在经济基础较好的地区，这就为自贸区的发展提供了坚实的经济保障，同时政府出台各项政策也为自贸区的发展提供了充足的政策支持。

自 2013 年上海自贸区成立至今，我国已形成了以"1+3+7+1+6+3"为骨架的自贸区新格局，呈现出东中西协调、海陆统筹的态势。中西部地区的自贸区包括陕西、四川、重庆、湖北、河南、海南、广西、河北、云南、黑龙江、湖南、安徽 12 个自贸区。各个自贸区的建设都凸显了自身的区位优势与产业优势。

（一）区位优势

当前，我国区域经济发展很不均衡，其中东部沿海尤其是东南沿海省份经济发展好、总量大，而中西部内陆省份长期经济发展落后。国家为了促进中西部经济发展先后出台了"西部大开发""中部崛起""振兴东北老工业基地"等许多发展政策。中西部 12 个自贸区都选择了在地理位置上具有代表性的省份，这样可以发挥带动所在省份及周边地区经济发展的作用。我国前后六批自贸区的设立体现了由经济发达地区向欠发达地区过渡的趋势，如今我国的自贸区已经基本覆盖全国，全国范围内的自贸区建设为我国全面提高开放水平，实现全方位开放提供了有效支撑。

我国各个自贸区的总面积一般在 120 平方公里左右，大多数自贸区由三个片区组成，但是在单个自贸区内部片区的分布上则考虑了其对省内地区的辐射影响，内部片区面积差异较大，基本呈现"一大两小"的分布特点。一般在省会城市分布的面积较大，如湖北自贸区、河南自贸区，四川自贸区与陕西自贸区的省会分布有两个片区。

同时各自贸区片区的选址具有省会城市分布与口岸城市分布相结合的特点，一方面，省会作为一个省份经济社会发展水平最高的地区可以为自贸区建设提供良好的外部保障。另一方面，口岸城市作为地区与外交流的窗口，在此设立自贸区对于深化改革开放，提高对外开放水平起着事半功倍的效果。自贸区建设将省会城市与口岸城市结合起来，可以更好地结合了二者的区位优势，相辅相成，实现联动发展。我国中西部地区各自贸区片区的区位信息，如表 4-1 所示。

表 4-1　我国中西部地区各自贸区片区的区位信息

自贸区	园区位置	园区面积 /km²	片区	片区面积 /km²	片区位置
陕西	西北内陆	119.95	西安中心片区	87.76	省会
			国际港务片区	26.43	省会
			杨凌示范区	5.76	地级市
湖北	中部内陆	120	武汉片区	70	省会
			襄阳片区	22	地级市
			宜昌片区	28	地级市
河南	中部内陆	119.77	郑州片区	73.17	省会
			开封片区	19.94	地级市
			洛阳片区	26.66	地级市

自贸区	园区位置	园区面积 /km²	片区	片区面积 /km²	片区位置
四川	西南内陆	119.99	天府新区片区	90.32	省会
			青白江铁路港片区	9.68	省会
			川南临港片区	19.99	地级市
重庆	西南内陆	119.98	两江片区	66.29	直辖市
			西永片区	22.81	直辖市
			果园港片区	30.88	直辖市
海南	东南沿海	3.54 万（陆地面积）	海南岛全岛	—	—
广西	东南沿海	119.99	南宁片区	46.8	省会
			钦州港片区	58.19	地级市
			崇左片区	15	地级市
河北	东部沿海	119.97	雄安片区	33.23	地级市
			正定片区	33.29	省会
			曹妃甸片区	33.48	地级市
			大兴机场片区	19.97	地级市
云南	西南内陆	119.86	昆明片区	76	省会
			红河片区	14.12	自治州
			德宏片区	29.74	自治州
黑龙江	东北内陆	119.85	哈尔滨片区	79.86	省会
			黑河片区	20	地级市
			绥芬河片区	19.99	省辖县级市
湖南	中部内陆	119.76	长沙片区	79.98	省会
			岳阳片区	19.94	地级市
			郴州片区	19.84	地级市
安徽	中部内陆	119.86	合肥片区	64.95	省会
			芜湖片区	35	地级市
			蚌埠片区	19.91	地级市

（二）产业优势

各自贸区的功能地位与发展特色是由本地区的地理位置、产业结构等方面的特点决定的，同时各个自贸区内部片区将地区原有的产业基础与自贸区的优势有机结合，从而有力地壮大了地区产业。中西部内陆地区也有着对外开放的优势，一方面，21世纪以来国家为扩大内需，促进协调发展，加大了对中西部内陆地区发展的重视，对外开放政策支持重点逐步转向中西部内陆地区。另一方面，中西部地区在土地、人力、资源等生产要素方面有明显的比较优势，可以有效承接东南沿海地区的产业转移。中西部12个自贸区全面承接了国家多个重大战略，起着推动中西部内陆地区改革开放的重要任务。

总的来说，西部地区的重庆、四川、陕西、云南、广西服务于西部大开发战略，是西部门户城市开发开放引领区；长江沿岸的四川、重庆、湖北、湖南和安徽自贸区服务于长江经济带发展；辽宁、河南、陕西、重庆、广西、云南、黑龙江、海南自贸区服务于国家"一带一路"建设。表4-2展现了各自贸区承接的国家政策、发展目标以及区内各片区的产业布局。

表4-2　我国中西部地区各自贸区的功能特色

自贸区	发展目标	片区	产业布局
陕西	建设成为全面改革开放试验田、内陆型改革开放新高地、"一带一路"经济合作和人文交流重要支点	西安中心片区	重点发展高端制造、航空物流、贸易金融、人文交流等产业
		国际港务片区	重点发展国际贸易、现代物流、金融服务、旅游会展、电子商务等产业
		杨凌示范区	重点发展农业科技服务、农业金融、农业机械装备制造、大宗农产品贸易等
湖北	建设成为中部有序承接产业转移示范区、战略性新兴产业和高技术产业集聚区、全面改革开放试验田和内陆对外开放新高地	武汉片区	重点发展新一代信息技术、生命健康、智能制造等战略性新兴产业和国际商贸、金融服务、现代物流、检验检测、研发设计、信息服务、专业服务等现代服务业
		襄阳片区	重点发展高端装备制造、新能源汽车、大数据、云计算、商贸物流、检验检测等产业
		宜昌片区	重点发展先进制造、生物医药、电子信息、新材料等高新产业及研发设计、总部经济、电子商务等现代服务业

自贸区	发展目标	片区	产业布局
河南	建设成为服务于"一带一路"建设的现代综合交通枢纽、全面改革开放试验田和内陆开放型经济示范区	郑州片区	重点发展智能终端、高端装备及汽车制造、生物医药等先进制造业以及现代物流、国际商贸、跨境电商、现代金融服务、服务外包、创意设计、商务会展、动漫游戏等现代服务业
		开封片区	重点发展服务外包、医疗旅游、创意设计、文化传媒、文化金融、艺术品交易、现代物流等服务业
		洛阳片区	重点发展装备制造、机器人、新材料等高端制造业以及研发设计、电子商务、服务外包、国际文化旅游、文化创意、文化贸易、文化展示等现代服务业
四川	建设成为西部门户城市开发开放引领区、内陆开放战略支撑带先导区、国际开放通道枢纽区、内陆开放型经济新高地、内陆与沿海沿边沿江协同开放示范区	天府新区片区	重点发展现代服务业、高端制造业、高新技术、临空经济、口岸服务等产业
		青白江铁路港片区	重点发展国际商品集散转运、分拨展示、保税物流仓储、国际货代、整车进口、特色金融等口岸服务业和信息服务、科技服务、会展服务等现代服务业
		川南临港片区	重点发展航运物流、港口贸易、教育医疗等现代服务业,以及装备制造、现代医药、食品饮料等先进制造和特色优势产业

自贸区	发展目标	片区	产业布局
重庆	建设成为"一带一路"和长江经济带互联互通重要枢纽、西部大开发战略重要支点	两江片区	重点发展高端装备、电子核心部件、云计算、生物医药等新兴产业及总部贸易、服务贸易、电子商务、展示交易、仓储分拨、专业服务、融资租赁、研发设计等现代服务业
		西永片区	重点发展电子信息、智能装备等制造业及保税物流中转分拨等生产性服务业
		果园港片区	重点发展国际中转、集拼分拨等服务业
海南	建设成为全面深化改革开放的新高地，把海南打造成为我国面向太平洋和印度洋的重要对外开放门户	海南岛全岛	重点开展国际投资贸易、保税物流、保税维修、全球动植物种质资源引进和中转等业务
广西	建成贸易投资便利、金融服务完善、监管安全高效、辐射带动作用突出、引领中国与东盟开放合作的高标准高质量自由贸易园区	南宁片区	重点发展现代金融、智慧物流、数字经济、文化传媒、新兴制造产业等现代服务业
		钦州港片区	重点发展港航物流、国际贸易、绿色化工、新能源汽车关键零部件、电子信息、生物医药等产业
		崇左片区	重点发展跨境贸易、跨境物流、跨境金融、跨境旅游和跨境劳务合作等产业
河北	建成贸易投资自由便利、高端高新产业集聚、金融服务开放创新、政府治理包容审慎、区域发展高度协同的高标准高质量自由贸易园区	雄安片区	重点发展新一代信息技术、现代生命科学和生物技术、高端现代服务业等产业
		正定片区	重点发展临空产业、生物医药、国际物流、高端装备制造等产业
		曹妃甸片区	重点发展国际大宗商品贸易、港航服务、能源储配、高端装备制造等产业
		大兴机场片区	重点发展航空物流、航空科技、融资租赁等产业

自贸区	发展目标	片区	产业布局
云南	建成贸易投资便利、交通物流通达、要素流动自由、金融服务创新完善、监管安全高效、生态环境质量一流、辐射带动作用突出的高标准高质量自由贸易园区	昆明片区	重点发展高端制造、航空物流、数字经济、总部经济等产业
		红河片区	重点发展加工及贸易、大健康服务、跨境旅游、跨境电商等产业
		德宏片区	重点发展跨境电商、跨境产能合作、跨境金融等产业
黑龙江	建成营商环境优良、贸易投资便利、高端产业集聚、服务体系完善、监管安全高效的高标准高质量自由贸易园区	哈尔滨片区	重点发展新一代信息技术、新材料、高端装备、生物医药等战略性新兴产业,科技、金融、文化旅游等现代服务业和寒地冰雪经济
		黑河片区	重点发展跨境能源资源综合加工利用、绿色食品、商贸物流、旅游、健康、沿边金融等产业
		绥芬河片区	重点发展木材、粮食、清洁能源等进口加工业和商贸金融、现代物流等服务业
湖南	建成贸易投资便利、产业布局优化、金融服务完善、监管安全高效、辐射带动作用突出的高标准高质量自由贸易园区	长沙片区	重点发展高端装备制造、新一代信息技术、生物医药、电子商务、农业科技等产业
		岳阳片区	重点发展航运物流、电子商务、新一代信息技术等产业
		郴州片区	重点发展有色金属加工、现代物流等产业
安徽	建成贸易投资便利、创新活跃强劲、高端产业集聚、金融服务完善、监管安全高效、辐射带动作用突出的高标准高质量自由贸易园区	合肥片区	重点发展高端制造、集成电路、人工智能、新型显示、量子信息、科技金融、跨境电商等产业
		芜湖片区	重点发展智能网联汽车、智慧家电、航空、机器人、航运服务、跨境电商等产业
		蚌埠片区	重点发展硅基新材料、生物基新材料、新能源等产业

（三）制度建设

自贸区建立的目的是以制度创新产生制度红利推动经济发展，我国自贸区制度建设主要涉及投资自由化、贸易便利化、金融开放创新、事中事后监管、完善营商环境、科技创新和服务国家战略等方面，其中负面清单制度是改革的核心。从 2013 年上海自贸区成立至 2019 年上半年，我国自贸区制度的探索与建设取得了瞩目的成就，制度改革涉及方方面面，比较典型的有市场准入负面清单制度、国际贸易单一窗口制度等。

这些制度的创新是我国对接国际标准的努力，体现了我国自贸区建设对市场的关注，通过复制推广在自贸区建设过程中积累的经验，可以为其他地区树立典型，带动其他地区甚至是全国的发展。自贸区内在贸易、投资、金融等方面的有益实践，促进了政府管理体制的改革，为我国构建开放型经济体制，全面提高对外开放水平积累了宝贵经验。

三、自贸区对中西部地区经济发展的作用和影响

建设自贸区不管是对东部地区还是中西部地区，都具有里程碑意义。对东部地区而言，因其本来就具有地理上的优势，再加上自贸区助力简直如虎添翼。而对中西部地区来讲，综合效果上可能会逊于东部地区，毕竟我国东、中、西部经济发展不平衡。虽然近年来，随着西部大开发战略的深入推进，诸如贵州、重庆等中西部地区发展迅猛，但与东部沿海地区的差距仍然较大，尤其是教育、医疗等公共资源以及金融、贸易和发展机会等，仍旧主要集中在东部沿海城市。

我国之所以要建设自贸区，就是要通过自贸区这个制度创新的"试验田"，鼓励地方政府大胆探索，将改革红利逐渐释放出来，最终有效弥补区域经济发展不平衡，进而推动中国经济实现转型升级。总体而言，我国中西部地区正在建设的自贸区，正深刻影响着我国中西部区域经济的未来。

第一，自贸区可以强化东、中、西部地区之间的合作。伴随着全国各地自贸区的扩容和升级，中国自贸区的创新开放红利将会在更大范围内释放。自贸区的扩容，一方面有助于为中国经济稳增长蓄力，为经济持续稳定发展提供有力支撑；另一方面还可以强化东、中、西部地区之间的合作，增强联动性。但是，自贸区的扩容不能一刀切，要结合当地实际情况而定。

第二，自贸区为区域经济补齐要素异常流动短板。当前，区域经济发展的不平衡问题，已经成为分析当前中国经济形势时绕不开的一个话题。因为区域

经济发展的不平衡将会带来两种要素的不平衡流动；一是广大中西部地区留不住人才，甚至好不容易留下来的人才，最终也往一线城市流动。二是资金和技术的流失严重，例如，某些西部企业好不容易孵化出来的新产品、积累下的新技术，因为在当地没有市场，所以最后往东部地区流失。

现在的情况已经变得不同，因为这些地区近年来有了自贸区。当地的经济发展情况不但良好，而且资本市场发债和上市都比较容易，资本也比较集中，而不再像以前那样随项目流走。相反，自贸区产生出来的溢出效应，已经帮助当地争取到了竞争新优势，如已经有不少重点企业将重点合作区域从东部沿海城市转移到中西部地区。自贸区今后的发展将极大地推动西部地区经济发展步入快车道，给整个西部发展带来不可估量的未来，经济腾飞指日可待。

第三，扩容后的自贸区深刻影响着中国中西部地区经济的未来。分布在中国各地的自贸区"试验田"，已经构筑起各具优势、各有侧重的对外开放全新格局，它们不仅能够服务于国家战略，肩负起带动周边地区经济发展的担子，而且还有利于形成更多可复制可推广的经验，为在全国范围内深化改革开放探索新途径。

在国家提出探索建设自由贸易港的大背景下，我国目前21个自贸区如果都升级为自由贸易港，对中国中西部地区经济发展而言，无异于雪中送炭，其辐射面积也远远非其他经济区可比。总体而言，中西部地区的自贸区升格为自由贸易港后对整个中国经济发展贡献更大，持续性更好。因为根据世界经济发展的规律，人均GDP过万后经济增速将会逐步放缓，而中西部地区因其经济发展水平较低，所以经济增长潜力更大。

四、我国未来推动中西部地区发展的举措

我国未来将重点从三个方面支持中西部地区深度融入"一带一路"建设，促进中西部地区在更大范围、更高层次上开放，助推中西部地区外贸实现新发展：

一是搭建更多开放平台。推进中西部地区自贸试验区、国家级经开区、跨境电商综试区等开放平台建设，支持中西部地区参加进博会、广交会、加工贸易博览会等重要展会，帮助中西部地区承接产业转移、开拓国际市场。

二是畅通对外贸易通道。推动中欧班列承接更多海运、空运转移货源，促进中西部地区加强与"一带一路"沿线国家贸易往来。加快建设国际陆海贸易新通道，推动完善多式联运机制，畅通对外连接东南亚、中亚的南向大通道。

三是完善经贸合作机制。商建更多贸易畅通工作组、服务贸易国际合作机制和电子商务合作机制,帮助中西部地区企业及时解决对外贸易中遇到的困难和问题。

第二节 中国自贸区对长三角地区经济的影响

2020 年,浙江自贸区扩区,安徽自贸区正式揭牌,实现了自贸区在长三角("长江三角洲"的简称)地区三省一市省级层面的全覆盖。2021 年 5 月,长三角自贸区联盟宣布成立。自贸区是实施更大范围、更宽领域、更深层次对外开放的试验田。长三角地区各自贸区将采用抱团集群式发展,协同打造高水平开放新标杆,赋能长三角更高质量一体化发展。

一、长三角地区经济概况

(一) 长三角地区概述

长三角地区处于亚洲太平洋海岸的中心地带。自然地理意义上的长三角地区是指我国长江入海之前形成的一片平原区域,北起通扬运河、南抵杭州湾、西至镇江、东到海滨,是我国最大的河口三角洲冲积平原。根据国家现代化建设的需要,"长江三角洲"从一个长江入海口的地理概念逐渐发展成为一个区域规划的概念。根据 2019 年中共中央、国务院印发的《长江三角洲区域一体化发展规划纲要》,规划范围包括上海市、江苏省、浙江省和安徽省全域,面积为 35.8 万平方公里;它以上海、南京、杭州、合肥等 27 个城市为中心区,面积为 22.5 万平方公里。长三角地区全域占我国陆域总面积的 3.7% 左右。它是我国人口集聚最多的三大区域之一。截至 2018 年,长三角地区常住人口为 2.2 亿,占我国总人口的 16% 左右;2018 年中国国内生产总值为 900309.50 亿元。长三角地区生产总值为 211479.24 亿元,占全国总量的 23.5%,在我国的经济建设中具有举足轻重的作用。

从全球视野看,大城市群已经成为世界经济的主要动力区域,决定着未来全球政治经济发展的版图。根据国际公认的标准,世界级城市群由面积、人口、GDP 总量、对外贸易、国际化程度等标准加以评定。长三角城市群已跻身国际公认的六大世界级城市群,是其中面积最大,人口最多的世界级城市群,也是中国经济最为发达,科技、文化和教育最为昌盛、国际贸易和国际合作最为活跃的地区,是中国文化产业的核心承载区之一。

（二）长三角地区经济发展的有利条件

1. 区位优势突出

长三角城市群处于东亚地理中心和西太平洋的东亚航线要冲，是"一带一路"与长江经济带的重要交汇地带，在国家现代化建设大局和全方位开放格局中具有举足轻重的战略地位。交通条件便利，经济腹地广阔，拥有现代化江海港口群和机场群，高速公路网比较健全，公铁交通干线密度全国领先，立体综合交通网络基本形成。

2. 自然禀赋优良

长三角城市群滨江临海，环境容量大，自净能力强，气候温和，物产丰富，突发性恶性自然灾害发生频率较低，人居环境优良，以平原为主，土地开发难度小，可利用的水资源充沛，水系发达，航道条件基础好，产业发展、城镇建设受自然条件限制和约束小，是我国不可多得的工业化、信息化、城镇化、农业现代化协同并进区域。

3. 综合经济实力强

长三角城市群产业体系完备，配套能力强，产业集群优势明显。科教与创新资源丰富，拥有普通高等院校300多所，国家工程研究中心和工程实验室等创新平台近300家，人力人才资源丰富，年研发经费支出和有效发明专利数均约占全国的30%。国际化程度高，上海自贸区等对外开放平台建设不断取得突破，国际贸易、航运、金融等功能日臻完善，货物进出口总额和实际利用外资总额分别占全国的32%和55%。

4. 城镇体系完备

长三角城市群大中小城市齐全，拥有1座超大城市、1座特大城市、13座大城市、9座中等城市和42座小城市（图4-3），各具特色的小城镇星罗棋布，城镇分布密度达到每万平方公里80多个，是全国平均水平的4倍左右，常住人口城镇化率达到68%。城镇间联系密切，区域一体化进程较快，省市多层级、宽领域的对话平台和协商沟通比较通畅。

表4-3 长三角城市群各城市规模等级

划分标准	规模等级（城区常住人口）	城市
超大城市	1000万人以上	上海市
特大城市	500万—1000万人	南京市

划分标准		规模等级（城区常住人口）	城市
大城市	Ⅰ型大城市	300万—500万人	杭州市、合肥市、苏州市
	Ⅱ型大城市	100万—300万人	无锡市、宁波市、南通市、常州市、绍兴市、芜湖市、盐城市、扬州市、泰州市、台州市
中等城市		50万—300万人	镇江市、湖州市、嘉兴市、马鞍山市、安庆市、金华市、舟山市、义乌市、慈溪市
小城市	Ⅰ型大城市	20万—50万人	铜陵市、滁州市、宣城市、池州市、宜兴市、余姚市、常熟市、昆山市、东阳市、张家港市、江阴市、丹阳市、诸暨市、奉化市、巢湖市、如皋市、东台市、临海市、海门市、嵊州市、温岭市、临安市、泰兴市、兰溪市、桐乡市、太仓市、靖江市、永康市、高邮市、海宁市、启东市、仪征市、兴化市、溧阳市
	Ⅱ型小城市	20万人以下	天长市、宁国市、桐城市、平湖市、扬中市、句容市、明光市、建德市

（三）长三角地区一体化发展的政策导向

长三角地区在历史上就是地理、经济和人文紧密联系的地区。自明清以来，长三角地区逐步形成了大规模的城市群。进入改革开放的历史时期以来，长三角成为我国区域发展一体化建设启动最早、发展最为成熟的区域。2010年5月，国务院正式批准实施的《长江三角洲地区区域规划》将长三角地区的范围确定为江浙沪三省（市）。2014年，《国务院关于依托黄金水道推动长江经济带发展的指导意见》（国发〔2014〕39号），首次明确了安徽作为长江三角洲城市群的一部分，参与长三角一体化发展。2016年5月11日，国务院常务会议通过的《长江三角洲城市群发展规划》提出，要把长三角培育成为更高水平的经济增长极。

2018年1月12日，"长江三角洲地区主要领导座谈会"在江苏省苏州市举行，会议指出，长三角地区要深入贯彻落实党的十九大精神，坚持以习近平新时代中国特色社会主义思想为指导，深刻认识区域协调发展战略的新内涵新要求新任务。

2019年5月13日，中共中央总书记习近平主持召开中共中央政治局会议，审议通过了《长江三角洲区域一体化发展规划纲要》，赋予长三角地区的新战略定位是"一极三区一高地"，即成为全国发展强劲活跃的增长极，成为全国高质量发展的样板区，率先基本实现现代化的引领区和区域一体化发展的示范区，成为新时代改革开放的新高地。

2019年10月15日，长三角城市经济协调会第十九次会议在安徽省芜湖市召开，会议审议通过了《关于吸纳蚌埠等7个城市加入长三角城市经济协调会的提案》等有关文件，标志着安徽深度"入长"，也标志着长三角地区在一体化发展的深度和广度上有了新的重要进展。

根据国家的战略部署，长三角形地区成以上海为核心、联系紧密的"一核五圈四带"空间布局，成为国家"两横三纵"城市化格局的优化开发和重点开发区域之一。国家要求上海发挥龙头带动作用，进一步努力促进长三角地区率先发展、一体化发展。长三角地区作为我国开放度最高、经济最活跃的地区，也是"一带一路"倡议与长江经济带战略重要的交汇地带，将在中国扩大对外开放、建设人类命运共同体的历史进程中发挥举足轻重的作用。

二、长三角地区经济发展取得的成就

（一）区域规划出现端倪，经济实力稳步增强

经过几十年的经济快速发展，无论是从经济的整体规模、人口数量和质量、城市化发展水平，还是从市场化和国际化等方面来分析，长三角地区已经成为中国经济增长的发动机，对中国经济的发展起着模范带头的作用。40多年来，在上海的带动下，长三角地区各城市经济都有了长足的发展，已形成了以上海为中心，南京、杭州为副中心，大中小城市体系齐全，城乡比较协调发展，经济实力强，社会、文化发展水平高的城市群。城市群工业基础雄厚，产业门类齐全，在国内外具有较强竞争力。2019年，长三角地区（上海、江苏、浙江、安徽）GRP比2018年实际增长6.4%，高于东部地区的平均增速；其GRP占全国各地区总额的比重达到24.1%，与"十二五"末期（2015年）相比，提高了1.9个百分点。

（二）科教水平大幅度提升，科技创新和国际竞争力明显增强

改革开放以来，长三角地区的科技教育水平快速提高，工作人员素质明显提升。2019年，长三角地区拥有全国17.08%的普通高等学校，本科院校221所，占全国的17.47%。在优质高校方面，长三角地区拥有35所"双一流"建设大学和41所"双高计划"学校，分别占全国的25.55%和20.81%。

三、自贸区对长三角地区产业转型的影响

周边区域可借道自贸区更便捷地实施"走出去"和"引进来"并举的开放战略，为培育本土跨国公司提供了更大的平台和更多的发展机遇。

由于地理位置毗邻和产业链千丝万缕的联系，设立自贸区将有力推动长三角地区开放型经济水平的提升，也将对周边区域的产业转型升级带来非常积极的影响，其效应主要表现在以下几个方面。

（一）示范效应

自贸区是我国对外开放的重要试验田，自贸区在投资便利化、贸易便利化等方面推出的许多措施将促进自贸区外向型企业加快转变贸易发展方式和投资方式，推动企业更好地顺应世界经济产业发展趋势转型升级，从而也为周边区域发展开放型经济提供了新的思路和路径，有助于促进周边区域企业学习借鉴经验加快转变发展方式。

（二）窗口效应

随着中国成为世界第一货物进出口大国，我国企业面临的贸易环境趋于严峻，反倾销等案件明显上升。自贸区将成为我国进一步扩大对外开放的窗口，成为国内贸易进出口和技术进出口的重要平台。周边区域企业可以到自贸区投资发展，或收购境外公司后，把相关部分业务转移到自贸区，降低跨文化冲突，发挥并购后的协同效应。周边区域如果能把握先机，因势利导，主动对接，将有利于更好引导促进企业走出去，提升开拓市场的水平。

（三）溢出效应

自贸区在扩大产业，尤其是服务业对外开放方面采取了许多先行先试的改革举措。自贸区扩大服务业开放，重在促进商品、服务、资金、技术、人员等生产要素更便利地流动，由此产生的物流、人流、资金流、信息流等将对周边区域服务业发展产生极大的溢出效应。同时，自贸区金融中心、航运中心和贸易中心等相关产业的发展需要周边区域相应的产业、基础设施等配套，且自贸区建设可能推动自贸区及周边区域土地、房租、劳动力等商务成本上升，加上自贸区空间有限，这将促使自贸区的制造业、服务业部分向周边区域转移。

四、自贸区推动长三角地区经济向更高质量一体化方向发展

自贸区可以在长三角地区构建新发展格局中发挥"桥梁"作用。自贸区在

长三角地区省级层面的全覆盖，拓展了长三角腹地区域高水平开放的空间范围，为长三角地区充分发挥腹地和市场广阔优势，实现区域协同发展，带动更广阔的全国大循环提供了有力支撑，有利于长三角地区打造国内大循环中心节点和国内国际双循环战略枢纽。

自贸区可以激发长三角区域一体化发展的更大动能。自贸区省级层面全覆盖是自长三角区域一体化发展上升为国家战略之后，国家为支持长三角地区经济发展做出的又一重大举措。长三角地区的自贸区在战略定位、片区分布和改革试点任务等方面各有特色、协同发展，有利于生产要素在长三角地区自由流动，有利于长三角地区形成制度集成创新，有利于在长三角地区形成更具竞争力、影响力的产业链和供应链，将激发更大的动能。

自贸区可以推动长三角地区经济向更深层次一体化方向发展。自贸区建设除了推动交通、产业、生态等基础设施一体化外，更在更高层次上推进要素配置的市场化、国际化和高级化，在高端形态上构建区域一体化，使长三角地区发展更高层次的开放型经济，实现长三角地区经济向更高质量一体化方向发展。

五、自贸区协同长三角地区经济联动发展的方向与路径

长三角地区各方应着眼于长三角区域一体化战略，挖掘各个自贸区需求，凝聚各方共识，深化跨域、跨区、跨界的合作发展，构建兼顾各省诉求的利益共同体。

一是浙苏皖要各扬所长。浙江自贸区要继续加大物联网、工业互联网、人工智能等新型基础设施的建设力度，打造数字经济发展示范区；以义甬舟开放大通道和大湾区为基础，形成"自贸试验区＋联动创新区＋辐射带动区"的改革创新高质量发展新格局；加强自贸区和周边区域、开放平台的联动发展，构建长三角港口群跨港区供油体系，合力打造东北亚保税燃料油加注中心。江苏自贸区要创新全链条综合金融服务体系，探索"自贸区＋海事服务"的江苏模式，发挥自贸区率先突破、示范引领作用。安徽自贸区要在优化整合长三角区域的科技力量等方面有所作为：一方面加快布局一批基础研究、应用研究的前沿研发平台和基地，建设科技创新策源地；另一方面要与沪浙苏自贸区携手优化产业链布局，推动科技创新和实体经济发展深度融合，加快推进先进制造业和战略性新兴产业的集聚发展。

二是强化4个自贸区的协同联动。强化4个自贸区的对接合作，把自贸区建设与落实长三角区域一体化发展、长江经济带发展、"一带一路"建设等相贯通，在对标国际社会自由贸易协定相关条款、全面推行自由准入的体制和机

制改革等方面协同创新，促进产业、行业、企业、项目对接，形成优势互补、各具特色、共建共享的协同发展格局。同时，还要发挥上海龙头带动的核心作用和区域中心城市的辐射带动作用，依托交通运输网络培育形成多级多类发展轴线，推动南京都市圈、杭州都市圈、合肥都市圈、苏锡常都市圈、宁波都市圈的同城化发展，强化沿海发展带、沿江发展带、沪宁合杭甬发展带、沪杭金发展带的聚合发展，构建"一核五圈四带"的网络化空间格局。

三是营造国际化营商环境。完善法治化、国际化、便利化营商环境，率先建立同国际贸易投资规则相适应的体制机制。积极探索实行准入前国民待遇加负面清单管理模式，促进内外资企业一视同仁、公平竞争。建立便利跨境电子商务等新型贸易方式的体制，健全服务贸易促进体系。推进大通关建设，加快建设单一窗口，全面推进通关一体化。加强技术性贸易壁垒的预警、研判和应对，不断完善技术性贸易措施体系，有效破解贸易壁垒和化解贸易摩擦。加快建立社会信用体系，健全市场主体的信用信息数据库和信用信息共享机制，充分发挥企业信用信息公示系统等信用信息平台的作用。

四是推进自贸区建设并加快推广可复制经验。瞄准国际标杆，深化自贸区改革开放，加快转变政府职能，探索体制机制创新，在建立以负面清单为核心的外商投资管理制度，以贸易便利化为重点的贸易监管制度、以资本项目可兑换和金融服务业开放为目标的金融创新制度、以政府职能转变为核心的事中事后监管制度等方面，不断探索形成可复制、可推广的试点经验，率先在长三角城市群实现全覆盖。依托舟山港综合保税区和舟山江海联运服务中心建设，探索建立舟山自由贸易港区，率先建立与国际自由贸易港区接轨的通行制度。

五是大力引进国际英才，加快推进国际化人才培育。建立紧缺国际人才清单和移民职业清单制度，重点招揽最有价值的科技、投资、营销、创意等人才。建立海外高层次人才储备库和留学回国人员数据库，定期发布紧缺人才需求报告，拓宽国际人才招揽渠道。在制定外籍高层次人才认定标准基础上，全面放开科技创新创业人才、一线科研骨干、紧缺急需专业人才的永久居留政策，放宽其他国际人才长期居留许可的申请条件。放宽紧缺领域国际移民的准入限制，在上海率先探索放宽特殊人才国籍管理。完善外籍人员就医和子女教育政策，塑造开放包容、多元融合的社会氛围。

充分利用国际国内优质教育资源，采取合作办学、国（境）外培训、岗位实践等方式，加快培养具有国际视野、通晓国际规则和拥有跨文化交流与沟通能力的本土国际化人才。建立和完善市场导向的国际化人才培养模式，支持企业成为国际化人才开发的主体。鼓励与促进人才国际交流合作，推进职业资格国际互认。

六是提高金融市场一体化程度。在城市群范围积极推广自贸区金融改革可复制试点经验。切实发挥长三角金融协调发展工作联席会议等平台的作用，加快推进金融信息、支付清算、票据流通、信用体系、外汇管理一体化，提升金融服务实体经济的能力。强化金融监管合作和风险联防联控，合力打击区域内的非法集资，建立金融风险联合处置机制。做实"信用长三角"合作机制，推动征信体系互联互通。

第三节　河南自贸区建设对区域经济的影响

河南省作为一个人口和资源大省，自古以来就是战略要地，自跨入 21 世纪以来，更是紧跟时代步伐，响应国家号召，深入贯彻改革开放发展战略，同时也是中部地区"一带一路"建设的重要一环，为国家经济建设做出了不可磨灭的贡献。河南自贸区作为中原地区对外贸易的名片，在国家经济建设链条上占据着重要一环，同时也是"陆上丝绸之路"沿线上的中枢之一，承担着吸收国外优质资本、聚拢高端人才的重任，更是河南省今后在经济创新和发展上的强大基础。

一、河南自贸区建设情况简介

（一）河南自贸区的优势

从实施国家战略的角度看，自贸区的设立是直接服务于重大国家战略的，其中就包括了中部地区崛起和"一带一路"建设，河南省在中部地区的领头羊地位、在"一带一路"建设中的特殊区位和作用，具备设立自贸区的优势和条件。

河南省综合优势明显，如经济大省优势、区位交通优势、产业门类齐全优势、口岸优势、市场优势、人力资源优势、多式联运优势等。特别是郑州市、开封市、洛阳市都是"一带一路"重要节点城市，且特色明显、互补性强；跨境电商快速发展、领先全国试点城市和跨境电商综合试验区；郑欧班列虽然不是最早开跑的，但是在全国开行的中欧班列中却一步步"弯道超车"，如今成为企业眼中的"黄金列车"；郑州机场的客货运规模持续保持中部机场领先地位。这些情况为河南省在构建现代立体交通体系、现代物流体系，建设现代综合交通枢纽方面先行先试，提供了有利条件。

（二）河南自贸区的 Logo 解读和拱门解读

1. 河南自贸区的 Logo 解读

河南自贸区的 Logo（图 4-5）有以下四种含义。

中国（河南）自由贸易试验区
China（Henan）Pilot Free Trade Zone

图 4-5　河南自贸区的 Logo

（1）开放河南、崛起发展、中原出彩

图案中 3 条抽象的圆弧形箭头组合，形似旋转的地球，寓意经济全球化。1 只抽象的大象，象身、象鼻形似 H、N，组合起来为"河南"拼音首字母，代表河南。大象立于旋转的地球之上，寓意河南站在新的历史起点上，以自贸区建设为契机，全面对标国际投资贸易规则，加快融入世界开放大格局。大象昂首阔步，跃然欲飞，代表河南正以昂扬的姿态，以新发展理念抢抓发展机遇，以改革创新打造内陆开放高地，以开阔胸襟拥抱世界，谱写决胜全面小康、让中原更加出彩的新篇章。

（2）多式联运、服务"一带一路"的现代综合交通枢纽

三个箭头色彩明快，线条流畅，体现速度、效率和便捷，代表航空、铁路和公路多式联运，发挥河南独特的区位优势，贯通南北、连接东西、通达全球，形成深吞吐、远辐射的现代立体交通体系和现代物流体系，打造服务"一带一路"建设的现代综合交通枢纽。

（3）三个片区统筹、协同推进、引领发展

不同颜色的三个箭头，代表河南自贸区的三个片区。中间箭头体现高端制造、现代服务和龙头带动作用，上方箭头体现传统厚重和华夏历史文明传承特色，下方箭头体现创新发展、转型发展、可持续发展。色彩协调的三箭头紧紧围绕大象，寓意三个片区浑然一体，在河南省委、省政府坚强领导下，整体统筹、协同推进，引领带动全省经济新发展。

（4）三大国家战略规划和三大国家战略平台

三个箭头既代表三大国家战略规划，即中原经济区规划、郑州航空港经济

综合实验区发展规划、中原城市群发展规划，又代表新三大国家战略平台，即河南自贸区、郑洛新国家自主创新示范区、中国（郑州）跨境电子商务综合试验区。彼此具有内在联系性和目标一致性，共同构成了强有力的国家战略组合，叠加效应显著，将给河南省未来发展带来新活力、新动能。

2. 河南自贸区的拱门解读

河南自贸区的拱门（图4-6），有三种寓意。

图4-6 河南自贸区的拱门

首先，拱门设计以高速公路、高铁、飞机造型为基本元素，拱门主体由形似高速公路的多车道曲线组成，代表四通八达的高速公路网；拱门之背为两组6列对开高铁列车，代表"米"字形高速铁路网；拱门中间为凌空起飞的飞机，代表快速发展的航空枢纽网络。"铁、公、机"有机结合、融为一体，体现河南自贸区建设贯通南北、连接东西的现代立体交通体系和现代物流体系的战略定位，突出河南自贸区多式联运、打造枢纽的战略使命。

其次，拱门正中将河南自贸区Logo镶嵌于飞机之上，寓意吉（机）祥（象）腾飞，代表河南省将充分发挥自身特色优势，全面对标国际投资贸易规则，全速推进河南自贸区建设，在更大范围、更高层次参与国际分工合作，加快融入世界开放大格局，打造内陆开放高地。

另外，拱门以天蓝色、银灰色为主色调，辅以米黄色、银白色，整体色彩明快，线条流畅，形成弧线形拱门设计，拱门正前方镶嵌"中国（河南）自由贸易试验区××片区"字样，体现河南自贸区正以激情奔放、热情好客、优良环境喜迎天下宾朋，实现互利共赢、共同发展。

二、河南自贸区建设成就

河南自贸区作为河南省深化改革、扩大开放的"排头兵"和"领头雁"，担当着"为国家试制度"的使命，自 2017 年挂牌以来，累计形成 425 项制度创新成果，商事制度改革、跨境电商监管服务、投资贸易便利化等方面改革创新走在全国前列。

2017 年 4 月，国务院印发的《中国（河南）自由，贸易试验区总体方案》，明确了 160 项改革试点任务，到 2021 年 4 月，除自由贸易账户体系因国家统筹考虑因素未实施外，其他 159 项试点任务全部实施，应该说完成了国家交给的 3 至 5 年建设任务。

四年来，河南自贸区产业集聚效应逐步显现。据了解，河南自贸区累计入驻企业 9.48 万家，注册资本 1.11 万亿元，入驻世界 500 强企业 123 家、国内500 强企业 99 家。郑州、开封、洛阳三个片区入驻企业数分别是成立前的 3.3 倍、33 倍和 3.5 倍。自挂牌以来，河南自贸区对外贸易年均增长 19.2%，利用外资年均增长 45.6%。

（一）洛阳地区

2020 年 7 月 1 日，位于河南省洛阳市凌波路和河洛路交叉口的洛阳片区综合服务大厅开始试运行，而原位于滨河北路 20 号火炬大厦的洛阳区综合服务中心，则停止运行。

截至 2020 年 11 月，洛阳片区入驻市场主体 2.92 万余家，注册资本超1100 亿元，累计新入驻企业超 1 万家，是挂牌前存量企业的 2.5 倍；注册资本亿元以上企业 154 家，10 亿元以上企业 11 家。2020 年 1—11 月，实际利用外资 4.7 亿美元，同比增长 65.52%；2020 年 1—10 月，金融机构贷款余额 121.32亿元，同比增长 39.5%。

（二）开封地区

2020 年，开封片区新增企业 730 家，新增注册资本 141.09 亿元。截至2020 年年底，开封片区入驻企业达累计 5937 家，是挂牌前的 33 倍，增长率为河南自贸区平均值的近 14 倍；注册资本 1017.27 亿元，是挂牌前的 21 倍，增长率为河南自贸区平均值的 6 倍多；开封片区注册资本 1 亿元以上、10 亿元以下市场主体 156 家，超 10 亿元企业 14 家；外资企业 29 家，是挂牌前的 14倍，增长率为河南自贸区平均值的 16 倍多；外资注册资本 9.54 亿元，是挂牌前的 239 倍，增长率为河南自贸区平均值的 77 倍；辖区新增珠海新华通、自贸金智图科技 2 家上市公司，现已累计入驻益海嘉里、丰树集团、易华录、宁波 GQY 视讯、九次方大数据、珠海新华通等 71 家 500 强企业、上市公司及行业领军企业，并引进了奇瑞河南研发基地项目。

自 2017 年 4 月挂牌至今，开封片区坚持下好开放平台建设"先手棋"，系统谋划，压茬推进，打好培优补短"组合拳"，不断取得我市对外开放里程碑式重大突破，实现了国内外开放平台连点成线组网，多维搭建了立足开封、辐射周边、连通世界的双向开放"桥头堡"体系，为高水平开放提供了强力支撑。在此期间，开封综合保税区的顺利获批，不仅填补了开封片区没有海关特殊监管区域的空白，也有利于优化河南省对外开放格局，实现更高水平开放；开封国际陆港规划的落地，标志着开封依托铁路专用线打造国际陆港的目标由战略布局正式迈入建设实施阶段；开封海关正式开关运行，彻底结束了全市开放发展"借道出关"和本地外贸企业"异地报关"的历史；河南自贸区国际艺术品保税仓正式开仓，成为开封历史上首个海关特殊监管场所，其中"仓内保税展示"和"仓内保税拍卖"两项模式属全国首创。

（三）郑州地区

截至 2020 年 3 月 31 日，郑州片区新增注册企业 58086 户，新增注册资本总额为 6764.5 亿元人民币，是自贸区成立前的近 3 倍，日均新增注册企业近 80 家，以 1/100 的土地面积创造全市同期新增注册企业数的近 1/5。累计新增注册外资企业 356 家，约占全市的一半。累计实现合同利用外资 10.8 亿美元、实际利用外资 11.7 亿美元，累计实现进出口总额 566.23 亿元，实现税收 956.3 亿元。

据了解，自挂牌运行至今，郑州片区深入推进空、陆、网、海"四条丝路"和政务、监管、金融、法律、多式联运五大服务体系建设，着力优化营商环境，改革开放试验田效应逐步显现。

三、河南自贸区建设对区域经济发展的影响和作用

河南自贸区的设立是我国经济发展的重要战略之一，同时也是"一带一路"建设不可或缺的一环。河南自贸区不仅担负着加快推进中原地区经济转型，推动经济朝外向型、高附加值方向前进的重要任务，同时也面向全国，对其他地区起着示范作用。

（一）为经济发展提供新动力

我国沿海地区凭借区位优势和国家政策扶持，成为我国经济发展的领头羊，

而河南省作为一个内陆地区，又是一个农业大省和人口大省，其经济发展主要依靠的是资源开发和劳动力输出，随着经济形势下滑，产能大量过剩，在此情况下河南省经济发展迫切需要寻求新的发展动力。

自贸区建设能够吸引国际先进制造业、金融和服务业的加盟，这无疑可以为河南省的经济发展注入新的活力。例如，借助国际市场，引入新的生产技术和新的生产方式，提升产品档次，向高端产业链延伸，自贸区建设可以促进郑州、开封和洛阳地区第二和第三产业的改造升级，为其注入创新活力。随着河南自贸区的不断发展，其经济溢出效应可以辐射周围，推动周边地区以产业关联或功能互补形式与自贸区进行产业对接，实现自贸区周边地区的联动发展，为周边地区带来发展机遇，促进河南省整体经济的发展。

（二）为企业搭建全球经贸合作平台

自贸区建设是我国政府顺应全球经贸合作的新趋势，更加主动地应对国内外形势的一项重大举措，对于有效利用国际国内两个市场、探索对外开放的新路径具有积极作用。河南自贸区将会成为河南企业面向世界的一个窗口，成为河南企业产品出口和技术进口的一个重要平台。有能力的河南企业可以利用自贸区加入全球竞争，以竞争压力逼迫企业改革创新，率先突破的企业会将竞争压力和创新动力通过产业链向上下游行业传导，带动更多企业创新。利用自贸区这个平台，河南企业不仅能够接触国际前沿技术，还可以通过与其合作加快自身的技术升级和创新，促进本企业的国际化程度，在国际竞争中占有一席之地。

（三）带动周边区域发展

示范效应在经济发展策略的制定中也是非常重要的一点，因为河南省地域广袤，人口众多，因而不可能一开始便将整个省份作为自贸区开放，只能先设置几个片区进行试点，然后以点带面，利用自贸区的辐射效应带动周边区域的发展，进而带动整个省份的发展。同时，因为自贸区有着较强的投资环境和位置优势，在市场经济的竞争中往往会占据有利地位，因而自贸区周围就会有服务于中心的边缘产业和服务，这不仅能够促进周边区域的发展，还能够使产业结构完整，经济发展良性化。

（四）推动省内经济升级和转型

河南省之所以在改革开放之后与沿海省份的差距越拉越大，其中非常重要的一点就是省内经济结构过于单一，因为最先进行改革开放的往往是沿海地区，因而内陆地区就少有国外先进企业的投资，在经济全球化的背景下，竞争力就远远不如沿海地区，同时因为改革初期沿海地区普遍作为发达国家的代工厂，生产出来的产品要被运回发达国家，这个时候沿海地区与外国交通便利的条件就显露出来了。最后，随着城市的发展，年轻人也更愿意前往较为发达的城市，河南省内的人才不断流失，更使河南省的经济发展雪上加霜。

自贸区的建立重点在于引进国外先进的资金和技术，将省内工业产品输出国外，这是因为自贸区只有有了大量资金和技术的流动，才会吸引资本和人才，而只有有了这些才能够真正地将省内产业彻底升级、转型，实现经济良性化发展。

（五）促进政府经济管理职能改革

随着河南自贸区不断建设和完善，本地经济、金融、贸易自由化水平将会显著提高。与此同时，自贸区的发展也对地方政府干预和调节经济的能力提出了更高要求，政府要加强宏观经济调控，减少行政干预，在国家税收法律政策指导下积极开展财税体制改革，为促进生产要素自由流动和合理配置创造良好的政策环境，不断优化市场机制、完善市场功能，打造公平、自由、高效的市场竞争环境；要按照"市管为主，省级扶助"的工作原则，减少政府行政干预经济，赋予市场经济更广泛的发展空间。

四、河南自贸区建设存在的问题

（一）管理体制建设落后

河南自贸区起步较晚，相比其他自贸区，河南自贸区尚未形成完善的自贸区管理体制，当前河南自贸区管理体制落后主要表现在以下几个方面。

首先，部门管理交错混乱。当前，河南自贸区内部行政部门机构繁杂，管理领域交织，部门间存在严重的同化倾向。同时，区内部门由于没有明确的绩效考核体系，也容易出现庸政懒政的现象。关联部门间的业务合作能力差，信息共享不足，经常会出现一个部门审批环节取消，而有关部门并没有完全取消的现象。

其次，行政环节落后，目前，河南自贸区在行政管理上还存在着"门难进，脸难看"的情况，河南自贸区内部行政管理部门办事效率低，行政电话经常无人接听，企业办事人咨询相关情况仅通过几句话就能搞定的事情非要跑到行政服务大厅进行现场摇号排队，极大降低了办事效率。

最后，政务更新速度较慢。河南自贸区在行政机关信息公开栏公开信息的时间周期较久，内容也较少。企业想通过河南自贸区官网进行政务查询较为困难，严重影响了企业获取自贸区信息的能力。

（二）物流产业缺乏管理，低端物流占比大

当前制约河南自贸区物流产业发展的重要原因，就是缺乏统一、规范的管理体制。河南自贸区物流市场组织混乱，管理无序，物流产业管理较为松散，自贸区管理部门联系较少，联合执法能力较差。这样导致的结果：河南自贸区物流行业整体转型较慢，整个物流行业缺乏凝聚力，物流覆盖面积和影响能力也相对有限，从而出现了区内物流行业低水平竞争；各个物流企业相互恶性竞争，出现了抢市场、抢资源、抢线路的现象，物流线路同质化严重，造成区内资源极大的浪费。

根据现代物流理论，现代物流体系是指集物流运输、仓储、贸易等多项物流功能为一体的物流体系，现代物流注重降低物流成本，提升顾客的满意度。河南自贸区现代物流建设推进缓慢，具体表现为交通运输物流占比过大，仓储、贸易等物流功能占比过小。

（三）制造业企业构成不合理

根据产业经济理论，制造业企业分为劳动密集型企业、资本密集型企业、技术密集型企业。一般来讲劳动密集型企业与资本密集型企业占用的社会资本比较多，对科技知识的需求较少，在全球价值链分工视角中，其属于中下端环节，生产的产品附加值较低。技术密集型企业是以技术为核心，在企业价值链体系中属于高端环节，技术密集型企业往往从事产品研发、品牌建设、营销管理等相关工作。当前，河南自贸区制造业企业构成不合理，其表现为劳动密集型企业、资本密集型企业数量占比大，技术密集型企业数量占比小，企业构成不合理严重阻碍了河南自贸区发展高端制造业的目标。

（四）制造业科技研发不足，产品竞争力不强

河南自贸区制造业还面临着企业科技研发不足的局面。河南自贸区内部高新技术产业园建设不足，同时河南自贸区内科研机构数量较少。目前，河南自贸区内仅有两个高新技术开发区（洛阳国家高新技术产业开发区与郑州国家高新技术产业开发区），区内科研大学也仅有郑州大学一所211院校。河南自贸区内部科研机构少也造成了当前河南自贸区企业研发人员不足的现象。

当前河南自贸区制造业生产的产品与国外相比存在着较大的差距，以洛阳

片区内的中国第一拖拉机制造厂为例，目前世界上先进的拖拉机发动机能达到450马力，而中国第一拖拉机制造厂所生产的发动机仅能达到200马力，与当今世界先进水平存在较大差距。河南自贸区内部的装备制造企业河柴重工其产品无论从性能还是耐用程度均落后于国外知名品牌。例如，河南柴油机重工有限公司（俗称"河柴重工"）所生产的最新柴油机性能仅相当于德国发动机和涡轮机联合公司（MTU）生产的第一代柴油机产品，而当前该公司生产的柴油机已经研发到了第三代。洛阳轴承厂所生产的与国际上具有同样操控水平、耐用程度的产品，其价格是国外产品的 3 ～ 5 倍。由此可见，当前河南自贸区制造业产品较为低端，缺乏竞争优势。

（五）品牌建设能力差

众所周知，品牌是一个国家核心竞争力的体现，例如美国拥有迪士尼、漫威影业、普华永道、高盛、麦当劳等多种品牌，才导致其经济一直不断发展，当前品牌建设对于文化服务非常重要。例如，美国迪士尼品牌在全球流行，上海自从建立迪士尼乐园后，吸引了全国的游客前往。

河南自贸区拥有众多旅游品牌和企业品牌，旅游品牌如少林寺、龙门石窟、清明上河园等。企业品牌如思念、三全、双汇、宇通等。但是，河南自贸区内部品牌建设能力较差，如少林寺是我国佛家文化的中心，驰名中外，每年吸引大量游客到少林寺进行游览，但是少林寺景点周边的公共交通设施、酒店、导游管理混乱，严重影响了少林寺的品牌形象。

（六）国际商贸人才较少

随着河南自贸区建设的不断推进，自贸区内外贸企业的数量在不断增多，外贸的水平也在不断提升。传统的外贸企业仅仅招聘英语能力较强的人才，外贸人员只需要在电脑上操作外贸流程即可。而现在随着贸易水平的提升，外贸业态不断丰富，这就使得外贸企业需要多种外贸人才。

河南自贸区建成后将不断推进区内产业结构升级，区内企业与国际的联系不断加强，这就可能涉及区内企业与国际企业联合研发、国际项目谈判等业务，这些业务需要既具有技术背景同时又具备国际商务能力的人才，而河南自贸区在人才储备这方面还较为稀缺。另外，河南自贸区建成后也将推动区内文化服务的发展，同时也会推动服务贸易的发展。河南自贸区文化悠久，区内文化手工艺人较多，但是这些人很多只懂得文化艺术方面的知识，对文化贸易了解较少，因此河南自贸区也需要具有综合文化知识的贸易人才。

五、未来河南自贸区建设的创新对策

河南自贸区的建设是一个不断探索和完善的过程，在这个过程中，河南自贸区需要不断完善创新发展的策略，在不断明确自身定位的时候还要善于利用自身的优势因素，引进资金和高新技术产业，吸引高端人才到区内发展，逐步改变区内产业机构过于单一、附加值较低的现状，真正实现河南自贸区的高质量发展。

（一）准确定位，明确自身优势

首先，河南省处于我国核心腹地，横贯南北，是我国"一带一路"沿线上的重要支点，同时省内还有着联系全国的公路、铁路网络，交通便利；其次，河南省总人口数直逼一亿，经过几十年的义务教育，有着大量较高素质的劳动力；最后，河南省身处中原地区地势平坦，平原较多，便于工厂和园区建设。因此，河南省在建设自贸区时，应该考虑上述三点，充分发挥河南省的区位优势，准确定位，大力发展交通，将物流的优势发挥到极致，同时也应该制定相应的政策，吸引本省或其他省份的人才回流，共同支援河南省的经济建设。

（二）优化环境，扩大投资领域

严格落实国家有关政策法规中关于放宽先进制造业、现代服务业等领域外商准入限制的规定，不断完善以负面清单为主的外商准入制度，进一步扩大外商投资领域，提高开放度和透明度，支持外商参与河南自贸区建设。

首先，鼓励外商投资先进制造业。先进制造业是河南省建设经济强省的重要产业基础。在河南自贸区范围内，外商企业同样适用《中国制造2025河南行动纲要》中的相关规定。鼓励外商参与先进制造业发展行动计划，取消轨道交通设备制造等领域的外商准入限制，引导外商投向智能制造、绿色制造等先进制造业。其次，鼓励外商投资现代服务业。近年来，河南省现代服务业蓬勃发展，成为推动经济发展的主力军。河南省应继续鼓励和吸引外商参与河南自贸区内现代金融、现代物流、保险、医疗养老、旅游、工业设计、工程咨询等生产性和生活性服务业发展，增强服务业的发展活力。再次，鼓励外商投资基础设施建设。支持外商依照国家相关法律法规以特许经营方式或政府和社会资本合作模式参与河南自贸区内的道路、供排水、污水处理等基础设施建设和文化场馆、公园等公共服务设施建设。

最后，鼓励外商参与科技研发工作。支持外商建设技术研发中心，与内资企业、科研院校开展技术研发合作，参与国家和省市科技计划项目。

（三）创新模式，加快服务贸易发展

加快发展服务贸易是顺应国际贸易新趋势和新潮流的必然选择，是构建河南省现代服务业对外开放新体制的重大举措，是推进现代服务业强省建设的重要内容。河南省要想推进服务贸易快速发展，就需要坚持五大发展理念，不断完善服务贸易相关政策措施，创新服务贸易发展模式，营造良好的服务贸易发展环境。

第一，加快建设服务贸易载体平台。以河南自贸区建设为契机，依托产业集聚区、商务中心区、特色商业区等建设区域性服务贸易基地。努力建好中国（郑州）跨境电子商务综合试验区，构建功能完善、设施齐全的跨境电子商务平台。大力建设跨境贸易电子商务网购商品展示交易集散分拨中心，全力打造全国一流跨境贸易电子商务服务试点。

第二，扩大服务贸易开放领域。加快服务贸易开放步伐，推进服务贸易领域优秀企业采取"走出去"和"引进来"相结合的发展战略，积极拓展"一带一路"沿线国家和地区的服务贸易领域市场，主动引进全球知名的服务贸易领域跨国企业。促进传统服务贸易转型升级，着力发展文化贸易、中医药贸易、离岸贸易等多个领域的服务贸易，不断提高河南服务贸易在国际上的影响力和竞争力。

第三，推进服务外包产业发展。以郑州建设中国服务外包示范城市为契机，积极推进服务外包产业示范园区、示范企业建设。不断拓展服务外包产业业务领域，扩大服务外包产业发展规模，优化服务外包产业内部结构，构建具有区域特色的服务外包产业发展格局。

（四）深化改革，推动金融创新

上海、广东、天津、福建等自贸区在金融领域进行了一系列创新尝试，形成了一大批可复制可推广的宝贵经验。河南自贸区应在吸收这些经验的基础上，继续加大金融制度创新力度。

第一，创新金融组织体系。支持符合国家相关规定的社会资本和民间资本依法依规设立金融机构，为入驻企业提供融资服务。支持符合国家相关规定的银行业金融机构依法依规在河南自贸区各片区设立分支机构，开展经营活动。支持在自贸区内设立互联网保险机构，支持专业保险机构开展互联网保险试点工作。支持符合条件的"一带一路"沿线国家的金融机构在河南自贸区设立金融机构。

第二，创新金融产品和服务模式。鼓励银行、证券公司、保险类金融机构进行金融业务创新，针对科技、环保、能源、交通、物流等领域企业的不同需

求开发形式多样的金融产品，满足企业的合理融资需求。支持科技金融发展，探索投贷联动试点，促进创业创新。探索成立河南自贸区金融创新专家咨询委员会，负责研究自贸区金融改革创新方面的重要课题。

第三，创新外汇管理。借鉴上海自贸区成功经验，创新外汇管理体制，在河南自贸区内开展人民币资本项目可兑换试点，逐步提高资本项目可兑换水平。严格落实国家的相关外汇管理措施，放宽外汇资金集中运营管理准入条件。鼓励河南自贸区内银行机构争取总行支持，开展离岸结算业务，打造自贸区内企业开拓国际市场的结算平台。鼓励自贸区内银行类金融机构与中资银行海外分支机构开展合作，探索跨境投融资业务。

（五）大力引进和培养人才

在人才问题上，政府要发挥主导作用，助推企业和高校积极创新人才培养模式，为自贸区建设输送优质人力资源。政府要为高校和企业合作提供资金、政策支持。另外，政府还要做好外来人才引进工作，从政策、环境、待遇、职业等方面创造良好的人才发展环境，长期坚持下去，必然会打造一支优秀的经营性人才队伍，为促进河南自贸区发展夯实坚实的基础。

第四节　天津自贸区建设对区域经济的影响

建立天津自贸区是推进我国京津冀区域经济发展的重要举措，对于实现区域产业升级，达到区域优势互补，促进经济平稳发展都发挥着巨大的推动作用。

一、天津自贸区的设立背景

（一）京津冀地区的地理位置与区位优势

京津冀两市一省，地理位置紧邻。河北省环抱京津，是京津地区的腹地。从行政区划看天津曾为河北省会，自然与河北的联系紧密，而京津周边的十几个县，也是20世纪五六十年代由河北省划出的。从历史上看，河北保定为传统的京畿重地，也是历史上重要的军事和政治中心，而承德市又有清朝皇帝的夏宫，实际上也是清朝的一个政治中心。天津港既是京津冀地区最便捷、高效的出海口，又是东北、华北和西北地区的海上门户，同时还是雄安新区的主要出海口。从人文上看，该地区的文化习惯相近，百姓联系紧密。从自然资源看，该地区地势平坦、资源丰富，具有非常优越的自然禀赋。目前，该区域的区位优势主要表现在以下几个方面：一是有中国北方最大的产业密集区；二是综合科技实力全国第一；三是中国重要的交通通信枢纽地带，是沟通欧洲和亚太地区的主要交通通道；四是集中了全国最重要的大中型企业，基础工业实力雄厚，发展潜力巨大；五是极富吸引力的旅游热点地区；六是发展包括日、韩、俄在内的东北亚跨国区域合作与产业分工的最佳地区，是投资环境良好的国际协作区。

（二）京津冀协同发展与区域经济一体化的必要性

京津冀协同发展对于我国区域经济的发展具有重要的引领和示范作用，不仅可以促进我国北方经济的快速发展，而且对我国其他地区经济的发展也具有积极的影响。近年来，随着城市化进程的加快，京津冀地区在资源配置上存在不平衡的现象，存在人口、资源、环境等要素的压力，这也加剧了京津冀地区发展的矛盾，而京津冀协同发展对于这种不平衡问题的解决有着直接的推动作用。

在农业方面，尤其是北京和天津两市，对于资源供应大多依赖于市外的资源分配，城市化进程的加快，导致了京津两市的农业资源在日益减少，而经济的发展促使人们对食物的消费量在不断增加，两市的农产品是无法满足本地居民消费的，而河北省在人口密度和农业资源等方面有着明显的优势，可以有效实现京津地区的人口和农业资源转移。从工业资源方面来讲，由于密集型工业吸引了大量的外来人口，工业用地和工业用水则处于比较紧张的状态，这些因素给环境带来了巨大的挑战。由此可见，京津两市不仅要做出产业结构上的调整，同时也必须依赖于产业的转移。

从产业的结构上来看，北京市已经实现了由"二三一"到"三二一"的转变；而天津市作为老工业城市，目前仍是"二三一"结构，正处于"二三一"到"三二一"的转变之中；河北省则是典型的"二三一"结构。因此，三者之间可以互相依存和促进。同时，河北由于紧邻两市，同时具有相应的产业基础和丰富的资源，可以有效成为京津地区的产业转移基地，为京津冀经济一体化也提供了有力的保障。

（三）天津自贸区在京津冀协同发展中的优势

天津自贸区在京津冀协同发展这一国家战略实施的特殊历史背景下，其溢出效应无疑会带动北京市和河北省，以及这一区域的整体建设。如何抓住这一发展机遇，整合区域资源，提振区域外资和外贸的发展，更好地发挥辐射和带动作用无疑具有深远意义天津市的快速发展具有高投资、高增长、高集聚等特点，其中滨海新区的引领带动作用十分明显，天津市在发展经济的同时，对其产业结构也进行了很大调整，初步形成了现代制造业研发转化基地的雏形，基本完成了产业替代、产业转移和产业结构的优化调整。近年来，战略性新兴产业、港口枢纽、生产性服务业发展十分迅速。总体来看，当前天津市正处于一个好的发展时期。同时，天津市的发展同样面临居民收入增长低于 GDP 增长、中小企业力量薄弱、现代服务业发展缓慢等问题。因此，建设自贸区将有助于地区实现经济结构的调整和经济发展方式的转变。天津自贸区获批后，其发展不能只是对上海自贸区的简单复制，应从新兴金融、与现代制造业紧密联系的科技以及政府放权 3 个关键点上寻找新的突破。

天津市申报自贸试验区的一个特殊背景就是京津冀协同发展（图 4-7）。在这个特殊背景之下，天津自贸区承担着双重国家战略，一个是自贸区战略，另一个是京津冀协同发展战略。按照国家对天津市是北方经济中心和北方国际航运中心的定位，天津市的发展要辐射京津冀乃至环渤海，更要带动华北、东北、西北这"三北"地区。而在天津自贸区被列为第二批自贸区之后，无论是港口还是产业显然需要重新整合。继上海自贸区之后，其他几个自贸区的任务都将是带动区域发展，而天津市作为北方经济中心，则要面向"三北"地区，面向京津冀地区。

图 4-7　天津自贸区在京津冀协同发展中的作用

另外，在我国"一带一路"倡议不断落实和发展的过程中，天津自贸区的对外开放格局已经初步形成。作为长江以北地区重要的自由贸易基地，天津自贸区已然成为我国北部融入"一带一路"建设的重要切入环节。对于天津自贸区而言，其承担着深化改革、开拓探索新途径的重任，在未来的发展过程中，天津自贸区必然会为我国北方地区的发展提供巨大的助力。

二、天津自贸区建设情况简介

(一) 天津自贸区设立的基础条件

1. 开放的政策环境

对于天津市滨海新区而言，其自改革开放以来就一直被作为我国经济发展的重要战略地区。我国为推动滨海新区的发展，实行了大量的优先优惠政策，从政策上保障了滨海新区的建设和发展。在滨海新区的发展历程中，曾经历了多次的改革，每一次的改革和转型都推动着滨海新区的进一步完善和发展。

2. 良好的区域优势

天津市地处我国渤海湾的中心，是我国西部大陆交通干线的重要枢纽，同时也是连接我国渤海湾沿岸发展的重要地带。天津港的不断建设和发展，使得港口吞吐能力、装卸效率进一步得到提升，截至今日，天津港口的吞吐量已经成为我国继上海港之后的第二大港。

3. 坚实的物质基础

天津市滨海新区在多年的发展过程中，其综合实力不断提高，其经济实力和综合竞争能力都在不断地增强，随着我国政策的引导和落实，目前我国北部地区已经形成了以京津冀为中心的技术密集型制造体系，而且这一制造体系正朝着结构优化和规模壮大的方向大跨步地前进。凭借着完善的金融体系以及产业发展环境，天津自贸区可谓是有着十分稳固的物质保障基础。

(二) 天津自贸区的区域范围

天津自贸区的地区总面积为 119.99 平方公里，包括以下三个片区。

1. 天津港东疆片区 (30 平方公里)

区域范围：东至渤海湾，南至天津新港主航道，西至反 "F" 港池（天津港北港区）、西藏路，北至永定新河入海口。天津港东疆片区是北方国际航运中心和国际物流中心的核心功能区。

2. 天津机场片区 (43.1 平方公里)

区域范围：东至蓟汕高速，南至津滨快速路、民族路、津北公路，西至外环绿化带东侧，北至津汉快速路、东四道、杨北公路。

3. 滨海新区中心商务片区 (46.8 平方公里)

区域范围：东至临海路、东堤路、新港二号路、天津新港主航道、新港船闸、海河、闸南路、规划路、石油新村路、大沽排水河、东环路，南至物流北路、物流北路西延长线，西至大沽排水河、河南路、海门大桥、河北路，北至大连东道、中央大道、新港三号路、海滨大道、天津港保税区北围网。

（三）天津自贸区的建设成就

六年来，天津自贸区坚持以制度创新为核心，以可复制可推广为基本要求，对照国际一流标准，推出了涵盖投资、贸易、金融、通关、政府服务等近 400 项先行先试改革措施，实现跨境投资、跨境融资、跨境发债、跨境人民币资金池、跨境外币资金池五个跨境金融便利化，着力打造国际化、市场化、法治化、便利化营商环境，积极服务京津冀协同发展战略。

1. 天津港东疆片区

据统计，自天津自贸区挂牌成立至 2020 年 2 月底，天津港东疆片区累计新设企业 11749 家，其中外资企业 1471 家；地区生产总值由 80 亿元增长到 450 亿元，年均增长 40%；税收由 38 亿元增长到 245 亿元，年均增长 45%，累计实现税收超过 750 亿元，处于国内领先水平；累计实际使用外资超过 25 亿美元；累计进出口额超过 5000 亿元，居全国保税港区前列。

在投资便利化领域，东疆片区商事登记流程进一步简化，外商投资备案与工商登记合二为一，外资企业设立率先实现单一窗口、单一表格；国家首批新标准电子营业执照首发应用，实现全程电子化登记和电子营业执照跨部门应用，"不见面"审批广泛推行；试点推行"税库银"三方协议网签模式，纳税人税务登记"一次不用跑"。同时，司法创新不断突破，自贸区法院正式设立，融资租赁中心法庭即将挂牌，对区域内企业参与案件的情况实现全面有效跟踪，对自贸区企业诉讼档案定期进行数据梳理，充分释放和利用司法数据资源积累的价值。

在贸易领域，海关先后出台了六批次便利化措施，大幅压缩申报、查验和通关环节的流程和时间，港口间保税运输、"批次进出、集中申报"、船舶快速通关等口岸监管创新措施常态化实施，平均通关时间已经缩短到 2 个小时，平均报关成本节约 70%。

2. 天津机场片区

自挂牌以来，天津机场片区不断优化产业结构，加快航空全产业链发展。近年来，在空客天津总装线等龙头项目的带动下，保税区航空产业实现跨越式发展。航空产业实现从小到大的转变，相继引进 60 多家航空制造项目，其中著名龙头企业 20 多家，初步形成了航空产业聚集效应。

2019 年年底，在天津机场片区工作局大力协助下，中舟船舶工贸有限公司和新港船舶重工有限责任公司联合承接了巴拿马籍集装箱船"现代雅桥"号和"长锦西诺"号的维修业务。这既是天津市首单船舶保税维修业务，也是我国首单获批在海关特殊监管区域外开展的船舶保税维修业务，成为中国自贸区开展保税维修和再制造业务里程碑式的突破。2020 年年初，空客天津正式获批开展飞机保税维修试点，目前，天津机场片区保税维修试点企业数量增至 9 家。

2019 年底，FT 账户体系在天津自贸区正式落地，中国人民银行批准招商银行天津分行、中国银行天津分行接入 FT 账户分账核算业务系统。作为首批在天津自贸区开立 FT 账户的企业，天津机场片区企业便利蜂商贸有限公司很快就尝到了政策甜头。据介绍，FT 账户是一个本外币合一的账户。一般情况下，企业开外币账户时流程比较烦琐，设立 FT 账户后，这些烦琐的流程就被简化了。在结售汇时，FT 账户适用境外人民币牌价。因此，母公司在做财务报表汇兑损益时就比较麻烦。但如果放到自贸区里用 FT 账户来做，那么跟境外的汇差基本一致。FT 账户自落地以来在天津机场片区得到快速复制和推广，截至 2020 年底，天津机场片区已有 188 家企业开立 FT 账户。

3. 滨海新区中心商务片区

截至 2020 年 9 月，滨海新区中心商务片区累计注册市场主体超 4 万家，其中企业超 2.5 万家，"四上企业"年营业收入 1200 亿元，年税收 70 亿元。区内现有金融、类金融机构超 2700 家，其中持牌机构 76 家，形成功能全覆盖、产品全链条的综合集群优势，成为全市唯一金融全牌照区域。滨海新区中心商务片区作为国家级产融合作试点城区，依托区位优势，着力服务京津冀协同发展国家战略，在央企产融结合方面取得突破，区内聚集 70 余家央企设立的 300 余家创新型金融主体，投资总规模超 3000 亿元。

三、天津自贸区建设对京津冀区域经济的影响

（一）天津自贸区建设对京津冀区域经济的积极影响

1. 有利于疏解非首都功能，加快优质产业承接

北京市整体的产业发展进入了退二进三阶段，第二产业基本上要逐步退出，设计、金融、商务、信息、科技等现代服务业将成为第三产业的主要支柱。河北省要做好承接北京第二产业的准备，天津市的发展思路则是优二进三，即优

化第二产业结构，重点发展第三产业。在协同发展过程中，地区间的复杂关系为京津冀三地带来了新的机遇和挑战。天津市与北京市的协同要换位思考，明确自身优劣，知晓对方需求，天津市需要做好承接北京市产业转移的准备。具体来说，要考虑如何与北京市的总部经济进行对接，延伸产业链条。同时，还要考虑在此过程中如何实现北京市科技、教育等城市功能的疏解，天津市目前城市基础设施建设迅速，但是发展总部经济以及疏解教育、科技功能所需的文化、政策、法规等软环境还有待提升。未来天津市要承担区域协同发展任务，包括建设自贸区，因而需要进一步解放思想，创新理念，思考如何对接世界高端产业、人才和其他高端要素，同时需要进一步提升整体服务功能，打造更优的投资环境。

2. 有利于促进本地经济发展，真正实现以开放倒逼改革

"以开放促改革"，是中国经济取得成功的关键所在。改革开放带来的制度红利是中国40多年发展的原动力，这点历史已经证明。对天津市而言，作为我国四大直辖市之一，跟北京市和上海市相比，天津市的市场经济还不是很发达，如果没有开放的市场产生的倒逼压力，政府改革有可能远远滞后，必须推进从经济建设型政府向公共服务型政府的转型，否则将会对天津市经济的进一步发展产生一定的阻碍作用。自贸区是中国经济增长与开放的新亮点，是新的开放尝试，是以开放倒逼改革的最好形式。那么，在天津市构建自贸区正是要通过这样的形式促进政府的各项经济体制改革，有力地推动政府职能的转变，从而也有助于地区实现经济结构的调整和经济发展方式的转变，进而进一步推动天津市经济的强势发展。

3. 有利于提供制度创新，引领示范

在天津自贸区三个片区中建立行政审批局，实施"一颗印章管审批"制度，使得审批的效率大大提高；在市场主体信用风险分类中，自贸区将市场主体信用风险分成了四个大类，并面向社会公示，实现了社会信用体系的市场监管；对外商投资也实行准入前国民待遇加负面清单管理模式，在投资项目实施备案中，如果要件齐全，外商投资备案可以一天办结。

4. 有利于统筹京津冀一体化发展

在互动中互利，在共享中共赢，天津自贸园区将为京津冀协同发展提供巨大助力。港口是天津的核心战略资源和最大优势，也是天津自贸区的重要立足依托。天津港承担了北方经济带约80%以上的集装箱贸易。而作为自贸区设计里最重要的海关特殊监管，京津冀通关一体化"快速通道"的打开，加上自

贸区的贸易便利化，无疑将为京津冀发展带来更强推力。天津自贸区通过产业的引进与转移、集聚与扩散，借助互联互通、通关一体化等机制，有助于区域生产要素的再配置，可以加速资源要素流通，提振区域外资与外贸发展，更好地发挥辐射和带动作用。在自贸区建设方面，"京津冀"自贸区的初步设想正是将已经申报的天津自贸区、河北自贸区和北京自贸区连为一体，以河北为腹地，京津为核心，不仅促进了京津冀一体化，还解决了单自贸区体量不足的问题。

5. 有利于推动我国经济一体化的进程

2008 年国际金融危机以后，整个世界的经济一体化进程大大加快，这样就要求全球要素实现新的重组，而我国也在积极步入这一全球化的进程。然而，这一进程中既有机遇，又有挑战，为此，党的十八大提出了自贸区的命题，这是中国应对未来全球化进程的战略性决策。通过这种先试先行的做法，可以寻求稳妥、渐进的改革开放模式并形成可以在全国可复制、可推广的经验。天津市作为环渤海地区最为重要的沿海港口城市将成为最有竞争力的城市。天津自贸区不仅可以辐射整个环渤海地区的经济，而且面向日韩和东北亚，并具有良好的对日对韩合作基础，它的区域性特点更强，尤其是对我国与东北亚的日本和韩国的跨国自由贸易大区的建立也能够起到助推的作用。新的时代背景下，天津自贸区正在高标准谋划"十四五"，努力承担更多、更重大的国家使命和战略任务，着力构建中日韩自贸区战略先导区，辐射东北亚，联结全球经济。

（二）天津自贸区建设对京津冀区域经济的消极影响

1. 不利于形成相匹配的权利领导机制

北京和天津是直辖市，河北是省级单位。在经济社会发展和行政动员力度上河北明显要低一些。由于在京津冀这三地中，高层权力的不匹配，必然导致无法形成一个强有力的组织领导机制。同时，行政决策又受到领导者水平的影响，容易产生随意性、主观性。另外，权力过于集中，管理层次较多，也会导致信息在传递过程中出现迟缓或失真等状况。

2. 不利于生态环境问题的缓解与保护

京津冀地区经济的快速发展，加大了区域生态环境的负担。工业的发展需要大量的资源，如淡水资源、矿产资源等。在无节制的发展状态下，河北，北京和天津三地的水土资源污染和短缺困境愈加显著，地下水位下降，土地盐碱化，旱涝灾害等情况频发，尤其是整个京津冀区域的大气污染问题，工业上排放的大量有害气体和烟尘对京津冀地区造成了严重危害。

3. 不利于京津冀区域经济的结构发展

京津冀地区经济目前正处于快速发展阶段，因为产业结构不合理，京津冀三地之间合作有限，所以无法形成合理的产业分工，产业价值链残缺，京津冀地区中各城市的发展也都面临结构升级缓慢的陷阱，无法达到规模效益，严重限制着城市经济发展方式的转变和经济结构的升级，最终也会导致京津冀三地经济呈现下降的趋势。

四、加强天津自贸区与京津冀协同发展的对策

（一）完善融资租赁市场，大力发展金融业

融资租赁业的良好发展作为天津自贸区一大优势，要充分利用起来，而明确融资租赁并将融资租赁纳入金融行业、完善金融租赁市场应有的配套政策和措施能进一步扩大天津自贸区的比较优势，使金融业发展速度加快，并带动提升区域价值，推动京津冀协同发展。

（二）完善信用体系，加强风险的管控

天津自贸区的设立带来的好处固然多不胜数，但面临的风险和不确定性也大大提高，负面清单开放程度如何确定就是一个需要解决的难题，自贸区开放程度过小将制约自贸区的发展速度，但开放程度过大，将对自贸区产生巨大冲击不利于我国新政策措施的推行与实验。总体而言，天津自贸区的设立对于京津冀协同发展影响利远大于弊，因此我们应该充分利用天津自贸区的发展优势，放大优势，加强其对周边地区的辐射作用，并及时发现潜在的问题，弥补不足，解决短板问题，努力向京津冀协同发展的目标前进。

（三）促进资源合理流动，实现京津冀地区优势互补

京津冀三地常住人口约为1.1亿人，土地面积有21.8万平方公里，地缘相接、人缘相亲、文化一脉，完全是能够协同发展的。

为了促进京津冀协同发展，首先要立足京津冀三地各自的比较优势，其次一定要立足区域的优势互补，接着要优化区域分工和产业布局，最后要以资源要素空间统筹规划利用为主线，从广度上和深度上同时加快京津冀地区的经济发展。

第五节 广东自贸区建设对区域经济的影响

2014 年 12 月，中国（广东）自由贸易试验区（以下简称"广东自贸区"）经国务院正式批复成立，自贸区实施范围包括广州南沙新区片区、深圳前海蛇口片区、珠海横琴新区片区。打造广东自贸区，意在依托广东省毗邻港澳的地理优势，充分推动内地与港澳之间的深度经济合作。广东自贸区总体方案还指出，发挥辐射带动功能是广东自贸区的主要任务之一，自贸区将力图通过更加开放的政策，促进加工贸易转型升级，打造具有世界先进水平的综合服务枢纽，从而带动泛珠三角周边城市和广东省产业结构升级。

一、广东自贸区的设立背景及区位优势

（一）广东自贸区的设立背景

2013 年 9 月，上海自贸区挂牌实施，作为中国首个自贸区，它不仅推动了上海经济的发展，更成为全国经济改革和转型的重要窗口。经过一年的探索，上海自贸区成果显著，国务院又提出在广东、天津、福建三地再设三个自由贸易园区，在更大范围内推广上海自贸区的经验。

选择广东作为第二批自贸区，其设立背景可以从外部和内部两方面考虑。

1. 外部背景

广东自贸区意在加强粤港澳经济合作关系，建立粤港澳合作的高效体系。因毗邻港澳，广东一直作为重要平台和窗口连接内地与香港、澳门的合作。但是粤港澳的经贸往来却并不如想象中的通畅，在过去十几年的时间里，经贸关系主要通过 CEPA 实现。CEPA 即《内地与香港关于建立更紧密经贸关系的安排》，作为中国首个签署实施的自由贸易协议，其内容主要涉及粤港澳之间的货物贸易、服务贸易以及贸易投资便利化，该协议自 2003 年签订以来，每年会签署一份补充协议以实现内容的进一步完善。截至 2014 年底，CEPA 已签署十份补充协议，经贸关系虽有改善，但两地服务贸易在香港服务贸易总量的占比却未能得到显著提高，未能实现 CPEA 的设计初衷。究其原因，一方面，内地部分行业存在行业壁垒，市场开放度不够，如金融银行证券业。在 CPEA 协议框架下，两地金融合作授权有限，经营范围也受到较多限制。另一方面，CEPA 信息不透明且审批程序烦琐，这导致港澳企业想要真正有效地进入内地

市场,仍面临很多障碍。在此背景下,广东自贸区通过优化园区内国际营商环境,消除隐性壁垒,提高透明度和公平性,从而承担起促进内地与港澳经济深度合作的重要角色。

2. 内部背景

就内部环境而言,一方面是中国自身的改革需求。过去几十年,在 WTO 关税减让的大背景下,中国依靠中国制造和后发优势实现了经济的"超级赶超"和"大推进"战略。但在国际需求疲弱及低成本优势日趋丧失的局面下,中国过去的核心驱动力(本质上是半市场化形成的资本积累和贸易竞争优势;低版权模仿迅速集聚的制造业产能,而各级政府 GDP 业绩形成的低成本基础设施、货币投放和国有经济垄断)逐渐衰弱。而以 TPP 为主的设计则关注环保、知识产权和劳工保护等生产环节的内容,也对中国核心驱动力提出了挑战。同时,经过低成本优势的快速积累,中国现在是全球第一大贸易国,客观需要人民币国际化和资本回流。另一方面是中国区域发展的战略选择。中国在上海市成立第一个自贸区一年之际,又批准了包括广东省在内的三个自贸区,这不仅发挥了我国传统的"摸石头技术",即选择具备基础条件的特定区域实施更加开放的政策措施来承担先行先试的任务,符合我国自贸区发展"循序渐进"的总体思路,也体现出了自贸区发展"前承后继"的切实需求。自 1979 年以来,我国实行的是从沿海到内地、从东向西、由局部到全面、逐步推进的渐进式开放战略,基本完成了由区域非均衡战略到均衡战略的转变。当下,我国进一步优化经济发展空间格局,实施重点区域带动发展战略。广东省作为早期改革开放的前沿阵地,在对外开放和先行先试方面积累了丰富经验,因而成为第二批自贸区的首要选择地,也成为新一轮改革开放的重点区域。

(二) 广东自贸区的区位优势

1. 区位优势明显

广东自贸区地理位置具有优势,其中的深圳蛇口片区和珠海横琴片区毗邻香港、澳门两个国际自由港,香港是国际贸易中心、国际金融中心、国际旅游中心,香港和澳门在 WTO 中拥有单独关税区的特权。广东自贸区的三大片区各自区位优势不同,发展定位也不同。深圳前海蛇口片区毗邻香港,担负着金融创新和人民币国际化的重任,着重发展信息服务、金融服务、科技服务等战略性新兴服务业,为我国的金融业对外开放树立模范,努力打造成为国际服务贸易的重要基地;珠海横琴新区片区面向澳门,重点发展休闲旅游、金融服务、商务服务、文化创意、中医保健、科教研发和高新技术等产业，促进澳门经济多元化发展，建设国际商务服务休闲旅游基地和文化教育开放先行区；广州南沙片区位于珠三角的中心，众多加工型企业建立在周围，具有综合性优势，着力发展航运物流、高端制造、国际商贸、特色金融等产业，建设以生产性服务业为主导的现代产业和具有世界先进水平的国际性枢纽港。三者定位各有侧重，互补发展，以点带面。广东自贸区建设，将促进粤港澳经济合作融合和广东产业结构转型升级。

2. 庞大的制造业体系优势

改革开放四十多年以来，广东省经济成长迅速的原因之一，归于制造业的崛起带动了经济增长的高速发展。广东省与香港、澳门的来往密切，特别是在经济贸易方面，珠三角地区依托改革开放先行一步的制度创新优势和毗邻港澳的区位优势，集聚了一批具有市场竞争力和创新能力的制造业集群，通过引入外商投资和培育地方产业，积极发展和壮大制造业，与港澳合作将珠三角地区打造成为"世界制造基地"。香港拥有顶尖服务业体系，而广东省拥有庞大的制造业体系，两者优势互补。

3. 雄厚的外贸基础

多年来，广东省在全国的对外贸易中一直处于领先地位。在全球疫情与国际环境复杂等诸多不确定因素下，2020 年广东省进出口贸易总体发展态势维持平稳，略有缩减。2020 年，货物进出口总额为 7.08 万亿元，比上年下降 0.9%。其中，出口总额为 4.35 万亿元，比上年增长 0.2%；进口总额为 2.73 万亿元，比上年下降 2.6%。广东省是全国外贸大省，对外贸易出口规模大。改革开放政策吸引了丰富的人力资源，在广东对外贸易中起着积极作用，经过多年探索实践，广东省已发展成为全国规模最大最重要的外贸基地，积累了雄厚的外贸基础。

二、广东自贸区建设情况简介

（一）广东自贸区的设立

2014 年 12 月，国务院决定设立"中国（广东）自由贸易试验区"，广东自贸区涵盖三个片区：广州南沙新区片区（广州南沙自贸区）、深圳前海蛇口片区（深圳蛇口自贸区）、珠海横琴新区片区（珠海横琴自贸区），总面积116.2 平方公里，广东自贸区立足于面向港澳台深度融合。

（二）广东自贸区的实施范围

1.广州南沙新区片区（含广州南沙保税港区7.06平方公里，共60平方公里）

①海港区块15平方公里：海港区块一，龙穴岛作业区13平方公里，东至虎门水道，南至南沙港三期南延线，西至龙穴南水道，北至南沙港一期北延线（其中南沙保税港区港口区和物流区面积5.7平方公里）；海港区块二，沙仔岛作业区2平方公里。

②明珠湾起步区区块9平方公里：东至环市大道，南至下横沥水道，西至灵山岛灵新大道及横沥岛凤凰大道，北至京珠高速，不包括蕉门河水道和上横沥水道水域。

③南沙枢纽区块10平方公里：东至龙穴南水道，南至深茂通道，西至灵新大道，北至三镇大道。

④庆盛枢纽区块8平方公里：东至小虎沥水道，南至广深港客运专线，西至京珠高速，北至沙湾水道。

⑤南沙湾区块5平方公里：东至虎门水道，南至蕉门水道，西至黄山鲁山界，北至虎门大桥，不包括大角山山体。

⑥蕉门河中心区区块3平方公里：东至金隆路，南至双山大道，西至凤凰大道，北至私言滘。

⑦万顷沙保税港加工制造业区块10平方公里：东至龙穴南水道，南至万顷沙十一涌，西至灵新公路，北至万顷沙八涌（其中南沙保税港区加工区面积1.36平方公里）。

2.深圳前海蛇口片区（共28.2平方公里）

①前海区块15平方公里：东至月亮湾大道，南至妈湾大道，西至海滨岸线，北至双界河、宝安大道（其中深圳前海湾保税港区3.71平方公里：东至铲湾路，南以平南铁路、妈湾大道以及妈湾电厂北侧连线为界，西以妈湾港区码头岸线为界，北以妈湾大道、嘉实多南油厂北侧、兴海大道以及临海路连线为界）。

②蛇口工业区区块13.2平方公里：东至后海大道—金海路—爱榕路—招商路—水湾路，南至深圳湾，西至珠江口，北至东滨路、大南山山脚、赤湾六路以及赤湾二路。

3.珠海横琴新区片区（共28平方公里）

①临澳区块6.09平方公里：东至契辛峡水道，南至大横琴山北麓，西至知

音道，北至小横琴山南麓。

②休闲旅游区块 10.99 平方公里：东至契辛峡水道，南至南海，西至磨刀门水道，北至大横琴山。

③文创区块 1.47 平方公里：东至天羽道东河，南至横琴大道，西至艺文二道，北至港澳大道。

④科技研发区块 1.78 平方公里：东至艺文三道，南至大横琴山北麓，西至开新一道，北至港澳大道。

⑤高新技术区块 7.67 平方公里：东至开新二道，南至大横琴山北麓，西至磨刀门水道，北至胜洲八道。

（三）广东自贸区的建设成就

1. 广州南沙新区片区

自从 2015 年 4 月 21 日自贸区挂牌以来，广州南沙新区片区全面贯彻落实党中央、国务院关于自贸区建设的决策部署，认真贯彻落实广东自贸区"总体方案""深改方案"，按照广东省委、广州市委工作要求，抢抓粤港澳大湾区等建设重大机遇，始终坚持以制度创新为核心，解放思想、攻坚克难、锐意进取，加强统筹谋划和改革创新，扎实推进各项工作任务，自贸发展水平不断提高。6 年来，广州南沙新区片区累计形成 719 项制度创新成果，2020 年新增制度创新成果 189 项。其中，广州南沙新区片区首创商事登记确认制、全球溯源体系等一批标志性改革品牌，已成为中国首批法治政府建设示范区，市场化、法治化、国际化营商环境初步形成，荣获全国法治政府建设示范区（区县级）、"国际化营商环境建设十佳产业园区"等称号。

2. 深圳前海蛇口片区

数据显示，深圳前海蛇口片区以制度创新为核心，近年来不断优化营商环境，加快政府职能转变。截至 2020 年 5 月，该片区已累计推出 560 项制度创新成果。目前，片区有 49 项改革创新经验在全国复制推广，69 项在广东省复制推广，165 项在深圳市复制推广。

3. 珠海横琴新区片区

珠海横琴新区片区开发建设 6 年来，创新思路、凝聚力量、突出特色，创新成果不断涌现，特别是在制度创新方面，横琴片区以制度创新为核心，发挥改革创新拓荒牛的精神，在改革系统集成协同高效上率先试、勇实践，累计落地 510 项改革创新措施。2020 年，珠海横琴新区片区新增注册澳门企业 1395 家，同比增长 67.47%，截至目前，珠海横琴新区片区累计注册澳资企业突破 4000 家，已成为内地澳资企业最集中的区域。粤澳合作产业园建设稳步推进，园区 24 个项目已开工，总投资已达 792.7 亿元。

（四）广东自贸区的特点

广东自贸区的总体战略定位是深化粤港澳融合，面向全球，对接东南亚，侧重服务贸易自由化。广东自贸区涵盖广州南沙新区片区、深圳前海蛇口片区、珠海横琴新区片区三大片区，总面积 116.2 平方公里。三大片区分别属于广东三大市，构成黄金三角。广州南沙新区片区重点发展生产性服务业、航运物流、特色金融和高端制造业，努力打造成为国际性高端生产性服务业要素集聚高地；深圳前海蛇口重点发展科技服务、信息服务、现代金融等高端服务业，建设成为我国金融业对外开放试验示范窗口、世界服务贸易重要基地和国际性枢纽港；珠海横琴新区重点发展旅游休闲健康、文化科教和高新技术等产业，建设成为文化教育开放先导区和国际商务服务休闲旅游基地，发挥促进澳门经济适度多元发展新载体、新高地的作用。

三、广东自贸区对珠三角及周边地区的影响

（一）对珠三角及周边地区的经济发展有一定的示范作用

广东自贸区以创新制度为发展前提，而创新制度的关键在于转变政府职能，使自贸区在更加国际化和法制化的运营环境下成长。自建成以来，广东自贸区在投资类、贸易类、金融类、财税类和综合类几大方面都出台了诸多政策法规和管理制度，很多政策制度有望能延伸至地方性法规。因此，广东自贸区的建设对珠三角地区的经济发展创新管理制度有一定的示范作用。

（二）对珠三角及周边地区的产业发展有一定的辐射带动效应

1. 带动现代服务业发展

广州市、深圳市和珠海市是珠三角地区服务业比较发达的地区，广东自贸区的现代服务业发展将带动珠三角乃至周边地区现代服务业的发展。近年来，随着经济的飞速发展，珠三角地区的产业结构也不断升级和调整，在第三产业中，珠三角地区的服务业发展水平处于上升期，第三产业中的行业规模不断扩大，行业种类逐渐增加。更重要的是，珠三角地区第三产业的产值占广东省第三产业的比例逐年攀升，1990 年珠三角地区服务业产值约占广东省服务业的

73%，到 2016 年，约占 93%，可见，珠三角地区现代服务业在广东服务业中占据显著地位。

2. 金融业产业升级

广东自贸区在金融产业也有很大的影响。一方面，"简政放权"的政策推行使新一轮的金融改革热潮涌现。"负面清单"制度使民营企业和外商投资企业享有一致"国民待遇"，且清除了因所有制不同而存在的发展阻碍，使平等竞争落实在各大企业之中。另一方面，自贸区内放开民营银行的进入权限，并且大力支持民间资本注入，这可以为自贸区的改革创新之路提供更坚实的储备基础。民营银行的建立为中小民营企业提供了途径，继而解决了中小企业融资难的问题，给予中小企业更多的选择。金融行业的创新改革为外商投资创造了条件，灵活的融资渠道又会促进珠三角地区民营或外资企业的入驻。

（三）可在很大程度上促进粤港澳服务业的深化合作

广东自贸区在服务业上的经营策略在很大程度上可以以香港为借鉴对象，香港是世界知名的自由港，服务业产值已经占到地区总产值的 90%，服务贸易出口总额在全球范围能排进前十位，大约有 300 万香港人从事服务业，可以说服务业的发展支撑了整个香港的经济，香港是名副其实的世界服务业之都。借鉴并发展香港服务业这些年的成功经验，对广东自贸区服务业的发展是很有必要的，只有真正意义上的体制对接、法律相通、资质互认，才能形成实质性的合作共赢。近年来，内地的服务业也在迅猛发力，展现出强有力的追赶之势。被定位为未来整个珠三角地区的"曼哈顿"——深圳前海深港现代服务业合作区将发挥强大的"虹吸效应"，吸引更多的港资服务业企业进驻，在总部经济、产业创新等思路下，促进深港服务业合作深度不断升级。而广东自贸区珠海横琴新区片区也利用自身地缘优势和政策支持积极发展与澳门的产业合作，尤其是在会展、旅游、商贸、文化教育等几个方面。

（四）可给进出口贸易带来便利

广东自贸区在国际贸易方面将主动对接国际新规则，发展新型国际贸易方式，改进海关监管，减少贸易壁垒，降低贸易成本，营造法治化、国际化营商环境，促进贸易便利化，提高开放水平。广东自贸区创新的贸易政策给广东省的进出口贸易带来利好，具体表现在：一是物资的存仓和运输将更加便利；二是自贸区内企业的垂直和水平专业化分工水平较高；三是提高了进出口企业的资金周转率。

（五）可为物流业发展提供助力

广东省发达的航运业为自贸区的设立创造了优越的条件，而自贸区的设立又为港口的发展提供了助力。这主要体现在以下两个方面：

一是促进港口腹地经济发展。广东自贸区的设立将促进港口内物流产业的发展，有利于提高货物在港口内进行分拣、包装、处理、加工、制造等，进而带动港口腹地其他产业的发展，增加就业机会，不断提高腹地经济水平。

二是提升港口竞争力，增加进出口贸易额。广东自贸区内实行特殊的海关监管政策，不仅会提高本港口航运货物量，还会吸引临港的货物向本港集中，进而提高港口货物中转量，同时也会提高港口的国际知名度，国际知名度的提高又将反作用于港口吞吐量，从而进行良性循环，不断提高港口的国际竞争力。

（六）可产生人才集聚效应

深圳前海蛇口片区的最大亮点是"引入香港具有执业资格的专业人士为前海企业和居民提供专业服务"，由于临近香港，加上优厚的人才政策，深圳前海蛇口片区已经引进了大量的专业人才，如注册税务师、注册会计师等。珠海横琴新区片区实行"24小时通关政策"也带动了大量的澳门的高端人才进驻珠海横琴新区片区。广州南沙新区片区也正在放开医疗、教育方面限制，引进港澳的教育培训、医疗等方面的专业人才。

港澳地区高等教育资源丰富，特别是香港具有一些与国际水平接轨的大学，因此，若能通过自贸区引进这些高端人才，将为广东省的经贸发展带来很大的助力。

四、广东自贸区未来的工作重点

（一）要提高制度执行效率

目前我国国内企业能充分理解并有效运用对广东自贸区政策的并不多，其原因是自贸区政策涉及贸易、金融、税收等许多领域，结构复杂，很多企业缺乏对这些政策的准确认识和解读。因此，必须通过设置适当的体制机制和规则，将自贸区各项举措落到实处，才能发挥制度创新的最大效率。

（二）要鼓励企业充分参与自贸区建设

当前，广东省政府鼓励和支持更多的企业和行业协会参与产品、业务创新，帮助区内企业更好地理解和利用自贸区的各项创新政策。广东省民营企业居多，其生产总值占全省总量的 40%，因此政府要想引导民营企业就应充分利用广东自贸区这一政策平台，鼓励他们在贸易、金融等领域发挥创新作用，开展创新业务不断提高企业实力，提升企业国际竞争优势，从而推动产业转型升级，为下步可持续发展奠定坚实基础。

（三）要在法治保障和制度创新方面有所突破

广东自贸区要想走得更远，就需要在法治保障、制度创新、政府监管模式创新等方面破题。

就法治保障而言，自贸区的发展将是一项长期的国家政策，涉及税收、财政、海关等方面，国家应制定统一的自贸区法律或法规，以法律形式将自贸区的性质、地位、功能等基本问题确定下来，以专门的立法保障自贸区的法律地位以及高效运行，逐步与国际惯例接轨。

就制度创新而言，自贸区要加强对 TPP、TTIP 等国际高标准规则体系的研究，力争在投资规则、贸易规则、知识产权、法治环境、金融创新等重点领域和关键环节先行试点。三大片区要突出重点，系统推进改革创新。

与此同时，政府监管模式也应当有所创新。创新会有风险，而放松管制也同样会有风险。推行自贸区试验，要做好风险的监测与评估。比如，探索粤港、粤澳海关两地一检模式，试行"单边验放"；强化事后监管，在企业诚信、约束和行政执法集中化上与国际规则对接；等等。

此外，自贸区建设，还要发挥区域协同效应。广东自贸区应在全球竞争中充分发挥粤港澳合作优势，破除制约服务贸易发展的体制机制障碍。粤港服务业合作应成为内地与香港经济合作的重点。而与制造业相比，服务业更需要良好的制度环境才能生存与发展。广东自贸区的设立，为不断完善广东制度环境、深化改革提供了机遇，为港澳服务业发展提供了更大的空间与腹地。

第五章 "一带一路"倡议下中国自贸区发展策略

在全球经济深度调整、国际经贸规则重构的新形势下，中国提出共建"一带一路"倡议，并大力推进同沿线国家的自贸区建设。自"一带一路"倡议提出以来，我国自贸区的发展也呈现出发展步伐快、涵盖内容广的特点。通过借助"一带一路"的支持，我国自贸区形成了良好的合作平台，完善了区域间合作，吸引了更多外资的入驻，开拓了合作的领域。但是，在"一带一路"倡议背景下，自贸区也面临着许多的发展问题，其中包括了两者的结合问题、产业结构合理性问题，贸易新规考验等。本章由"一带一路"倡议的主要内涵、"一带一路"倡议为中国自贸区建设带来的机遇与挑战、"一带一路"倡议下中国自贸区的发展模式、"一带一路"倡议下中国自贸区发展策略四部分组成，主要包括"一带一路"倡议提出的背景、"一带一路"倡议的框架思路和内涵解读、"一带一路"倡议的国际意义、"一带一路"倡议对区域经济协调发展的意义、"一带一路"倡议为我国自贸区建设带来的机遇、"一带一路"倡议为我国自贸建设带来的挑战、"一带一路"倡议与自贸区建设的内在联系等内容。

第一节 "一带一路"倡议的主要内涵

一、"一带一路"倡议提出的背景

"一带一路"是"丝绸之路经济带"和"21世纪海上丝绸之路"的简称（图5-1）。2013年9月和10月，中国国家主席习近平分别提出建设"新丝绸之路经济带"和"21世纪海上丝绸之路"的合作倡议。依靠中国与有关国家既有的双多边机制，借助既有的、行之有效的区域合作平台，"一带一路"旨在借用古代丝绸之路的历史符号，高举和平发展的旗帜，积极发展与沿线国家的经济合作伙伴关系，共同打造政治互信、经济融合、文化包容的利益共同体、命运共同体和责任共同体。

图 5-1　"一带一路"的含义

（一）"一带一路"倡议提出的古代背景

丝绸之路是起始于我国西汉时期，连接亚洲、非洲和欧洲的古代陆上商业贸易路线，最初的作用是运输中国古代出产的丝绸、瓷器等商品，后来成为东方与西方之间在经济、政治、文化等诸多方面进行交流的主要道路。

1877 年，德国地质地理学家李希霍芬在其著作《中国》一书中，把"从公元前 114 年至公元 127 年间，中国与中亚、中国与印度间以丝绸贸易为媒介的这条西域交通道路"命名为"丝绸之路"，这一名词很快被学术界和大众所接受，并正式运用。其后，德国历史学家郝尔曼在 20 世纪初出版的《中国与叙利亚之间的古代丝绸之路》一书中，根据新发现的文物考古资料，进一步把丝绸之路延伸到地中海西岸和小亚细亚，确定了丝绸之路的基本内涵，即它是中国古代经过中亚通往南亚、西亚以及欧洲、北非的陆上贸易交往的通道（图 5-2）。

图 5-2　古代丝绸之路的主要路线

丝绸之路从运输方式上，主要分为陆上丝绸之路和海上丝绸之路。

陆上丝绸之路，是指西汉（前202年—8年）汉武帝派张骞出使西域开辟的以首都长安（今西安）为起点，经甘肃、新疆到中亚、西亚，并连接地中海各国的路上通道，以罗马为终点，全长6440千米。这条路被认为是连接亚欧大陆的古代东西方文明的交汇之路，而丝绸则是最具代表性的货物。

海上丝绸之路，是指中国古代与世界其他地区进行经济文化交流交往的海上通道，最早开始于秦汉时期。

随着时代的发展，丝绸之路逐渐成为中国古代与西方所有政治经济文化往来通道的统称。除了"陆上丝绸之路"和"海上丝绸之路"外，还有先北向蒙古高原，再西行天山北麓进入中亚的"草原丝绸之路"等。

（二）"一带一路"倡议提出的时代背景

当今世界正发生复杂深刻的变化，国际金融危机深层次影响继续显现，世界经济缓慢复苏、发展分化，国际投资贸易格局和多边投资贸易规则正在发生深刻变化，各国面临的发展问题依然严峻。

40多年来，中国改革开放事业取得了巨大成就，同时也存在着缺乏顶层设计、谋子不谋势和不注重改善国际发展环境等问题，迫切需要加强各方面改革开放措施的系统集成。以开放促改革是中国改革开放的基本经验，其成功秘诀在于通过主动融入世界市场为公司治理、政府治理引入外部监督，从而提高治理效率。但是，40多年来，无论是宏观、中观还是微观层面，改革创造的外部监督都不是真正的外部监督，监督主体在一定程度上只是治理者的化身，不是来自治理体系外部的主体，效率低下问题仍得不到根本解决，亟待全面深化改革。"一带一路"倡议既是今后中国对外开放的总纲领，也理应成为全面深化改革的总钥匙。通过融入国际治理和开展国企的跨国产权合作，"一带一路"倡议的实施在有效避免"西方经验"局限、防止治理本身被"短视"市场消解和坚持"四项基本原则"的同时，将为中国经济治理、国家治理、社会治理进一步引入来自治理体系之外的监督主体，创造强有力、更有效的外部监督，从根本上解决治理效率问题。当前，在经济新常态和改革"空转"情况下，我国迫切需要加强以"一带一路"倡议为引领构建开放型经济新体制，全面统筹促进国内各领域改革发展特别是供给侧改革。

当前，中国经济和世界经济高度关联。中国将一以贯之地坚持对外开放的基本国策，构建全方位开放新格局，深度融入世界经济体系。推进"一带一路"建设既是我国扩大和深化对外开放的需要，也是加强和亚欧非及世界各国互利合作的需要，我国愿意在力所能及的范围内承担更多责任义务，为人类和平发展做出更大的贡献。

二、"一带一路"倡议的框架思路

"一带一路"倡议是促进共同发展、实现共同繁荣的合作共赢之路，是增进理解信任、加强全方位交流的和平友谊之路。

中国政府倡议，共建"一带一路"要秉持和平合作、开放包容、互学互鉴、互利共赢的理念，全方位推进务实合作，打造政治互信、经济融合、文化包容的利益共同体、命运共同体和责任共同体。

"一带一路"贯穿亚欧非大陆，一头是活跃的东亚经济圈，一头是发达的欧洲经济圈，中间广大腹地国家经济发展潜力巨大。丝绸之路经济带重点畅通的路线包括：中国经中亚、俄罗斯至欧洲（波罗的海）；中国经中亚、西亚至波斯湾、地中海；中国至东南亚、南亚、印度洋。21世纪海上丝绸之路的重点方向包括：从中国沿海港口过南海到印度洋，延伸至欧洲；从中国沿海港口过南海到南太平洋。

根据"一带一路"走向，陆上依托国际大通道，以沿线中心城市为支撑，以重点经贸产业园区为合作平台，共同打造新亚欧大陆桥、中蒙俄、中国－中亚－西亚、中国－中南半岛等国际经济合作走廊；海上以重点港口为节点，共同建设通畅安全高效的运输大通道。中巴、孟中印缅两个经济走廊与推进"一带一路"建设关联紧密，要进一步推动合作，争取取得更大进展。

"一带一路"建设是沿线各国开放合作的宏大经济愿景，需各国携手努力，朝着互利互惠、共同安全的目标相向而行。

三、"一带一路"倡议的内涵解读

"一带一路"倡议是中国扩大对外开放的顶层设计，它向沿线国家以及全球明确传递出推动构建"命运共同体"和"利益共同体"的决心与理念，给沿线国家地区人民带来了实实在在的利益和收获。"一带一路"倡议自提出以来不断拓展合作区域与领域，尝试与探索新的合作模式，使之得以丰富、发展与完善，但其原则与初衷却始终如一。这是认知与理解"一带一路"倡议的基点与关键。

（一）"一带一路"倡议的共建原则

一是恪守联合国宪章的宗旨和原则。遵守和平共处五项原则，即尊重各国主权和领土完整、互不侵犯、互不干涉内政、和平共处、平等互利。

二是坚持开放合作。"一带一路"相关的国家基于但不限于古代丝绸之路的范围，各国和国际、地区组织均可参与，让共建成果惠及更广泛的区域。

三是坚持和谐包容。倡导文明宽容，尊重各国发展道路和模式的选择，加强不同文明之间的对话，求同存异、兼容并蓄、和平共处、共生共荣。

四是坚持市场运作。遵循市场规律和国际通行规则，充分发挥市场在资源配置中的决定性作用和各类企业的主体作用，同时发挥好政府的作用。

五是坚持互利共赢。兼顾各方利益和关切，寻求利益契合点和合作最大公约数，体现各方智慧和创意，各施所长，各尽所能，把各方优势和潜力充分发挥出来。

(二) "一带一路"倡议的基本内涵

"一带一路"倡议是开放性、包容性区域合作倡议，而非排他性、封闭性的中国"小圈子"。当今世界是一个开放的世界，开放带来进步，封闭导致落后。中国认为，只有开放才能发现机遇、抓住用好机遇、主动创造机遇，才能实现国家的奋斗目标。"一带一路"倡议就是要把世界的机遇转变为中国的机遇，把中国的机遇转变为世界的机遇。正是基于这种认知与愿景，"一带一路"倡议以开放为导向，冀望通过加强交通、能源和网络等基础设施的互联互通建设，促进经济要素有序自由流动、资源高效配置和市场深度融合，开展更大范围、更高水平、更深层次的区域合作，打造开放、包容、均衡、普惠的区域经济合作架构，以此来解决经济增长和平衡问题。这意味着"一带一路"倡议是一个多元开放包容的合作性倡议。可以说，"一带一路"倡议的开放包容性特征是区别于其他区域性经济倡议的一个突出特点。

"一带一路"倡议是务实合作平台，而非我国的地缘政治工具(图5-3)。"和平合作、开放包容、互学互鉴、互利共赢"的丝路精神成为人类共有的历史财富，"一带一路"倡议就是秉承这一精神与原则而提出的现时代重要倡议。在这一倡议中，各国都是平等的参与者、贡献者、受益者。因此，"一带一路"倡议从一开始就具有平等性、和平性特征。平等是我国所坚持的重要国际准则，也是"一带一路"建设的关键基础。只有建立在平等基础上的合作才能是持久的合作，也才会是互利的合作。"一带一路"倡议平等包容的合作特征为其推进减轻了阻力，提升了共建效率，有助于国际合作真正"落地生根"。同时，"一带一路"建设离不开和平安宁的国际环境和地区环境，和平是"一带一路"建设的本质属性，也是保障其顺利推进所不可或缺的重要因素。这些决定了"一带一路"不应该也不可能沦为大国政治较量的工具，更不会重复地缘博弈的老套路。

图 5-3　"一带一路"是国际合作平台

"一带一路"倡议是中国参与全球治理的公共产品。"一带一路"倡议作为中国提供的一项国际公共产品，或将全面开创国际公共产品供给新模式。"一带一路"倡议是中国对国际治理的重大贡献，具有足够灵活的机制、足够开放的结构与足够大的体量，既将整个国际发展合作提升到一个全新层次，实现了整个国际发展合作历程的一次重要飞跃，又将中国对外经济合作向前大大推进。

"一带一路"倡议的开放性既与中国倡导开放型世界经济体系的立场高度一致，也与中国坚持对外开放的基本国策高度一致。从中国自身来看，"一带一路"倡议复杂程度超越了我们以往所开展的各类经济技术输出或引进，是对中国改革开放 40 多年来对外经济合作传统的继承、发展和再塑造，是中华人民共和国成立以来提出的规模最大的对外经济合作倡议。从全球视野来看，"一带一路"倡议是冷战后由单一国家提供的最大规模且最大力度的国际经济合作倡议。特别要指出，作为中国参与全球治理的公共产品，"一带一路"倡议受到了国际社会普遍欢迎和广泛支持。

"一带一路"倡议是共商共建共享的联动发展倡议，而非中国的对外援助计划。"一带一路"倡议是在双边或多边联动基础上通过具体项目加以推进的，是在进行充分政策沟通、战略对接以及市场运作后形成的发展倡议与规划。2017 年 5 月，《"一带一路"国际合作高峰论坛圆桌峰会联合公报》中强调了建设"一带一路"的基本原则，其中就包括市场原则，即充分认识市场作用和企业主体地位，确保政府发挥适当作用，政府采购程序应开放、透明、非歧视。可见，"一带一路"建设的核心主体与支撑力量并不在政府，而是企业，根本方法是遵循市场规律，并通过市场化运作模式来实现参与各方的利益诉求，政府在其中发挥构建平台、创立机制、政策引导等指向性、服务性功能。

  "一带一路"倡议是和现有机制的对接与互补，而非替代。参与共建"一带一路"的相关国家要素禀赋各异，比较优势差异明显，互补性很强。有的国家能源资源富集但开发力度不够，有的国家劳动力充裕但就业岗位不足，有的国家市场空间广阔但产业基础薄弱，有的国家基础设施建设需求旺盛但资金紧缺。我国经济规模居全球第二位，外汇储备居全球第一位，优势产业越来越多，基础设施建设经验丰富，装备制造能力强、质量好、性价比高，具备资金、技术、人才、管理等综合优势。这就为我国与其他"一带一路"参与方实现产业对接与优势互补提供了现实需要与重大机遇。因而，"一带一路"的核心内容就是要促进基础设施建设和互联互通，对接各国政策和发展战略，以便深化务实合作，促进协调联动发展，实现共同繁荣。显然，它不是对现有地区合作机制的替代，而是与现有机制互为助力、相互补充。实际上，"一带一路"建设已经与俄罗斯欧亚经济联盟建设、印尼全球海洋支点发展规划、哈萨克斯坦"光明之路"计划、蒙古国"草原之路"倡议、欧盟欧洲投资计划、埃及苏伊士运河走廊开发计划等实现了对接与合作，并形成了一批标志性项目,如中哈(连云港)物流合作基地建设。作为新亚欧大陆桥经济走廊建设成果之一，中哈(连云港)物流合作基地（图5-4）初步实现了深水大港、远洋干线、中欧班列、物流场站的无缝对接。该项目与哈萨克斯坦"光明之路"计划高度契合。哈萨克斯坦"光明道路"党主席佩鲁阿舍夫就表示，在与"光明之路"新经济政策的对接中，"一带一路"倡议有效推动了哈萨克斯坦乃至整个中亚地区的经济发展，为各国在经济、文化等领域的合作开辟了广阔空间，创造了更多机遇。

图5-4 中哈（连云港）物流合作基地

"一带一路"倡议是促进人文交流的桥梁，而非触发文明冲突的引线。"一带一路"倡议跨越不同区域、不同文化、不同宗教信仰，但它带来的不是文明冲突，而是各文明间的交流互鉴。"一带一路"倡议是中外实现民心相通的桥梁纽带。"一带一路"倡议是一项前所未有的系统工程，不仅可作为联通中国梦和世界梦的重要抓手，而且可增强人类命运共同体的情感基础与利益共识。

"一带一路"倡议是中华文化国际传播的重要依据。一方面，"一带一路"倡议诠释了中华文化国际传播的价值意义。创新是文化发展的可贵之处，将中华文化国际传播置于人类文明互通互联、共存共荣的高度，探讨文化创新发展对促进国家经济和社会发展的积极作用，可厘清其在增强"文化自信"与讲好"中国故事"之间的内在逻辑，进而诠释"一带一路"倡议深厚的文化价值与重大的现实意义。另一方面，"一带一路"倡议为中华文化国际传播描绘了实现途径。鉴于此，为了实现文化精神与内涵的有效传播，使中华文化走出去、走进去，就需要大力发展文化产业，探索文化产业与社会经济发展以及人们生活水平之间的重要联系，以期合理挖掘利用文化的价值。法国前总理德维尔潘认为，"一带一路"倡议是推动各方开展合作的重要支柱，"它是政治经济文化上的桥梁和纽带，让人民跨越国界更好交流"。因而，"一带一路"倡议就是要以文明交流超越文明隔阂、文明互鉴超越文明冲突、文明共存超越文明优越，为相关国家民众加强交流、增进理解搭起新的桥梁，为不同文化和文明加强对话、交流互鉴织就新的纽带，推动各国相互理解、相互尊重、相互信任。

"一带一路"倡议是中国构建人类命运共同体的具体实践。习近平总书记指出，推动共建"一带一路"，实现各国战略对接、优势互补，共同应对世界经济当前面临的挑战，符合各国的共同利益。世界多极化、经济全球化、社会信息化、文化多样化越是深入发展，人们越是能够深刻认识到，"一带一路"倡议作为构建人类命运共同体的实践平台，已经在为解决当前全球治理的失灵、失衡和失序问题进行实践探索、积累实践经验。

四、"一带一路"倡议的国际意义

"一带一路"倡议自提出以来，合作范围不断扩大，合作领域逐步拓展。它不仅给参与各方带来了实实在在的合作红利，也为世界贡献了应对挑战、创造机遇、强化信心的智慧与力量。

"一带一路"倡议为全球治理提供了新的路径与方向。当今世界，挑战频发、风险日益增多。经济增长乏力，动能不足，金融危机的影响仍在发酵，发展鸿沟日益突出。"黑天鹅"事件频出，贸易保护主义倾向抬头，"逆全球化"

思潮涌动，地区动荡持续，恐怖主义蔓延肆虐。和平赤字、发展赤字、治理赤字的严峻挑战正摆在全人类面前。这充分说明现有的全球治理体系出现了结构性问题，亟须找到新的破题之策与应对方略。作为一个新兴大国，中国有能力、有意愿同时也有责任为完善全球治理体系贡献智慧与力量。面对新挑战新问题新情况，中国给出的全球治理方案是：构建人类命运共同体，实现共赢共享，而"一带一路"倡议正是朝着这个目标努力的具体实践。"一带一路"倡议强调各国的平等参与、包容普惠，主张携手应对世界经济面临的挑战，开创发展新机遇，谋求发展新动力，拓展发展新空间，共同朝着人类命运共同体方向迈进。正是本着这样的原则与理念，我国针对"一带一路"沿线各国发展的现实问题和治理体系的短板，创立了亚投行、丝路基金等新型国际机制，构建了多形式、多渠道的交流合作平台，这既能缓解当今全球治理机制代表性、有效性、及时性难以适应现实需求的困境，并在一定程度上扭转公共产品供应不足的局面，提振国际社会参与全球治理的士气与信心，同时又能满足发展中国家尤其是新兴市场国家变革全球治理机制的现实要求，大大增强了新兴国家和发展中国家的话语权，是推进全球治理体系朝着更加公正合理方向发展的重大突破。

"一带一路"倡议为新时期世界走向共赢带来了中国方案。不同性质、不同发展阶段的国家，其具体的战略诉求与优先方向不尽相同，但各国都希望获得发展与繁荣，这便找到了各国共同利益的最大公约数。如何将一国的发展规划与他国的战略设计相对接，实现优势互补便成为各国实现双赢多赢的重要前提。"一带一路"倡议正是在各国寻求发展机遇的需求之下，同时在尊重各自发展道路选择的基础之上所形成的合作平台。因为立足于平等互利、相互尊重的基本国际关系准则，聚焦于各国发展实际与现实需要，着力于和各国发展战略对接，"一带一路"倡议在赢得了越来越多的世界认可与赞誉的同时，也取得了日益显著的早期收获，给相关国家带来了实实在在的利益，给世界带来了走向普惠、均衡、可持续繁荣的信心。2016年10月开通的非洲第一条电气化铁路——亚吉铁路（亚的斯亚贝巴至吉布提）和2017年5月开通的蒙内铁路（蒙巴萨至内罗毕），成为中国在非洲大陆承建的两大极具影响力的世纪工程，受到许多非洲国家的好评，被誉为"友谊合作之路"和"繁荣发展之路"。从中非合作的缩影可以看出，"一带一路"倡议是一条合作之路，更是一条希望之路、共赢之路。

"一带一路"倡议为全球均衡可持续发展增添了新动力，提供了新平台。"一带一路"倡议涵盖了发展中国家与发达国家，实现了"南南合作"与"南北合作"的统一，有助于推动全球均衡可持续发展。"一带一路"倡议以基础设施建设为着眼点，促进经济要素有序自由流动，推动中国与相关国家的宏观政策协调。对于参与"一带一路"建设的发展中国家来说，这是一次搭乘中国经济发展"快车""便车"，实现自身工业化、现代化的历史性机遇，有力推动了南南合作的广泛展开，同时也有助于增进南北对话，促进南北合作的深度发展。不仅如此，"一带一路"倡议的理念和方向，同联合国《2030年可持续发展议程》高度契合，完全能够加强对接，实现相互促进。联合国秘书长古特雷斯表示，"一带一路"倡议与《2030年可持续发展议程》都以可持续发展为目标，都试图提供机会、全球公共产品和双赢合作，都致力于深化国家和区域间的联系。他强调，为了让相关国家能够充分从增加联系产生的潜力中获益，加强"一带一路"倡议与《2030年可持续发展议程》的联系至关重要。就此而言，"一带一路"建设还有助于联合国《2030年可持续发展议程》的顺利实现。

写下了《丝绸之路：一部全新的世界史》一书的英国历史学家彼得·弗兰科潘说："丝绸之路曾经塑造了过去的世界，甚至塑造了当今的世界，也将塑造未来的世界。"作为和平、繁荣、开放、创新、文明之路，"一带一路"必将会行稳致远，惠及天下。

第二节 "一带一路"倡议为中国自贸区建设带来的机遇与挑战

随着经济全球化的不断发展，我国的各项产业正向多元化、体系化、合作化的方向发展。"一带一路"倡议的提出既反映了我国在现代化进程中，由于综合国力和世界地位的变化，开始在世界舞台上发挥主导作用，也反映了在新形势下，我国只有和世界各国互利共赢，才能获得经济、社会和环境的可持续发展。

一、"一带一路"倡议对区域经济协调发展的意义

第一，"一带一路"倡议可以在一定程度上缓解区域经济发展不平衡的矛盾。由于我国东部地区的经济总值基数较大，中西部经济增速不强，因此，尽管我国经济发展速度较快，但区域经济平衡发展方面并没有显著改善。整体而言，我国区域经济发展平衡性不足的问题依然严峻，各区域的经济总量差距仍在持续扩大。而"一带一路"倡议的实施与推进，可以将东、中、西部串联起来，将视角置于东、中、西部的协调发展，有助于促进东部产业的合理转移，增强各区域之间的联系，解决区域经济发展不均衡问题。

第二，"一带一路"倡议可以促进区域经济发展的互联互通。我国东部地区外贸规模较大、外向型经济发展较好，但近年来，东部地区对外贸易增速呈现下滑趋势，对外发展动力减弱，陷入增长瓶颈。从中西部地区经济发展来看，东部经济对中西部经济的拉动作用不充分、效果不理想，没有达到预期的效果。而"一带一路"建设有助于打破当前我国东、中、西部区域经济发展的固有模式，可以在一定程度上夯实东、中、西部多向互动、互通、互助的经济发展基础，为落后区域的经济发展提供出路，指导发展较快区域对其他区域予以行之有效的帮扶。

第三，"一带一路"倡议有助于区域经济的分层优化。我国经济发展进入新常态以来，经济整体上进入了增速换挡期，"三期叠加"效应在不同区域展现出了不同的面貌。通过共建"一带一路"，各区域可以共同参与对外发展，使"三期叠加"效应在不同区域得到分层优化。"一带一路"倡议既有助于东部区域产业结构的持续升级，也有助于促进中西部区域的基础设施投建，更有助于各区域根据自身优势找出发展的不同侧重点，形成合理的发展梯度和层次。

二、"一带一路"倡议为我国自贸区建设带来的机遇

自贸区是继经济特区之后中国特色社会主义市场经济的又一大胆探索。自贸区承载着全面深化改革的重任，在"一带一路"倡议背景下，意义尤为重大。目前，中国国内自贸区总共21个，自上海自贸区批准建设以来，形成了许多可复制、可推广的经验，但是，自贸区发展仍处于探索阶段。在全面深化改革的进程中，尤其是在"一带一路"倡议的撬动作用下，我国自贸区建设面临巨大的发展机遇。

（一）优化对外贸易新格局，为自由贸易打开更多通道

在"一带一路"倡议提出之前，我国出口贸易格局相对单一，出口市场高度集中于北美、欧洲、日本等，对这些国家和地区的出口贸易依赖度较大。"一带一路"倡议使我国与沿线国家和地区建立了更加紧密的合作关系，通过签订双边自贸协议等方式，降低了国家间的贸易壁垒，提高了与沿线国家的贸易总量，开辟了对外贸易的新通道，优化了我国国际贸易的区域格局，降低了市场高度集中带来的风险。另外，国与国之间的合作，会存在很多不可预见的摩擦，但是对于利益的追求，却是每一个参与者都追寻的目标。"一带一路"本就是致力于打造一个完全的共同体效应，在国家政策的大环境下，为局部的自由贸易打开更多的渠道，从而带动其他经济产业的协同发展。

（二）利用外部需求和自身优势，有效转移国内过剩产能

众所周知，"一带一路"倡议致力于加强沿线国家和地区的基础设施建设。"一带一路"沿线国家中很多都是欠发达国家，基础设施不完善，且自身基础建设能力较弱。数据显示，产能过剩一直是近年来中国产业发展的"痼疾"，然而我国现在过剩的一些产业，在欠发达国家还没有饱和，尤其是"一带一路"沿线的一些国家，产业发展还不完善，把我国过剩的产能转移到这些地方去，既帮助了他们发展又解决了我们的产业结构调整和产能过剩问题。同时，自"一带一路"倡议提出后，我国与"一带一路"沿线国家签署了大量订单，这些订单的签订，不仅有利于打通我国与沿线各国在交通方面的联系，便于双方贸易往来，而且有利于加深我国与沿线各国在经济文化等方面的交流，为我国经济向海外输出提供了广阔的路径和平台。此外，由产业转移引致的产业转型升级更是机遇无限，如技术改造、研发投入、品牌树造等都会给投资者带来无限机遇。

（三）提升中西部地区开放水平，加快构建全面开放格局

改革开放以来，由于受到多种因素的制约，我国的经济发展一直以东部沿海地区为中心，而忽视了西部地区的经济发展。长期以来，我国东部地区整体经济发展较快，开放水平较高，中西部地区发展相对滞后。"一带一路"倡议在国内的建设重点和投资重心是中西部地区。中西部地区依托其辽阔的区域面积，自然资源丰富，且很多区域与他国接壤，具有得天独厚的资源优势和地理优势。"一带一路"倡议涉及我国西部地区的众多城市，这样我国西部地区自身蕴藏的丰富的自然资源和产品不仅可以通过东南沿海城市运往海外，还可以通过西部地区的公路、铁路建设，把有关资源和产品运往亚欧各地。

"一带一路"倡议加强了中西部地区与沿线国家的经贸往来，加快了经济发展，提升了开放水平，促进了东西部地区经济协调发展，有利于构建我国东西部全方位、全境域的全面开放格局。

（四）倒逼国内企业产业升级，引发区域创新

"一带一路"倡议为我国产业升级做了铺垫。多年来，我国出口的工业品多为低端制造业，出口产品结构单一，产业升级进度缓慢，技术升级发展速度慢，高端产品的出口比重小。随着"一带一路"建设的推进，为了适应不同国家的产品质量标准和要求，适应增长的贸易需求，中国外贸企业不得不改进产品生产技术，提高产品质量标准，投入新生产机器提升生产率，从而倒逼企业进行转型升级，实现新的发展跨越。

另外，"一带一路"本质上是一个国际性区域经济的范畴，"一带一路"倡议的实施必将引发不同国家和地区的区域创新，这包括区域发展模式、区域产业战略选择、区域经济技术路径、区域间合作方式的创新，这其中的每个创新都蕴含着无限的机遇。

（五）吸引更多外资企业进入中国自贸区投资

中国在不断推行法治社会建设的同时，也建立起了良好的法制经商环境，在制度和区域政策上，通过政府对外宣传、市场主体参与、信息资源交流等多种方式让"一带一路"沿线国家深入了解中国自贸区所具有的制度红利，从而吸引更多"一带一路"区域内的公司、企业、个人进入中国自贸区开展贸易投资，为中国经济发展注入新的动力。

（六）不断开拓新的合作领域

传统的贸易合作都仅涉及货物贸易，而"一带一路"倡议不仅涉及传统的货物贸易，还涉及文化、金融、科技、基础建设等领域的合作。"一带一路"倡议的实施有利于进一步开拓自贸区的合作领域。

三、"一带一路"倡议为我国自贸区建设带来的挑战

自贸区的建设对于我国的发展具有重要的意义，有利于提高对外开放水平，进一步促进贸易发展，促进资源的合理配置，加强与其他国家的经济联系，促进共同发展。"一带一路"倡议与我国自贸区的发展具有相似的背景和作用，该倡议的提出为我国相关自贸区的建设与发展带来了很多机遇与便利，但同时，在这一过程当中也存在一些问题与挑战。

（一）自贸区没有发挥综合优势

当前，我国自贸区的发展任务，主要是形成可复制推广的改革经验，在我国对外贸易中，发挥较大的示范带动作用，并服务于国内外贸易企业。自上海自贸区挂牌以来，我国自贸区取得了较快发展，但在发展过程中，每一个自贸区都彼此保持独立。这就导致我国自贸区之间缺乏统一，难以发挥整体效益，导致自贸区的总体溢出规模有限，主要表现在以下两方面。一方面，自贸区保持制度创新的领先性逐渐变得困难。随着我国自贸区创新举措的大力实施，自贸区内外部的政策差异逐渐被缩小，继而导致相关制度创新优势不断被削减，深化自贸区建设的难度将进一步加大。另一方面，自贸区重大平台功能没有形成。

自贸区创新成果的推广，主要采用复制方式，但这种推广方式，必然导致自贸区的优势不断被削弱，整体竞争力大幅度降低。

（二）尚未充分对接"一带一路"建设

在我国改革开放的过程中，"一带一路"建设作为重要的发展举措，不仅是我国对外贸易的突破口，还通过扩展亚欧多边市场，极大地推动了我国市场多元化发展。另外，"一带一路"建设在我国对外贸易的过程中，能够降低我国对欧美发达国家的依赖性，为新一轮的对外开放赋予全新的内容，也能为我国自贸试验区的发展，提供良好的对接支点。但是，我国在构建自贸区的过程中，并未全面分析"一带一路"建设的核心理念，也没有针对"一带一路"建设进行全面布局，这就导致构建的自贸区，不能完全体现我国"一带一路"建设的特色。同时，"一带一路"建设作为国家贸易的主要发展方向，需要在国内外布局一些核心区域，作为重要支点与战略支持。其中，自贸区的构建，为"一带一路"建设对接支点提供了全新契机。但在我国自贸区发展过程中，并没有体现这一特点。

（三）自贸区制度体系需在实践中不断创新与完善

制度创新是自贸区发展的核心保障，我国自贸区自 2013 年成立以来，开创出多项创新，且大部分创新可复制可推广，在贸易便利化和投资便利化方面为自贸区企业提供了制度保障，促进了贸易和投资效率的提高。但是制度创新不是朝夕之事，需要在实践中进行检验和完善，而 21 个自贸区中有 3 个自贸区是刚成立不久的。上海、天津、广东、福建自贸区作为全国自贸区的排头兵，在制度创新方面的实战经验不一定适合所有的自贸区，虽然可复制可推广，在具体引进时也需要加以区分和完善。

（四）自贸区建设存在一些重复建设、浪费资源的现象

自贸区作为我国对外开放的试验田，在当前全球经济发展缓慢的前提下，为经济发展带来更多活力和更大空间，但是在具体建设的过程中，存在一些重复建设、浪费资源的现象，如中欧班列的运行。目前，各个自贸试验区均开通了中欧班列，这些班列在运行的过程中需要各个连接点完美结合，需要多方协力共同运营，才能顺利开行，而且运输成本也相对较高，据了解很多趟中欧班列回程几乎是空车，也有些地方为了抢占资源，通过降低运费税费等方式吸引货物绕道，徒增国内运输成本。所以我们在自贸区的建设过程中应该整合资源，协调统筹，尽量充分利用现有线路和资源，避免因不必要的重复建设而造成资源的浪费。

（五）产业结构设置不够科学合理

对于"一带一路"倡议的具体落实，我国还是缺乏清晰有效的宏观指导。对于国家间的合作仍然处于一定的盲目区，在产业结构的设置上仍然缺乏互补性产业。而对于成熟的自贸区建设而言，产业间的互补性则往往可以推动国际贸易的发展，会促进产业间长久的共存互生。一旦缺乏高度互补的产业，就会导致国家间的贸易失去生命力，使得各领域的贸易发展不平衡，这是自贸区长远发展的一大障碍。

（六）自贸区金融改革不够深入

我国自贸区在发展过程中，已经逐步建立了严格的金融改革模式，并根据相关改革模式，构建了完善且配套的监管制度。但是，纵观我国自贸区的改革路径，其与金融相关的改革措施，大多是围绕提高金融便利化、提升金融产品服务效率展开的。众所周知，金融领域所涵盖的知识错综复杂，涉及内容与领域都比较广泛。如果针对金融领域进行改革，必定具有一定的风险性与复杂性。而当前我国自贸区中与金融领域相关的改革措施，仍停留在表面，改革方法相对保守。在这种情况下，就算自贸区进行了金融改革探索，但改革成果很难满足自贸区较高的发展要求，更难以匹配自贸区的国际化要求与目标。因此，相关部门在自贸试验区金融改革过程中，应该以自贸区为核心，探索新型的改革方式，适当采用投融资汇兑方式，提升相关金融机构业务的自主性。另外，在金融改革过程中，应该着力推进人民币市场化，提升自贸区的发展水平。

（七）"一带一路"沿线国家存在较大文化差异

"一带一路"沿线65个国家属于不同的政治体制，采用不同的法律制度，遵从不同的文化习俗，文化的差异会对经济的合作与发展产生重要的影响。例如，跨境电子商务的发展面临一系列的问题和挑战。电子商务和物联网的快速发展，使得跨境电商的发展已成为当前世界贸易经济发展的重要组成部分，纵观当前"一带一路"沿线国家，目前与我国建立自贸区或者有意愿建立自贸区的国家一般都是发展中国家或者转型经济体，由于文化差异以及意识形态的不同，彼此之间的消费观和消费习惯都存在很大差异，再加上跨境电子商务的虚拟性交易特性，对安全信任度要求比较高，会从某种程度上阻碍跨境电商的发展。

文化差异的存在会增加贸易与交往的难度，易导致贸易摩擦，因此意识形态、民族、文化、种族等的差异是我国企业"走出去"必须慎重考虑的内容。另外，

"一带一路"沿线国家多为经济发展水平较低的发展中国家，这些国家的监管体系尚不完善，相关的法律、劳工保障制度等还存在一定问题，给中国企业的经营带来了一系列问题和风险。

（八）"一带一路"沿线国家经济发展不平衡，自贸区建设存在不确定性

首先，"一带一路"沿线国家的经济发展水平差异较大，各国经济结构、需求等也大不相同，一方面增加了建立自贸区的复杂程度和难度，另一方面在一定程度上也影响了我国与其进行经济合作的广度和深度。其次，国际范围内市场环境的变化较大，当前世界经济仍处于不稳定状态，宏观经济、行业和市场环境的变化都有可能对投资造成影响，进而对自贸区的建立发展产生影响。然后，在经济发展不景气的大背景下，贸易保护主义有所抬头，部分"一带一路"沿线国家的关税水平仍然较高。尽管签订了一些自贸区协定，但是各种"隐形壁垒"的客观存在无疑阻碍了自贸区的建设发展，降低了"一带一路"倡议与自贸区的协同作用。最后，在"一带一路"倡议和自贸区的推进过程中，国际金融风险是无法避免的，美联储、欧洲等货币政策的改变加剧了国际货币市场的动荡不定，由此带来的汇率波动、物价不稳定、债务风险等会严重影响自贸区的建立与发挥作用。

（九）"一带一路"沿线部分国家政局不稳定，制约沿线国家的自贸区建设

我国与"一带一路"沿线国家建立自贸区所面对的政治风险是不可忽视的。政府换届、民族矛盾、武装冲突、恐怖主义等都会影响自贸区的建设与发展，而"一带一路"沿线国家中有相当一部分国家政局不稳定，社会较为动荡，甚至一部分国家受到战争和恐怖主义的威胁，其中地处中东、中亚及南亚地区的国家格外严重。这些为"一带一路"倡议的推进和自贸区的建设发展带来很大的风险与不确定性，必须采取一定措施规避这类风险。

第三节 "一带一路"倡议下中国自贸区的发展模式

"一带一路"倡议是区域经济一体化发展的重要途径，也是世界经济发展的重要趋势。"一带一路"倡议的实施能够加快我国的对外贸易，促进高标准自贸区的构建。在"一带一路"倡议背景下，我国自贸区的发展方式主要有境

内开放和境外开放两种。同时，"一带一路"倡议为我国自贸区提供了新的发展机遇。我国自贸区应抓"一带一路"倡议带来的发展机遇，加快高标准自贸区构建，不断提高自贸区发展水平。

一、"一带一路"倡议与自贸区建设的内在联系

2015年3月28日，国家发改委等三部委发布的《推动共建丝绸之路经济带和21世纪海上丝绸之路的愿景与行动》中提出，"一带一路"建设以实现"政策沟通、设施联通、贸易畅通、资金融通、民心相通"为目标。其中"贸易畅通"的内涵是在"一带一路"沿线实现贸易上的通畅，实现投资贸易的便利化，努力消除投资和贸易壁垒，在区域内积极构建良好的商贸环境，积极同沿线国家及地区共同商建自贸区。这对于认识"一带一路"倡议和自贸区建设的关系具有指示性作用。

简单来说，"一带一路"倡议就是中国针对当前国际新形式提出来的国际经济合作倡议，旨在发展我国的对外经济贸易，促进新时代下的对外开放进程。由此可见，进行"一带一路"建设的意义重大，它能够进一步促进我国贸易的发展，实现地区的经济繁荣，对于自贸区的发展建设也有着指导意义。所以我们必须抓住这个机遇，加快自贸区的建设发展速度，实现"一带一路"倡议背景下自贸区经济的飞速发展。

（一）"一带一路"倡议与自贸区建设的内在一致性

"一带一路"倡议是我国扩大对外开放的重大举措和经济外交的顶层设计。开放带来进步，封闭必然落后。实现贸易畅通就是通过发展与沿线国家的贸易往来、促进沿线地区的经济繁荣和稳定，从而实现新时期中国对外开放水平的提升。加快实施自贸区战略则是从我国经济社会发展的实际出发，根据国际经贸新形势所作出的重大战略决策部署。

"一带一路"倡议和自贸区建设都侧重于发展与沿线国家或地区的区域经济合作，其主要原因及成立的基础在于，我国与沿线国家和地区的贸易总额已经超过我国外贸总额的60%，从沿线国家和地区获得的投资已超过外资总额的70%。通过"一带一路"倡议，与这些沿线国家或地区逐步建立起双边共赢的自贸区，我国经济会表现出更加明显的溢出效应，此举也必将受到国内及沿线国家或地区的欢迎。同样，在"一带一路"沿线新设的自贸区，将逐步促成"一带一路"大市场的形成，使沿线国家或地区在交通运输基础设施建设、贸易来往、文化交流等领域加深合作力度、提高共识，从而以更广范围、更高层次的合作

推进"一带一路"建设的进程。

这两大政策对于推进改革开放、推动形成全方位的对外开放新格局，从而最终实现中华民族伟大复兴的"中国梦"都具有深远的意义。可以说，中国自贸区发挥服务支撑作用，是"一带一路"倡议的驱动力量，而"一带一路"倡议则作为载体和基础，将各个自贸区"由点成线""从线到面"联系起来，推动中国自贸区战略体系的构建。因此可以说，"一带一路"倡议与自贸区建设是"一体两面，相互促进"的关系，二者将共同促进中国对外开放新格局的形成。

（二）"一带一路"倡议将对自贸区建设起带动作用

"一带一路"倡议的提出，为中国自贸区的发展创设了良好的机遇和条件，世界范围内的全球自贸协定谈判在不断发展当中，世界主要的经济体都涉及其中，这会在很大程度上影响世界经贸规则。

在"一带一路"倡议所涉及的国家或地区中，既有经济社会发展水平很高的发达国家，也有基础设施亟待提高的发展中国家，经济水平、社会体制存在很大的不同。"一带一路"倡议的目的，就是促成整个"一带一路"沿线国家产生优势互补、合作共生的效果，有效推进区域内国家或地区的经济合作和商贸往来。"一带一路"倡议的落地能够快速地带动周边国家、地区的协同发展，形成良性循环。以制度创新为焦点，通过自贸区这个平台，可有效推进与"一带一路"沿线国家或地区间的文化交流、经贸合作与制度融通，从而消减和化解"一带一路"倡议实施过程中的文化隔膜、贸易壁垒和制度障碍。另外，通过地理交通互联形成的中国自贸区体系，将会为"一带一路"自贸区网络的形成与发展起到协助推进作用。中国自贸区自身具有服务支撑"一带一路"倡议的功能作用与历史使命，而中国自贸区的制度创新与地缘优势则是"一带一路"倡议与自贸区建设对接的主要"着力点"和"轨道桥梁"。同时，"一带一路"倡议为中国自贸区内企业带来了更为广阔的市场空间与合作机遇，将各地自贸区串联为一体，形成了战略集群，联动中国自贸区作为整体前进发展。

（三）自贸区建设为"一带一路"倡议的落实提供支持

"一带一路"沿线国家多是欠发达国家，经济水平不高。与这些国家建立的自贸区的层次自然都不会太高，但这些国家和地区对于外部市场的依赖性十分强。因此，我国在推进"一带一路"倡议的同时，不仅能够提升与沿线国家或地区之间的经贸交往水平，更能通过这条途径，实现与沿线国家或地区的产能合作，而这些产能是沿线国家或地区在发展过程中迫切需要的，能够为提升沿线国家的工业化水平和当地的产业发展水平提供重大机遇。另一方面巨大体量的中国内需市场，将为沿线国家或地区的经济长久稳定增长提供重要支撑，成为其贸易往来的重点对象。自贸区作为"一带一路"倡议的重要支点与落脚点，将充分发挥为中国与沿线国家或地区的比较优势提供舞台的作用，推进沿线国家或地区各类资源的自由流动和有效配置。

二、"一带一路"倡议下我国自贸区发展的模式

（一）三级管理模式

我国自贸区的空间跨度较大，且部分自贸区离内陆较远，不适合政府直接管理，需要采取中央、地方和自贸区管理的三级管理方式。中央政府部门授权建设自贸区并对自贸区进行宏观管理，而地方政府在自贸区设置日常管理机构，维持自贸区的日常运行。自贸区管理部门则负责自贸区的发展与经营。以上海自贸区为例，在国家层面，将设立由国务院牵头、国家有关部委及上海负责同志参加的自贸区领导小组，定期召开联席会议，协调解决推进过程中的重大问题以及需要跨部门协调的事项。这一层面的机构设定和推进速度被认为是自贸区改革得以进行的关键机制。而在上海方面，也将建立市级层面的领导机制。据了解，上海将成立由市政府主要领导牵头、市有关部门以及中央驻沪单位参加的上海自贸区推进工作领导小组，统筹决策和综合协调试点过程中的重大事项。领导小组办公室将设在上海市政府下属的一个委办局，具体负责综合性制度改革方案的设计，并对试点任务实施情况进行跟踪和评估。自贸区内的管理机构则将按照精简高效、充分授权、开放透明的原则，在上海市综合保税区管理委员会的基础上予以设立，以承担自贸区各项改革试点任务推进落实的具体工作。

三级管理模式要注意避免以下问题：

①机构设置重叠，导致各管理机构职责不明确，责任混乱；

②在实际管理过程中，各管理机构都从自身的要求出发展开管理工作，相互之间不能协调配合，难以形成整体效应。

（二）通关监管服务模式

通关监管服务模式主要运用于海关特殊区域，通关监管模式能够促进自贸区内的服务、货物等商品要素的自由流动，进而形成透明、公开的自贸区管理

体制。另外，通关监管模式能够整合海关口岸、商检和税务等管理流程，简化通关手续，创新关检机制，进而促进商品进出口。

1. 自贸区通关监管服务模式简介

（1）自贸区货物通关制度

自贸区在境外货物入区流程上，采用了简化手续，企业只需要根据舱单信息填制"提货申请单"发送至海关系统，就可以办理"先入区，后报关"。信息化系统对"提货申请单"进行自动判别：对符合条件的"提货申请单"予以自动核准，并向企业反馈核准信息，同时向口岸海关和监管场所经营人发送带数字签名的海关电子信息；对不符合条件的"提货申请单"予以自动退回。区内企业只需在运输工具进境 14 天内向海关办理进境备案清单，海关将在放行后由通关管理系统对舱单信息予以核销。

自贸区实行"一线放开、二线安全高效管住、区内自由"的管理模式（图5-5）。所谓'一线、二线'是从海关监管的角度进行划分的，货物从境外进入自贸区需要向海关备案称之为"一线"，由自贸区进入国内需要第二次申报称之为"二线"。二线货物应严格按照海关现有的进出口模式，办理通关流程。

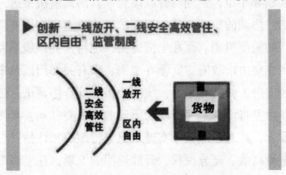

图 5-5　自贸试验区的监管模式

（2）自贸区货物税收征管制度

自贸区对货物的税收征管，主要按保税货物与非保税货物进行区别对待，即从境外入区的保税货物，海关仅要求企业做备案手续，对于最终流向国内的保税货物，也延缓了企业缴纳税款的时限，将本来从境外入区时缴纳延缓至出区内销时缴纳。

自贸区对非保税货物进出区采用严密监管制度，即严格依法对进出区货物、进出境物品予以征税。对于进出区的货物，海关依照货物的归类、原产地适用不同税率，并对其申报价格合理性开展估价，在确定价格和税率的基础上予以征税。由于跨境电商业务的开展，进出境物品也属于自贸区的监管范畴，海关对于此类物品依照海关对于行邮物品的监管原则实施监管,即不得超过自用合理数量,超过合理数量或者限额的物品海关按照相关规定予以办理。

除此之外,自贸区自成立以来在税收方面推出多项创新举措,如内销选择性征税、集中汇总纳税和期货保税交割等。

(3)自贸区中后期监管制度

自贸区对货物的监管引入了"风险式"管理制度,对于"先入区、后报关"的货物,由于货物入区时还未向海关申报,海关无法对此类单证予以事先布控查验。但通关管理部门通过信息化系统对此类货物设置了一定比例的随机布控,并能够根据特殊情报和企业、货物的风险信息下达预定式或即决式布控,对此类货物能够有效进行后期监管。

在此之外,对于已处于区内的保税货物,海关实施关企联网监管、工单式核销。对已经安装电子化管理系统的加工贸易型企业和使用仓库管理系统的仓储物流企业,海关对企业货物的进、出、存、耗数量都能做到及时掌控,并适时开展动态核查。对于企业的生产过程,海关不再要求企业申报单耗,而根据实际的工单开展核销。

在全区管理、联网监管形成有效管控的前提下,海关应重点加强事前风险分析和验证稽查,加强后续稽查核查和案件侦办,将通关环节的查验压力向前后传导,形成"哑铃型"监管模式。

2. 自贸区通关监管服务模式存在的问题与不足

(1)监管模式复杂,增加基层海关关员的执法风险

由于自贸区的很多改革措施主要处于理论层面,而并非全部出台具体的操作规范,对于基层海关关员来说,需要结合监管实际才能将改革目标落在实处。在实践过程中,基层海关关员往往对于层出不穷的新型问题有着不同的理解,容易出现执法的不统一,也增加了由对文件规定理解不同而导致的渎职风险。

(2)流程不合理,通关速度受限

根据《保税区海关监管办法》,由境外进入保税区的货物采用备案清单的管理模式,企业仅仅需要向海关办理相应的备案手续。虽然看上去备案清单与进出口报关单名称差异很大,但实际填制内容、通关作业流程与进出口报关并无太大差异,对于备案清单的法律效应和管理要求也和报关单基本一致。企业在办理备案清单过程中,若发生申报不符,或者删改单等情况,处罚也与正常报关一致。由此可以发现,如果企业通过自贸区进口一批货物,相较于口岸直接进口,企业需要经历两次报关手续,这使得经过自贸区的境外货物,相较于

一般进口货物不论从时间上还是流程上，都给企业带来极大不便，不利于自贸区的高效通关。

（3）监管效率低下

传统监管方式只对局部报关单、部分区域、部分货物进行单一、逐票审核，海关监管存在"只见树木、不见森林"的缺陷，很难做出科学的决策参考。在监管过程中，对现场作业下达指令、指挥协调、监控分析沟通反馈机制缺乏，风险、通关、物控、稽核等各条线之间也存在阻隔，缺乏集约化管理的统一信息平台，业务现场趋于全能化和同质化。对企业自主权的解放也不够，海关监管领域过多导致企业已经成熟的国际先进化的管理模式不能在监管过程中得到应用，没有成熟的关企共用平台以及海关业务自助终端，导致智慧海关的口号只是空谈，监管效率低下。

（三）离岸金融业务模式

在新时代新形势下，离岸金融载着推进人民币国际化进程和对接"一带一路"倡议的重大历史使命，是实现"一带一路"贸易和投资便利化的重要支撑，探索自贸区离岸金融市场建设，是实现自贸区发展和"一带一路"倡议有效对接的加速器。金融作为不可或缺的实体，其作用至关紧要。除了自贸区正在推行的 FTA（自贸账户）外，另外一个是在我国已发展 30 多年的 OSA（离岸账户），其作用及效果与"一带一路"倡议及自贸区建设也不谋而合。离岸金融的功能要素诸如跨境投融资、跨境贸易结算、跨境资本不仅能够推动"一带一路"沿线国家或地区加快实现贸易投资扩大、经贸合作加深、基建项目落地，而且有助于分散国际金融市场上西方国家政策外溢效应，尤其是美元大规模回流对沿线发展中以及新兴市场国家经济的冲击，防范区域性金融风险，同时也将成为自贸区金融创新最前沿的孵化器。

离岸金融业务模式主要建立与自贸区相配套的外汇金融管理机制，为跨境融资和投资贸易提供便利。为此，我国自贸区应积极支持商业银行等金融机构在自贸区的发展，加强对科技企业的境外投资管理。

当前我国离岸金融市场服务"一带一路"倡议的问题和制约因素如下。

1. 离岸贸易境内结算功能在现有海关和外汇监管体制下不够畅通

随着中国企业在"一带一路"沿线国家的业务布局逐渐扩大，尤其是基础设施建设企业对设备的跨境贸易需求日益增加，不少在海外有建设项目的中国企业向跨国企业采购设备，如果从海外工厂直接发货而不经过中国口岸，由于信息不对称使得海关不能提供相关进出境单据，无法以传统方式证明货权，银行方面担心没有按章审验存在不合规风险，不敢为企业提供收付汇和资金结算服务，那么资金结算就很难在自贸区内完成。今后随着中国进口博览会的召开，将有更多境外采购商希望通过自贸区平台完成交易匹配，如果这一梗阻不尽快打通，不仅可能导致每年高达千亿元的离岸贸易额无法落地，而且可能制约跨国企业地区总部结算中心全功能落地。

2. 现有离岸金融市场无法为"一带一路"经贸活动提供充分有效的外汇避险工具

受全球范围贸易摩擦加剧、主要发达经济体货币政策收紧、地缘政治紧张局势升温等影响，包括人民币在内的全球范围内汇率均出现大幅波动，使得参与共建"一带一路"的中国企业面临的外汇避险难、避险贵问题以及金融市场整体外汇避险功能较弱的问题更加凸显，境内外市场对于人民币汇率风险的对冲需求也越来越迫切。而作为已经在国际上成功运行了40多年的重要汇率风险管理工具，外汇期货依然是我国场内外汇衍生品市场亟待填补的空白，也无法满足中国作为全球第一贸易大国进出口汇率风险管理的需要。与之形成对比的是，境外已有美国、巴西、新加坡、俄罗斯等国家或地区推出人民币外汇期货市场。此外，外汇期货市场的缺位可能直接导致出现人民币定价权被他国控制的尴尬局面，这既与依托"一带一路"贸易圈和投资圈助推人民币向跨境贸易结算货币、计价货币和储备货币等国际货币职能发展的目标相悖，又将制约"一带一路"助力人民币国际化快速发展作用的发挥。

3. 与"一带一路"国家离岸金融合作的顶层设计亟待深化，协同联动效应有待深挖

"三多三少"问题较为突出：一是当前更多国家重视以传统信贷方式支持大型投资项目，在引领国际信贷标准的顶层设计方面突破较少；二是中资金融机构独立业务较多，与沿线国家的金融机构及国际性金融机构加强合作的顶层设计较少；三金融产品对美元和欧元等国际性货币依赖较大，人民币金融产品较少。此外，全球离岸中心都实施较低的所得税率，免征资本利得税、利息预扣税和股息预扣税，但是国内自贸区如上海自贸区将离岸业务视同一般业务征税，在区内经营离岸金融业务的银行要缴纳5%的营业税和25%的所得税，极大降低了企业依托自贸区开展离岸业务的积极性。虽然根据我国现行企业所得税对境外所得的抵免政策，参与"一带一路"境外投资的企业可以申请抵免双重征税，但操作程序十分复杂，要求企业提供中国境外税务机关出具的税款所属年度的有关纳税凭证，许多情况下企业难以提供，也就无法享受优惠。

（四）外商投资模式

外商对我国的投资方式，一般分为直接投资方式和其他投资方式。采用最多的直接投资方式是中外合资、中外合作、外商独资和合作开发。其他投资方式包括补偿贸易、加工装配等。

1. 直接投资方式

（1）中外合资

中外合资经营企业亦称股权式合营企业。它是外国公司、企业和其他经济组织或个人同中国的公司、企业或其他经济组织在中国境内共同投资举办的企业。其特点是合营各方共同投资、共同经营、按各自的出资比例共担风险、共负盈亏。各方出资折算成一定的出资比例，外国合营者的出资比例一般不低于25%。

中外合资经营企业是中国利用外商直接投资各种方式最早兴办和数量最多的一种。在吸收外资中占有相当比重。

（2）中外合作

中外合作经营企业亦称契约式合营企业。它是由外国公司、企业和其他经济组织或个人同中国的公司、企业或其他经济组织在中国境内共同投资或提供合作条件举办的企业。各方的权利和义务，在各方签订的合同中确定。举办中外合作经营企业一般由外国合作者提供全部或大部分资金，中方提供土地、厂房、可利用的设备、设施，有的也提供一定量的资金。

（3）外商独资

外商独资企业指外国的公司、企业、其他经济组织或者个人，依照中国法律在中国境内设立的全部资本由外国投资者投资的企业。根据外资企业法的规定，设立外资企业必须有利于我国国民经济的发展，并应至少符合下列一项条件，即采用国际先进技术和设备的；产品全部或者大部分出口的。外资企业的组织形式一般为有限责任公司。

（4）合作开发

合作开发是海上和陆上石油合作勘探开发的简称。它是国际上在自然资源领域广泛使用的一种经济合作方式，其最大的特点是高风险、高投入、高收益。合作开发一般分为三个阶段，即勘探、开发和生产阶段。合作开发比较以上三种方式，所占比重很小。

2. 其他投资方式

（1）补偿贸易

补偿贸易又称产品返销，是指交易的一方在对方提供信用的基础上，进口设备、技术,然后以该设备、技术所生产的产品,分期抵付进口设备、技术的价款及利息。缺乏技术和外汇的国家,可以利用这种方式用外资买进先进技术和设备,以加速国家的经济发展,增强出口能力。

按照偿付标的不同,补偿贸易大体上可分为以下三类:

①直接产品补偿。具体做法是双方在协议中约定,由设备供应方向设备进口方承诺购买一定数量或金额的由该设备直接生产出来的产品。这种做法的局限性在于,它要求生产出来的直接产品及其质量必须是对方所需要的,或者在国际市场上是可销的,否则不易为对方所接受。

②其他产品补偿。当所交易的设备本身并不生产物质产品,或设备所生产的直接产品并非对方所需或在国际市场上不好销时,可由双方根据需要和可能进行协商,用回购其他产品来代替。

③劳务补偿。这种做法常见于同来料加工或来件装配相结合的中小型补偿贸易中。具体做法是:根据协议,由对方代为购进所需的技术、设备,货款由对方垫付,我方按对方要求加工生产后,从应收的工缴费中分期扣还所欠款项。

上述三种做法还可结合使用,即进行综合补偿。有时,根据实际情况的需要,还可以部分用直接产品或其他产品或劳务补偿,部分用现汇支付。

（2）加工装配

加工装配是指外方企业、法人向本方企业提供原材料、零配件、原辅料及设备,由本方企业按外方要求进行加工或装配的生产,产品属外方企业所有,本方企业只应收取工缴费。若用抽取工缴费抵扣外方企业提供的设备,则可形成利用外资。

加工装配是一种免费的表外融资方法,它无须企业垫付原材料资金,也不像租赁融资那样支付租金,只是对委托方的材料进行加工,垫付一点辅料费用,最后收取加工费即可。受托方对委托方的材料不做增加存贷处理,只在登记簿中予以登记。另外,与代销商品的收入比较,来料加工的收入更具有保证性。

第四节 "一带一路"倡议下中国自贸区发展策略

在"一带一路"倡议的指导下,我国自贸区建设已取得了不少成就,但现阶段我国自贸区建设仍面临很多障碍,若要实现我国自贸区建设的持续稳步推进,就需要提出相应的对策、措施或方法。

一、中国自贸区发展现状及特点

（一）我国自贸区的发展现状

随着国内外经济的不断发展，我国自贸区的发展也分为两部分：一部分是国内的尝试、创新，如国内的自由贸易试验区等；另一部分是国际的积极参与，如中国－东盟自由贸易区等。随着我国生产力水平的不断提高，区域贸易方面也日趋成熟稳定。每个自贸区都能根据自己的竞争优势，充分调动可用资源，积极发展，形成具有标志性的区域特点。随着 2020 年 9 月新设 3 个自贸试验区，我国已形成东西南北中协调、陆海统筹的开放态势，进一步完善了对外开放体制，提升了对外开放水平，提高了承接国内外产业转移的能力，探索出一条开放型经济改革、经济一体化的发展路径。

在国际上，我国正在从"旁观者"向"建设者"进行转变，积极参与全球的经济转型。我国希望通过自贸区的建设来促进国内经济的发展，促进经济体制改革和经济社会的协同发展，在对外贸易中不断地增强经贸能力，提升我国在国际贸易投资领域中的话语权和主导权。

（二）我国自贸区的发展特点

总体上来讲，近年来我国综合国力不断提升，自贸区建设逐渐呈现出发展步伐快、涵盖内容广的特点。从全球的经济视角来看，企业对于自由贸易的渴求度在不断提高，尤其是在成本低，风险小的自由贸易区。中国不断地加快自由贸易协定的签署，截至 2020 年 12 月，我国已经和 26 个国家和地区签署了 19 个自由贸易协定。2020 年，疫情对全球的对外贸易影响很大，但我国同自由贸易协定伙伴的贸易额增长达 3.2%，和非自由贸易协定伙伴的贸易额只增长 0.8%。就投资关系来说，2020 年我国对外投资近 70% 是对自由贸易伙伴国家投资的，吸引外资的 84% 来自自由贸易协定伙伴。可以看出，自由贸易协定对于贸易投资关系起了非常重要的作用。与此同时，我国也在不断地寻求更高质量的双边、多边贸易谈判。为了提升自由贸易区贸易自由化水平，降低准入门槛，各国对产权、环境标准、农业、竞争政策等敏感性领域进行了深入的探讨。目前协定所包含的领域，不仅涉及货物、服务、投资、规则等方面，而且也有竞争政策、政府采购、电子商务、环境保护等敏感问题，更是创造性地提出了"准入前国民待遇 + 负面清单"管理制度。

二、"一带一路"倡议下中国自贸区发展的策略选择

（一）应调整资源配置，加强组织协调

对于产业调整，应该站在宏观的领域上看统筹的总体需求，要在供给和需求上进行调整，只有当供给与需求互相匹配时，才能促进产业大发展。

"一带一路"倡议背景下的自贸区建设，面临着愈加复杂的国际国内经济形势，为了平稳实施、全面推进两项建设，我们必须做好注重长远目标兼顾近期任务的科学规划，使"一带一路"的集合效应充分、顺利地发挥出来，以有效减少因行政规划不科学、不合理而带来的过程消耗或重复建设。我国与"一带一路"沿线国家或地区建设或谈判自贸区并推进自贸区建设将是一项需要长期坚持的工作。在整体性的工作过程中，我们需要加强统筹，形成有效的协调机制，通过合力谋求共同发展，而不是盲目竞争、重复建设、相互消耗，因而组织协调将是建设工作的重点内容。

（二）应推动形成统一、稳定的自由贸易规则

当我国与多个国家和地区的自贸区建设完成之后，下面该做的应当是突破界限，设立一以贯之的"游戏规则"。随着"一带一路"倡议和自贸区建设水平的不断提升，保持"一带一路"政策与自由贸易国际规则及其他规则的一致性是必然的选择。已经与我国签订自由贸易协定的国家和地区，应作为一个有机的整体，在统一一致的自贸区规则的范围内行事。如此，既能够用一种规则约束和服务各成员，也能够反过来服务和推动中国"一带一路"沿线地区的发展，从而使"一带一路"倡议和自贸区建设的各项政策、法规互为促进、相辅相成，最终形成一个稳定、有力的有机整体。

（三）应以自贸区为窗口推动"一带一路"文化交流

我国自贸区自建立以来，在文化产业监管方面采取了一系列新举措和新制度，例如，放宽文化产业经营许可范围、简化文化活动审批流程、便利艺术品进出口贸易、构建多元化商事争议解决机制、为知识产权交易提供法律保障等。这一系列措施，形成了特有的自贸区文化产业发展模式，为我国与"一带一路"沿线各国间的文化交流合作提供了一个良好的展示窗口和贸易平台。

随着"一带一路"建设的日趋明晰化、具体化，各界对这一倡议有了更加直观的了解和全面的认知，但由于受到思维差异、价值观念、利益分歧等因素的影响，一些西方国家和发展中国家仍对"一带一路"倡议存在诸多误解，并

借此影响和干扰"一带一路"建设。比如有西方学者认为，"一带一路"倡议主要起到阻滞美国中东贸易和能源通道的作用，或者将"一带一路"倡议与美国建国伊始的"门罗主义"进行比较，认为中国是在欧亚地域传播本土文化，倡导推行中国版的"天定命运"理论，试图建立由中国人主导的亚洲秩序。还有不少西方主流媒体和学者误认为"一带一路"倡议是"新殖民主义"。

针对各种对"一带一路"倡议的误解、误读的最好解决办法是要做好宣传推广，国内对"一带一路"倡议的认识已很全面，关键是要将"一带一路"倡议的正确理念传向世界。中国自贸区依靠自身特有的文化监管制度与管理模式恰好成为宣导"一带一路"倡议文化意识的有利平台，我国应利用自贸区加强与"一带一路"沿线各国的文化交流、文化传播与文化贸易，消除彼此观念上的隔膜与芥蒂，将"一带一路"倡议所体现的开放合作、和谐包容、互利共赢的精神理念由自贸区转向"一带一路"沿线各国乃至全世界，以文化融通带动民心相通，以民心相通实现意识共通，从而筑牢"一带一路"倡议的社会根基。

（四）应以自贸区为平台增进"一带一路"国际经贸合作

制度创新为中国自贸区营造了良好的法制营商环境。中国自贸区内贸易便利化、投资自由化不断提升，为"一带一路"沿线各国进入中国市场创造了绝佳的机遇和平台，同时"一带一路"倡议也为中国自贸区内的企业提供了广阔的市场空间。中国自贸区对接"一带一路"倡议能够形成合力，共同推动亚太经济自由化、一体化，实现亚太经济的蓬勃发展。

1. 吸引外资企业入区贸易

目前，中国自贸区通过制度创新已成为国内贸易最为便利、投资最为自由、市场准入最为宽松、监管模式最为先进的特色经济区域，同时它也成为具有较强市场竞争力的国际经贸平台。中国自贸区依靠良好的法制营商环境，通过政府对外宣传、市场主体参与、信息资源交流等多种方式，可吸引更多"一带一路"区域内的公司、企业、个人投资，为我国经济发展注入新的动力。

2. 加速市场主体要素自由流动

市场主体是市场经济中的基本要素，应当调动市场主体参与"一带一路"建设的积极性和主观能动性，通过市场主体的自由流动与经贸合作推进中国自贸区建设与"一带一路"倡议的对接。"一带一路"沿线多为新兴经济体和发展中国家，经济发展水平普遍较低，大多数企业实力较弱，不具备很强的国际市场竞争力。从控成本、降风险、谋利润视角分析，中国自贸区对"一带一路"

沿线外企无疑具有较强的市场吸引力，这也同时为中国自贸区内的企业带来了潜在的贸易对象与合作机遇。

可以中国自贸区为纽带，借助中国自贸区所特有的制度创新（如对外投资备案制、"资金出海"政策等），鼓励区内中国企业敢于开拓"一带一路"沿线市场，加强与"一带一路"沿线外企的经贸合作，通过经济红利共享不断提升中国自贸区的国际市场影响力。与此同时，也让"一带一路"沿线各国更多地了解中国自贸区的优势特性，从而吸引更多"一带一路"外商进驻中国自贸区开展经贸活动，以中国自贸区为契机将"走出去"与"引进来"相结合，在"一带一路"沿线各国及地区实现经济利益的同时为自贸区内企业带来更广阔的市场空间，最终形成互利共赢的"一带一路"国际经贸合作新局面。

3. 连线"一带一路"助力亚太经贸自由化

上海自贸区设立之初的主要目的便是试行国际贸易规则，适应跨太平洋伙伴关系协定、跨大西洋贸易与投资伙伴协定、多边服务贸易协定基本准入要求，成为对接世界经济的开放窗口。经过多年试验改革，中国自贸区现已形成了较高标准的经贸规则制度体系，虽与跨太平洋伙伴关系协定准入标准仍有一定距离，但中国自贸区早已符合甚至超越"一带一路"沿线诸多自由贸易区的制度要求，例如国民待遇原则、负面清单制度、快速通关制度与"一带一路"沿线诸多自贸区现行规则相一致、相适应，中国自贸区现已具备连线融入"一带一路"自贸区网络的制度条件。

然而，"一带一路"沿线自贸区情况各异，发展状况不尽相同，在对接的方式上需具体分析、区别对待。以 FTA 为例，从地域上划分，"一带一路"沿线 FTA 大致分为 5 大块区：东亚、南亚、西亚北非、独联体和中东欧。从 FTA 数量、自由开放水平、外向性程度、战略重要性上进行综合比对，东亚 FTA 适用更高标准的贸易准则，总体发展水平最高，最具市场活力、发展前景和战略意义，其后依次是中东欧、独联体、南亚、西亚北非。

据此，我国应当采取有重点、按步骤、分层次的办法，以本国自贸区为窗口，分别开展对接工作。依据目前情形，可将对接战略的核心放在东亚及中东欧 FTA，借助中国自贸区的制度创新在文化交流、经济合作、自然人流动等多个领域深层次、全方位开展对接。在此基础之上再与独联体、南亚、西亚北非 FTA 进行合作对话，在基础设施建设、园区产业、金融货币、旅游观光等方面探寻利益共同点，进行逐步对接，以中国自贸区为载体，先行探索我国融入"一带一路"自贸区网络的可行路径，以为我国将来深入全面融入"一带一路"自贸区网络，在"一带一路"自贸区网络中发挥更大作用创设有利前提。

　　另外，当前我国也在筹备建立一些新的FTA，布局亚太关键位置，形成"一带一路"国际战略支点，例如中韩、中新（加坡）、中乌（克兰）、中巴（基斯坦）等双边或多边FTA。但受困于国际政治、军事安全、经济利益等多方因素的影响，谈判进展较为缓慢，在此状态下，可先行通过各国FTZ的相互对接，在局部范围内试行自由贸易，例如，中国自贸区与韩国釜山自贸区、新加坡裕廊海港自贸区先行对接，通过"先行先试"探寻各国之间构建FTA的利益契合点与可行方案。在试验成熟的基础之上再在更广范围、更多领域和更深层次开展交流合作，以FTZ对接为路径，突破现有FTA谈判僵局，为我国与他国间FTA筹建工作创造条件和积累经验。

参考文献

［1］邓淇中. 区域金融生态系统运行效率及协调发展研究［M］. 北京：中国金融出版社，2012.

［2］汪新生. 中国－东南亚区域合作与公共治理［M］. 北京：中国社会科学出版社，2005.

［3］迟福林. 新型开放大国：共建开放型世界经济的中国选择［M］. 北京：中国工人出版社，2019.

［4］张绍乐. 中国自贸区体制机制创新的问题与方向［J］. 区域经济评论，2020（4）：116-122.

［5］涂英柯，司林波，孟卫东. 京津冀区域经济一体化研究综述［J］. 商业时代，2013（26）：136-138.

［6］岳文，陈飞翔. 积极加速我国自由贸易区的建设步伐［J］. 经济学家，2014（1）：40-47.

［7］许一览. 金融租赁公司在上海自贸区的融资策略［J］. 上海金融，2014（12）：98-100.

［8］黄群慧. 新冠肺炎疫情对供给侧的影响与应对：短期和长期视角［J］. 经济纵横，2020（5）：46-57.

［9］顾学明，林梦. 全方位构建后疫情时期我国供应链安全保障体系［J］. 国际经济合作，2020（3）：4-15.

［10］张茉楠. 全球经贸规则体系正加速步入"2.0时代"［J］. 宏观经济管理，2020（4）：7-12.

［11］张蕴岭. 高度重视全球化发展的新调整及影响［J］. 国际问题研究，2020（3）：39-43.

［12］曹云华，尹妍哲. 全球金融海啸下的东南亚：挑战与机遇［J］. 亚太经济，2009（4）：19-23.

[13] 黄晓凤. 中国工程机械产品出口东盟的影响因素及对策 [J]. 财经理论与实践, 2009, 30 (3): 93-96.

[14] 李晓. 全球金融危机下东亚货币金融合作的路径选择 [J]. 东北亚论坛, 2009, 18 (5): 3-25.

[15] 谭娜, 周先波, 林建浩. 上海自贸区的经济增长效应研究: 基于面板数据下的反事实分析方法 [J]. 国际贸易问题, 2015 (10): 14-24.

[16] 刘秉镰, 吕程. 自贸区对地区经济影响的差异性分析: 基于合成控制法的比较研究 [J]. 国际贸易问题, 2018 (3): 51-66.

[17] 雷仲敏. 上海浦东建设国际自由贸易港区的探讨 [J]. 科学发展, 2010 (3): 65-72.

[18] 杨经国, 周灵灵, 邹恒甫. 我国经济特区设立的经济增长效应评估: 基于合成控制法的分析 [J]. 经济学动态, 2017 (1): 41-51.

[19] 盛斌. 中国自由贸易试验区的评估与展望 [J]. 国际贸易, 2017 (6): 7-13.

[20] 刘贺. 从自贸区扩容看我国区域经济均衡发展路径 [J]. 经济问题探索, 2018 (2): 67-74.

[21] 余素芳. 重庆两江新区外贸发展战略分析 [J]. 现代经济信息, 2013 (13): 437-438.

[22] 张婷, 程健. 内陆开放型经济的困局及其模式创新 [J]. 国际经济合作, 2015 (1): 51-55.

[23] 陈田田, 张红. 京津冀地区土地集约利用对城市经济发展的影响 [J]. 城市问题, 2017 (6): 60-67.

[24] 刘志彪. 全球产业链集群战略: 中国应对全球供应链重组的政策举措和行动 [J]. 经济研究参考, 2020 (10): 5-10.

[25] 刘灿雷, 康茂楠, 邱立成. 外资进入与内资企业利润率: 来自中国制造业企业的证据 [J]. 世界经济, 2018, 41 (11): 98-120.

[26] 林建松. 福建自贸区战略下的闽台经贸合作与协同发展 [J]. 海峡科学, 2015 (5): 34-36.